比较政治学前沿
Frontier of
Comparative Politics No.2

第 2 辑

比较政治中的概念问题

| 主编　高奇琦　景跃进 | 主办　华东政法大学政治学研究所

中央编译出版社
CCTP Central Compilation & Translation Press

图书在版编目(CIP)数据

比较政治学前沿(第2辑):比较政治中的概念问题/高奇琦、景跃进主编.
—北京:中央编译出版社,2014.6
ISBN 978-7-5117-2199-0

Ⅰ.①比…
Ⅱ.①高…②景…
Ⅲ.①比较政治学
Ⅳ.①D0

中国版本图书馆 CIP 数据核字(2014)第 152488 号

比较政治学前沿(第2辑):比较政治中的概念问题

出 版 人	刘明清
出版统筹	贾宇琰
责任编辑	杜永明
责任印制	尹 珺
出版发行	中央编译出版社
地　　址	北京西城区车公庄大街乙5号鸿儒大厦B座(100044)
电　　话	(010)52612345(总编室)　(010)52612341(编辑室) (010)66161011(团购部)　(010)52612332(网络销售) (010)66130345(发行部)　(010)66509618(读者服务部)
网　　址	www.cctphome.com
经　　销	全国新华书店
印　　刷	北京京华虎彩印刷有限公司
开　　本	787毫米×1092毫米　1/16
字　　数	370千字
印　　张	20.75
版　　次	2014年6月第1版第1次印刷
定　　价	69.00元

本社常年法律顾问:北京市吴栾赵阎律师事务所律师　闫军　梁勤
凡有印装质量问题,本社负责调换,电话:(010)66509618

比较政治学前沿
（学术辑刊）

主　编：高奇琦　景跃进

学术委员会
（按音序排列）

R. Benjamin	（明尼苏达大学）
蔡　拓	（中国政法大学）
曹泳鑫	（上海社会科学院）
常士訚	（天津师范大学）
陈明明	（复旦大学）
陈志敏	（复旦大学）
陈周旺	（复旦大学）
程同顺	（南开大学）
程竹汝	（上海市委党校）
储建国	（武汉大学）
高奇琦	（华东政法大学）
耿　曙	（上海财经大学）
郭定平	（复旦大学）
何俊志	（复旦大学）
胡　伟	（上海交通大学）
黄卫平	（深圳大学）
景跃进	（清华大学）
刘建军	（复旦大学）
G. Munck	（南加利福尼亚大学）
彭　勃	（上海交通大学）

C. Ragin	（加利福尼亚大学爱尔文分校）
桑玉成	（上海市社会科学界联合会）
沈丁立	（复旦大学）
石源华	（复旦大学）
苏长和	（复旦大学）
谭君久	（武汉大学）
佟德志	（天津师范大学）
武心波	（上海外国语大学）
徐湘林	（北京大学）
徐以骅	（复旦大学）
肖逸夫	（英属哥伦比亚大学）
杨光斌	（中国人民大学）
杨海蛟	（中国社会科学院）
杨洁勉	（上海国际问题研究院）
杨雪冬	（中共中央编译局）
叶 江	（上海国际问题研究院）
俞正樑	（上海国际问题研究院）
袁 峰	（上海市委党校）
曾 峻	（上海市委党校）
张小劲	（清华大学）
周 平	（云南大学）
周淑真	（中国人民大学）
朱天飚	（北京大学）

编辑部成员
（按音序排列）

杜欢　郝诗楠　吉磊　阙天舒
王金良　汪仕凯　邢瑞磊　章远

《比较政治学前沿》序言

在我国的政治学学科中，比较政治学日益发展成为一门基础性的二级学科，并且有力地推动着政治学基础理论的日益完善与前沿领域的不断拓展。正如有学者所指出的，比较政治学是衡量一个国家政治学质量的重要指标，也最能代表政治学发展的方向，而且中国的比较政治研究正处于蓄势待发的阶段。① 在这种情况下，由华东政法大学政治学研究所组织编辑的《比较政治学前沿》系列辑刊应运而生。本辑刊创办的基本目的，就是通过知识引进来促进中国比较政治学的发展。

毋庸讳言，比较政治研究近年来在中国才真正得以起步，而国际学术界对于比较政治的研究已经积累了几十年的发展经验，并且引领着这一学科的前沿发展。因此，对于国外先进研究成果的翻译和引进便成为一项不可或缺的学术任务。《比较政治学前沿》的初期定位，便是将国外有关比较政治理论与方法的经典文献迻译到中文世界中来，为我国比较政治学的发展提供最基本的文献资料和学科基础。而华东政法大学的政治学学科建设，也能够以本辑刊为平台，汇聚国内外比较政治研究的精华，创造出更多的学术贡献。

---

① 杨光斌："蓄势待发的中国比较政治研究"，载《中国社会科学报》2011 年 12 月 29 日。

华东政法大学（原"华东政法学院"，简称"华政"）是新中国创办的第一批高等政法院校之一。1952年，原圣约翰大学、复旦大学、南京大学、东吴大学、厦门大学等9所院校的法律系、政治系和社会系合并组建成立了华东政法学院。长期以来，法学一直是华政的传统优势学科。2007年，经教育部批准，华东政法学院更名为华东政法大学。自更名以来，华政致力于发展成为一所以法学、政治学、经济学和管理学为重点，多学科协调发展的多科性特色大学。因此，我们目前的重点工作之一，便是在法学之外的学科建设方面取得突破，而政治学则是华政近年来发展最快的学科之一，也是最有希望率先实现突破的新兴学科。

政治学在华东政法大学是一门具有历史渊源的年轻学科。如前所述，华政在创立伊始便合并了圣约翰大学等院校的政治系，而这些院校的政治系是当时华东地区政治学研究的基本力量。圣约翰大学被誉为"东方的哈佛"和"外交人才的养成所"[①]，在这座优美的校园中，曾经建立起国内较早和较完整的政治学学科，并培养出邹韬奋、顾维钧、施肇基、荣毅仁、李慎之、陈鲁直等一批杰出的外交家、政治家和社会活动家。虽然经历了坎坷的历史过程，但是华政政治学发展的火种却一直传承，并未熄灭。在新的历史条件下，华政逐渐恢复了政治学的研究与教学。经过各方面的努力，目前华政的政治学学科发展迅速，且已颇具规模。

华东政法大学高度重视政治学的学科发展。作为"大法学"下的姊妹学科，法学和政治学之间具有非常密切的关联，也都是"政法"院校的重要基础学科。单从具体的子学科中我们就可以看到，政治学理论与宪法学、行政学与行政法学、政治哲学与法律哲学、国际关系学与国际法学、比较政治学与比较法学之间存在着诸多相互融通之处。从这个意义上来讲，华政的法学与政治学学科间可以实现相互给养，也就是说，传统的法学优势可以为政治学的发展提供支撑，而政治学学科的完善也

[①] 张仲礼："序"，见熊月之、周武主编：《圣约翰大学史》，上海人民出版社2007年版，第1页。

会为法学学科的进一步拓展提供更为坚实的学科支持。因此，就长远发展而言，我们还需要继续加强和推进政治学学科的建设。

在上述观念的指导和支持下，华政的政治学已经取得了一定的成就。2005年，华政获批上海市首批政治学教育高地；2007年，政治学开始作为校级重点学科进行建设；2008年，成立政治学研究院。此后，政治学研究院，一直以比较政治学为中心推进学科发展，并汇集了一批比较政治和国际关系方面的研究人才。研究院还做了许多开创性的工作，如在2010年举办了国内第一场以"比较政治学"为关键词的学术研讨会、出版了国内第一份以"比较政治学"为主题的辑刊等。可以说，政治学研究院为华政政治学的发展打下了良好的基础。2012年，由于相关人事变动，政治学研究院更名为政治学研究所，虽然机构有所变化，但基本的研究队伍和比较政治学的研究特色得以延续，并有望获得进一步的发展。而《比较政治学前沿》正是这种发展的重要成果之一。

现在的政治学研究所由一支年轻的研究团队组成，从这个团队身上，我看到了学术的激情和华政政治学的希望。在较短的时间内，政治学研究所已经围绕比较政治研究开展了一系列的学术活动，并建设了国内第一个比较政治学的数据库网站，在国内产生了良好的学术影响。我希望《比较政治学前沿》能够延续这种良好的发展势头，通过严谨的学术翻译和经典引介，顺应学科发展的基本规律，为我国比较政治学的发展提供前沿的理论与方法，也为华东政法大学政治学学科的长远发展奠定坚实的基础。

谨此为序，与学界同仁共勉。

何勤华
2012年8月28日
于华东政法大学松江校区

比较政治分析中的概念研究[*]

——《比较政治学前沿》第 2 辑编译说明

概念研究是比较政治分析的基础和起点,这一点明显地表现在比较政治研究方法的发展过程中。迄今为止,国外在比较政治的方法研究方面出现了两次浪潮。第一次浪潮出现在二十世纪六十年代末和七十年代初。代表性的文献包括乔万尼·萨托利(Giovanni Sartori)的"比较政治中的概念误构",阿伦·利帕特(Arend Lijphart)的"比较政治与比较方法",以及亚当·普沃斯基(Adam Przeworski)和亨利·图纳(Henry Teune)在1970年出版的《比较社会研究的逻辑》等。第二次浪潮出现在八十年代末期至今。代表性成果包括查尔斯·拉金(Charles C. Ragin)的《比较方法:超越质性和定量策略》,加里·金(Gary King)、罗伯特·基欧汉(Robert Keohane)和西德尼·维巴(Sidney Verba)合著的《社会研究设计:质性研究中的科学推理》,亨利·布拉迪(Henry E. Brady)和戴维·科利尔(David Collier)主编的《重新思考社会研究:多元工具与共享标准》,拉金的《重新设计社会研究:模糊集合及其他》等。

在比较政治方法研究的两次浪潮中,概念研究都是核心问题。在第

---

[*] 本导言的部分内容已发表于《欧洲研究》2013 年第 5 期。

一次浪潮中，萨托利关于概念的讨论几乎是作为比较政治研究的标志性成果出现的。在第二次浪潮中，概念分析仍然是比较方法中非常重要的一支。许多比较方法的新一代重要人物中许多都在概念分析方面有重要著述，这些人物包括科利尔和约翰·吉尔林（John Gerring）等。而科利尔和吉尔林主编的《社会科学中的概念与方法：萨托利的传统》一书被看作是第二次浪潮中的经典作品之一。

由此我们不禁要问：为什么概念研究对于比较政治学如此重要呢？笔者认为主要有如下几点原因。

第一，比较的实质是概念的跨案例适用，或者用萨托利的表述是"概念移植"（concept traveling）。当人们进行比较时，往往是从某一起点原生类型出发的。人们总是在特定语境下特殊经验的基础上对某种经验现象类型进行概念化，然后将其运用于新的案例来验证原来的起点类型（或者是其总结后的概念），这样便由此形成了跨案例的比较。由于许多概念在形成产生时并不是为普遍性适用而设计的（很多概念是它们乃基于特定的经验而生成的），所以当人们运用这些概念生成后来进行跨案例的比较适用时，就出现了萨托利所言的"概念延展"（concept stretching）的问题。①

第二，几乎所有的比较方法都把概念分析作为其研究的起点。最常见的比较方法是相似案例比较，即在相似的国家中发现它们的重要差异点，并用这些差异来解释所观察到的政治结果。② 这一方法要求我们需要保证所比较的对象在绝大多数特征上都是一致的。那如何可以确定这些对象在多数特征上保持一致呢？这就涉及到一个概念界定的问题。我们需要在已有成果的基础上对这些特征进行概念界定，并将其操作化，

---

① 对概念延展的理解，可以举一个例子来说明。一个概念好比一件衣服。一个理论家在提出某一概念时，往往针对某一国家的经验而言。就好像一个裁缝在设计一件衣服时，总是按照某个人的身材来的。所以，当一件为某甲设计的衣服穿到某乙的身上时（假设某乙的身材比某甲大），那么穿到某乙身上的这件衣服一定会出现一种拉扯或拉伸的现象。

② 相似案例比较在密尔那里被称为"求异法"。在利帕特那里，这种方法则被称为"可比案例策略"（comparable-cases strategy）。Arend Lijphart, "The Comparable-Cases Strategy in Comparative Research", *Comparative Political Studeis*, Vol. 8, No. 2, 1975, pp. 158 – 177.

然后再进行相关特征的比较。同理，在另一种常见的比较方法——相异案例比较中，① 同样需要首先界定这些案例如何在多数特征上的不一致。

在二十世纪末期，比较政治研究方法又出现了一些新的进展，如比较历史分析（Comparative Historical Analysis）和质性比较分析（Qualitative Comparative Analysis）。这些进展同样高度依赖概念分析。譬如，比较历史分析目前有两个最重要的分支发展。一个是过程追踪（process-tracing）分析，即力图通过对自变量 X 的变化如何导致因变量 Y 变化的过程和方式的研究，打开统计分析在变量 X 和 Y 之间的解释黑箱。② 在实际操作过程中，过程分析的关键是在 X 与 Y 之间找到新的、中间性的、解释性概念。另一个是时序分析法（temporal analysis）。这一方法的使用者注意观察各个事件在历史中的位置、持续时间及先后顺序，并力图发现这些因素对特定结果的影响。这种分析方法实际上在传统的历史分析中一直就存在，而时序分析的发展就在于它引入和构建了一整套完整的历史分析概念，如路径依赖（path dependence）、初始条件（initial conditions）、偶发事件（contingent event）、关键节点（critical juncture）、自我强化（self-reinforcement）、顺序（sequencing）、持续时长（duration）及时机（timing）等。③ 同时，在时序分析中，对历史进程中的事件性质的定义以及对历史分割点或门槛的确定都需要在概念界定的基础上来实现。

再如，质性分析方法的进展主要体现在布尔代数法（Boolean algebra）和模糊集合法（Fuzzy sets）上。这两种方法都是比较研究中的编

---

① 这一方法在密尔那里被称为"求同法"。普沃斯基和图纳则将这一方法改良为"最具相异性系统"设计。Adam Przeworski and Henry Teune, *The Logic of Comparative Social Inquiry*, New York: Wiley-Interscience, 1970, pp. 34 - 39.

② Alexander L. George and Andrew Bennett, *Case Studies and Theory Development in the Social Sciences*, Cambridge, MA: MIT Press, 2005, p. 206.

③ James Mahoney, "Path Dependence in Historical Sociology," *Theory and Society*, Vol. 29, 2000, pp. 507 - 548; Paul Pierson, "Increasing Returns, Path Dependence, and the Study of Politics," *American Political Science Review*, Vol. 94, No. 2, 2000, pp. 251 - 267.

码方法，但这两种方法却分别基于不同的概念界定模式。布尔代数法所基于的是清晰集合（crisp sets）理论。其中，作为原因（cause）与结果（effects）的诸"变量"只能取0和1这两个值，① 其运用的最佳对象是那些可以明显进行两分的概念，如市场与计划、男性与女性、穷国和富国等。与之相反的是，模糊集合理论和基于其的比较方法则针对那些相对模糊的、程度性的概念进行更为细化的赋值。在模糊集合中，"变量"可以在1和0之间的连续区间内取任意值来表明不同程度的隶属度（如0.2、0.75等）。每一个对象与相关概念之间都存在一定程度的隶属度，而这种隶属度可以进行定量的赋值。简言之，布尔代数或清晰集合分析基于的概念界定模式是本质主义的两分法，而模糊集合则基于程度主义的分级法。模糊集合的发展与分级法在概念分析中的进展密切相关。

总之，概念分析是比较政治研究的基础起点。当人们对某项比较的结果争执不休时，最好的办法可能是回到起点，从概念界定开始重新审视已有的研究。正如萨托利和利帕特多次强调的，比较方法是在"变量太多、案例太少"的情况下使用的一种特殊的控制方法。② 这种控制的逻辑不是统计性控制，因为多国比较时的案例数量非常有限，同时在比较时，这类系统内部的变量非常多，涉及政治、经济、文化、社会等多个方面，而且这些变量还包括许多非常庞杂的次级变量。比较性控制主要通过变量特征的相似或相异来实现。例如，如果某一特征在多个案例中的表现都一样，那我们可以在比较分析中将这一特征视为常量。或者说，这一特征便被控制住了。这种控制特征使得比较方法更接近质性研究，而同时，质性研究与概念分析具有天然的亲缘关系。

---

① 严格来说，在布尔代数法和模糊集合法这样的（小样本）质性比较方法中，只有"原因"和"结果"，而无"自变量"与"因变量"一说，后者应用于基于大样本的统计分析中。

② Arend Lijphart, "Comparative Politics and the Comparative Method," *The American Political Science Review*, Vol. 65, No. 3, 1971, p. 684; Giovanni Sartori, "Comparing and Miscomparing," *Journal of Theoretical Politics*, Vol. 3, No. 3, 1991, pp. 244–245.

一、概念研究的萨托利传统

1970年的《比较政治中的概念误构》是萨托利关于概念分析的第一篇经典文献。在这篇文章中,萨托利与当时非常流行的定量分析和结构功能主义展开辩论。萨托利把沉溺于调查技术与社会统计的研究者称为"过度自觉的思考者"(over-conscious thinker)[核查一下,我的印象是,萨托利称他们为"纯粹、简单的不清醒的思想者(unconscious thinker)"——欧阳译语]。① 萨托利反对那种把所有的定性问题都转化为程度问题的定量分析,并且特别强调了分类研究在比较分析中的重要性。② 同时,萨托利也反对结构功能主义对概念过度功能化的定义。萨托利认为,结构功能主义虽然声称其会从结构和功能两方面来对概念进行界定,但是在操作过程中几乎所有的概念都是在功能化的意义上进行表达。在萨托利看来,结构功能取向的分析家成了跛脚的学者。③ 在萨托利看来,定量分析的绝对论和结构功能主义都犯了一个同样的错误,即低估了概念形成后的"移植"(travelling)问题。以参与和动员这两个概念为例。参与和动员本来是体现了独特的西方经验的、限于特殊文化的概念。参与并不是任何形式的"参加",而是指一种自动愿的参加,而动员则表达一种在强大政府说服力的基础上消极地、被动地卷入的状态。因此,在西方意义中,参与恰好是动员的反面。然而,在比较政治

---

① 萨托利批评道:"我最为不满的是,(除了极少例外)政治科学家显然缺乏逻辑训练,……,这些人除非手头有温度计,否则就拒绝探讨冷热问题。"Giovanni Sartori,"Concept Misformation in Comparative Politics," *The American Political Science Review*, Vol. 64, No. 4, 1970, p. 1033.

② 萨托利指出:"只有当它们都具有这一特征,这两个项目才能在孰多孰少方面进行比较。因此,分等的逻辑(the logic of gradation)隶属于分类的逻辑(the logic of classification)。"Giovanni Sartori,"Concept Misformation in Comparative Politics," *The American Political Science Review*, Vol. 64, No. 4, 1970, p. 1038.

③ Giovanni Sartori, "Concept Misformation in Comparative Politics," *The American Political Science Review*, Vol. 64, No. 4, 1970, p. 1047.

的背景下，参与和动员在很大程度上变成了重叠性的概念。在萨托利看来，这是一件极具讽刺性的概念运用。

萨托利在此文中的另一个重要贡献是提出了抽象阶梯（ladder of abstraction）这一分析工具。萨托利界定了抽象的三种范畴。第一，普适性的概念化（universal conceptualization）是概念抽象的高级范畴，其可以在异质的背景下进行跨地区的、全球性的比较。这一概念形成的特征是外延最大化且内涵最小化。对概念外延的界定往往通过否定性定义来实现。第二，一般性的概念化（general conceptualization）是概念抽象的中级范畴，其可以在相对同质的背景下进行地区内国家的比较。这一概念形成的特征是在外延与内涵之间保持某种平衡。对概念的界定主要通过属加种差（per genus et differentiam）来实现。第三，形构的概念化（configurative conceptualization）是概念抽象的低级范畴，其主要用于国别分析。这一概念形成的特点是内涵最大化且外延最小化。[1] 在抽象阶梯的基础上，萨托利给出他所钟意的概念分析方法："一、沿着具有更好中间范畴的中等抽象水平来发展这一学科；二、沿着抽象阶梯，既向上又向下，且按以下方式进行演练：把相同与差异、相对较高的解释力和相对准确的描述性内容、宏观理论和经验验证等内容统一起来。"[2] 当然，萨托利的办法也并不完全是完美的。譬如，萨托利指出，通过减少属性来实现概念的进一步普遍化。但这会产生一个属性选择的问题，即到底应该减少哪些属性呢？这些减少是否会受到研究者个人喜好或价值判断的影响呢？譬如，西方学者在将民主的内涵向上抽象时，基本上将其内涵削减为选举，这明显是有问题的。当然，萨托利也意识到这一问题的存在："在这一意义上，只要沿着梯子攀爬，就总会有得有失。"[3]

在1984年主编的《社会科学的概念：一个系统分析》一书中，萨托利撰写了前面最为重要的一章"概念分析指南"。在这一部分中，萨

---

[1] Giovanni Sartori, "Concept Misformation in Comparative Politics," *The American Political Science Review*, Vol. 64, No. 4, 1970, p. 1044.
[2] Ibid., p. 1053.
[3] Ibid.

萨托利从整个社会科学的角度出发，对概念所涉及的各种问题进行了非常详尽的讨论。萨托利先是讨论了术语（term）、意义（meanings）和指称（referent）之间的关系，并指出了概念的缺陷是由术语和意义之间的歧义（ambiguity）和意义与指称之间的模糊（vagueness）造成的。萨托利重点区分了陈述性定义（declarative definition）和指涉性定义（denotative definition）。陈述性定义旨在减少或消除歧义，而指涉性定义可以帮助人们较为容易地找到相对应的指称。萨托利还区分了界定概念的两类属性：决定性属性（defining properties）和伴随性属性（accompanying properties）。萨托利强调说，一定要确保概念定义是充分和简洁的：充分指的是定义包含足够的属性去确认其指称的对象和边界，简洁则是指决定性属性中间不包含任何伴随性属性。①

萨托利非常感慨社会科学中在概念使用上的混乱。② 他总结了目前社会科学研究中概念使用所存在的几种谬误：（1）认为必须在上下文中才能消除歧义；（2）认为概念精确是个虚假的理念；（3）认为文学语言可以展示一种诗化的力量；（4）认为概念可以被随意地使用；（5）认为稳定的词汇对于尚在起步阶段的科学是有害的；（6）认为尝试给语言确立标准的努力是错误的。③ 萨托利强调说，概念的界定一定要清晰，即在术语和意义之间要避免歧义，要消除一词多义和多词一义，同时也要简洁，即在意义和指称之间使用决定性属性来界定。总之，萨托利在该文中表露出一种"早期维特根斯坦式"的雄心，④ 即希望通过给概念确

---

① Giovanni Sartori, "Guidelines for Concept Analysis," in Giovanni Sartori, ed. *Social Science Concepts: A Systematic Analysis*, Sage, 1984, pp. 22 – 34.

② 萨托利指出，"我们急需概念重构用以挽救当今大多数社会科学呈现的混乱状态。……。如果没有概念重构在先，……，他所做的无非是在既有的50种意义的基础上再给出第51种意义罢了。" Giovanni Sartori, "Guidelines for Concept Analysis," in Giovanni Sartori, ed. *Social Science Concepts: A Systematic Analysis*, Sage, 1984, p. 50.

③ Giovanni Sartori, "Guidelines for Concept Analysis," in Giovanni Sartori, ed. *Social Science Concepts: A Systematic Analysis*, Sage, 1984, pp. 57 – 63.

④ 在其早期著作《逻辑哲学论》中，路德维希·维特根斯坦（Lndwig Wittgenstein）力图以接近于几何严格性的定义方式界定各个基本概念。在序言中，维特根斯坦自信地说道："在这里所阐述的真理，在我看来是不可反驳的，并且是确定的。因此我认为问题基本上已经最后解决了。"［奥］维特根斯坦：《逻辑哲学论》，郭英译，商务印书馆，1985年版，第21页。

立标准，然后为社会科学厘定出一组经过清晰界定的概念，并以此来推动社会科学的发展。萨托利的努力无疑是非常重要的，但是其主张也面临很大的困难。在目前社会科学研究中，几乎还没有人可以确立一整套标准化的、被人们普遍接受的概念。一个可以用来佐证的事实是，维特根斯坦在后期转向语言游戏说，某种程度上也宣告了其早期努力的失败。① 同时，萨托利建议用决定性属性来界定概念，而这里的问题在于究竟如何界定区分决定性属性和伴随性属性。这种属性的区分又可能会把某种价值倾向或个人偏好卷入其中。

萨托利的这种本质主义立场在之后的一些文献中有更为充分的表述和强调。在其1987年的名著《民主新论》中，萨托利以民主为对象对其本质主义概念观作了进一步的阐发。萨托利强调说，民主是一个客体概念（object concept），是政治系统中的一个具体类别，因此对其逻辑处理应是二分法的分类处理。② 萨托利反对将民主看成是一个属性概念（property concept），即将民主看成是一个政治客体的属性特征。在属性概念中，逻辑的处理不再是二分的"是与否"，而是连续性的"较大—较小"。③ 在1991年的《比较与错误比较》一文中，萨托利用"猫—狗组合"的例子来批评概念的错误组合与使用。萨托利以"美国的联盟政府（coalition government）"为例来批评这种现象。萨托利指出，在目前的世界中，联盟政府基本存在于议会制政体中（不是美国的总

---

① 这一特征在其后期著作《哲学研究》中有明确的表达。Ludwig Wittgenstein, *Philosophical Investigations*, trans., G. E. M. Anscombe, London: Blackwell, 1968, pp. 10 – 14.

② 萨托利强调说，"我们要确定某个政体是不是民主政体。这也使得由这样的处理而产生的不同是类的不同，而不是程度的不同。" Giovanni Sartori, The Theory of Democracy Revisited, Chatham, NJ: Chatham House, 1987, p. 183；[美] 乔万尼·萨托利：《民主新论》，冯克利、阎克文译，东方出版社，1998年版，第206页。

③ 萨托利批评道，如果按照属性概念的逻辑，那么"一切现存的政治制度都是民主制度，不管其程度如何小之又小，或者相反，一切现存政体都是非民主政体，不管——比如说——柬埔寨或阿尔巴尼亚与英国相比多么不民主。姑且不论这样的结论多么愚蠢可笑，这种程度至上论或者连续性至上论完全忽略了政治系统是一个系统，是一个受着结构性机制和原则制约的整体"。Giovanni Sartori, The Theory of Democracy Revisited, Chatham, NJ: Chatham House, 1987, p. 184；[美] 乔万尼·萨托利：《民主新论》，冯克利、阎克文译，东方出版社1998年版，第207 – 208页。

统制政体)。在议会制中,政府由议会选出并对议会负责,所以有时会出现非单一政党的政府。因此,在萨托利看来,美国基本上不会存在联盟政府这种情况。而这种误用就是"猫—狗组合"。在该文中,萨托利进一步批评了他所总结为程度主义(degreeism)的观点。① 总之,萨托利反复强调说,那种将种类差异与程度差异相混淆的观点是极其错误的。

二、科利尔的实用主义:在两分法和分级法之间

在概念研究中,另一个重要的研究者是科利尔。科利尔与他的合作者们完成了一系列重要的论文来对萨托利的观点作出回应。在1993年的《概念延展新论》一文中,科利尔针对萨托利在《比较政治中的概念误构》一文中的核心观点进行了批驳。② 科利尔先是在一定程度上肯定了萨托利的贡献,然后又指出了萨托利分析框架的不足。科利尔认为,萨托利所依据的是古典分类法,即根据分类层次(taxonomic hierarchy)确定各种概念或范畴(categories)之间的关系。③ 古典分类法强调,每个概念或范畴都有明晰的边界,其成员具有相同的属性。然而,20世纪的语言哲学和当代认知科学认为,许多概念并不具备上述属性,因此这

---

① Giovanni Sartori, "Comparing and Miscomparing," *Journal of Theoretical Politics*, Vol. 3, No. 3, 1991, pp. 247 – 249;[美] 萨托利著、高奇琦译:《比较与错误比较》,载《经济与社会体制比较》,2013年第1期,第131—132页。

② 科利尔关于概念的重要论文都是与不同的合作者完成的。在这些论文,科利尔基本上是主要的贡献者,因此笔者在下文表述这些作者时,简化为"科利尔",而不再表述为"科利尔等"。这一表述调整是为了文章讨论的方便,因为笔者把科利尔看成是概念研究中的一个标志性人物。

③ 需要说明的是,科利尔在文章中更多使用范畴一词。科利尔认为,范畴与概念(concepts)的作用相似。科利尔指出,之所以使用"范畴"一词,是因为这一概念更直接地指称出边界的问题,同时这一概念也符合乔治·莱考夫(George Lakoff)的用法。莱考夫的研究是科利尔文章的基础。David Collier and James E. Mahon, Jr., "Conceptual 'Stretching' Revisited: Adapting Categories in Comparative Analysis," *The American Political Science Review*, Vol. 87, No. 4, 1993, p. 853. 笔者将categories译为"范畴",以同type(类别)相区分。

从根本上对萨托利的观点形成了挑战。科利尔用家族相似性范畴（family resemblance category）和辐射型范畴（radial category）这两种非传统的范畴类别，来质疑萨托利的传统框架。家族相似性范畴所描述的是如下情形：（1）研究者在原初的个案研究中界定了一个具有理论意义的新范畴，在该个案中，范畴有五个定义属性；（2）原初个案是六个共享家族相似性范畴案例的一个；（3）该家族相似性范畴有六个共享属性；（4）每个个案只是其中五个属性的不同组合；（5）没有一个属性为所有案例共享。① 运用对家族相似性的考察，我们可以发现，有些概念可能并不具有在所有案例中都存在的、可以作为定义标准的明确属性。换言之，在家族相似性的案例中，用某个或某些明确的属性来界定概念的做法是很难奏效的。正是在这一意义上，科利尔对萨托利建立明确属性框架的做法进行了较为温和的批评。

与家庭相似性范畴一样，辐射型范畴中的个案也可能不具备定义属性的所有特征。不同在于，辐射型范畴的所有含义都体现在核心子范畴（central subcategory）上。核心子范畴对应于该范畴的最佳个案或原型，由共同理解以及共同认知的一组属性构成。"非核心子范畴"（noncentral subcategory）是核心子范畴的各种变体，只具有核心子范畴中的部分属性。② 譬如，根据皮埃尔·奥斯蒂盖（Pierre Ostiguy）对"民主"的界定，"民主"这一核心子范畴的构成要素可以是：（1）广泛有效地参与统治过程；（2）限制国家权力，保护个人权利；（3）基于

---

① 家族相似性这个概念来自维特根斯坦。这一概念所描述的事实是：我们可以观察出人类基因家族成员中的某些共有属性，这些属性可以与不具备此类属性的非家庭成员区别开来。即使不存在所有家族成员都共有这些属性的情况，但家庭成员之间的共通性（commonalities）也是十分明显的。Ludwig Wittgenstein, *Philosophical Investigations*, trans., G. E. M. Anscombe, London: Blackwell, 1968, pp. 65 – 75.

② 莱考夫以普通语言中的"母亲"一词为例，说明了辐射型范畴的特点。在这个例子中，"母亲"的核心子范畴所对应的是一个在性别关系中被称为"真正"母亲的个体，其具备以下几个特点：①是个女人；②提供了孩子一半的基因构成；③生孩子；④是孩子父亲的妻子；⑤抚养孩子。当上述组成元素逐一出现，或两个及两个以上同时出现，就会出现非核心子范畴。这个例子中，若特征逐一出现时，就出现了相似的概念类型："基因母亲"、"生母"、"继母"和"养母"。George Lakoff, *Women, Fire, and Dangerous Things: What Categories Reveal about the Mind*, Chicago: University of Chicago Press, 1987, pp. 83 – 84.

某种方式的平等主义的经济社会关系。具备要素一可构成"参与型民主",同时具备要素一、二可构成"自由型民主",而同时具备要素一、三则构成"大众型民主"。这三种民主形式都是非核心子范畴。[①] 运用辐射型范畴,科利尔试图说明在现实中映射某一概念的相关案例往往只具有理想类型的部分特征,而非全部特征。这一观点同样可以看作是科利尔对萨托利在理想类型上构建明晰概念标准的一种软性批评。

在1999年的《民主与二分法》一文中,科利尔则主要是同萨托利在《民主新论》中的核心观点进行对话。科利尔指出,在关于"民主"的概念界定上,存在两分法和分级法两种。两分法的代表包括萨托利、普沃斯基(Adam Przeworski)、迈克·阿尔瓦雷兹(Mike Alvarez)等人,其界定主要集中在竞争性选举和政党轮替等关键要素上。[②] 分级法的代表包括罗伯特·达尔(Robert A. Dahl)和肯尼思·博伦(Kenneth Bollen),其界定主要集中在国家权力与社会权力博弈的程度上。[③] 科利尔认为,简单地争论应该采用哪种方法是没有意义的,而在具体研究中应该采用一种基于情境来选择概念界定方法的实用主义路径,即聚焦于整体进程的民主研究适合使用二分法,而关注具体事件的民主研究则适合用分级法。[④]

[①] David Collier and James E. Mahon, Jr., "Conceptual 'Stretching' Revisited: Adapting Categories in Comparative Analysis," *The American Political Science Review*, Vol. 87, No. 4, 1993, p. 848.

[②] 阿尔瓦雷兹和普沃斯基等人将民主的要素界定为:对行政首脑和立法机关人员的挑选要经过竞争性的选举,要拥有超过一个政党,以及在一个合理的间歇后在任者会产生实际的轮替。Mike Alvarez, José Antonio Cheibub, Fernando Limongi, and Adam Przeworski, "Classifying the Political Regimes," *Studies in Comparative International Development*, Vol. 31, No. 2, 1996, p. 19.

[③] 达尔将民主概念聚焦在"政府与其反对者之间的反对、对抗或者竞争上"。Robert A. Dahl, *Polyarchy: Participation and Opposition*, New Haven, CT: Yale University Press, 1971, p. 1. 博伦则将民主定义为"精英最小化政治权力和非精英最大化政治权力的程度"。Kenneth Bollen, "Issues in the Comparative Measurement of Political Democracy," *American Sociology Review*, Vol. 45, No. 3, 1980, p. 372.

[④] David Collier and Robert Adcock, "Democracy and Dichotomies: A Pragmatic Approach to Choices about Concepts," *Annual Reviews Political Science*, Vol. 2, 1999, pp. 561-562.

在2009年的《比较研究中的民主概念等级》一文中，① 科利尔则进一步发展了萨托利关于"沿着抽象阶梯向上或向下的分析策略"，并以等级（hierarchy）、亚类型（subtypes）和统御性概念（overarching concept）等为基础构建了一个新的概念分析策略图。首先，科利尔将概念分为本源概念（root concept）、统御性概念和亚类型三种。然后，科利尔将萨托利的概念"阶梯"调整为概念"等级"，并提出"种类等级"（kind hierarchy）和"局部—整体等级"（part-whole hierarchy）两种等级类型。种类等级所描述的情况是，下级概念是上级概念的一个种类，其对应的亚类型是"经典亚类型"（classical subtypes）。局部—整体等级则描述，下级概念是上级概念（整体）的一个部分，其对应的亚类型是"缩减亚类型"（diminished subtypes）。②

然后，科利尔以民主为例展示了他处理概念延伸危险的综合分析策略。从民主的本源概念出发，科利尔的第一步"下移种类等级"、第三步"精确化民主的本源概念"和第四步"上移种类等级至政体的经典亚类型"实际上是对萨托利策略的继承。第三步与萨托利所强调的"要尽量在中级范畴上讨论概念"类似。第一步和第二步则与萨托利"向下和向上攀爬阶梯的策略"类似。科利尔的主要贡献是第二步"使用缩减亚类型"和第五步"转化为统御性概念"。③ 下面以民主为例来解释科利尔的各个步骤。民主的本源概念主要来自于西方经验，所以避免概念延展的最容易方法是在欧美等西方国家的情境中讨论民主，并对民主的概念进行精确化（第三步）。如果将这种西方经验的民主（譬如自由式民

---

① 该文是其1997年《带形容词的民主》一文的修正版。David Collier and Steven Levitsky, "Democracy with Adjectives: Conceptual Innovation in Comparative Research," *World Politics*, Vol. 49, No. 3, 1997, pp. 430–451.

② 在这里，笔者以国家的分类为例来解释下科利尔的这两种等级。从中央和地方关系来看，国家可以分为单一制国家和联邦制国家。因此，"单一制国家"是"国家"的一个种类。那么，"单一制国家"与"国家"的关系就是种类等级。从其内部权力来看，国家可以分为立法机关、行政机关、司法机关、军队等部分。因此，"立法机关"是"国家"的一个部分。那么，"立法机关"和"国家"的关系就是局部—整体等级。

③ David Collier and Steven Levitsky, "Democracy Conceptual hierarchies in comparative research," p. 281.

主）运用在东方国家中，就会出现概念延展问题（第一步）。而将民主的内涵上移为某种政体的经典亚类型（如责任政体形式）并运用在其他国家中，则可以避免概念延展（第四步）。科利尔的缩减亚类型是指，可以将民主缩减一些内涵后界定自由式民主（缩减平等主义的诉求）或大众式民主（缩减保护个人权利），这样通过提高概念的差别化，然后再界定某一国家的民主究竟是自由式民主还是大众式民主，这样也可以避免概念延展。同时，也可以采用总括性的概念，如降低民主标准，那么一些低度民主的国家也能被界定为民主国家，这样可以避免概念延展问题。或者提高民主标准，很多低度民主的国家就不会被界定为民主国家，这样也不会产生概念延展问题。需要说明的是，科利尔的统御性概念方法有非常明显的分级法特征。

科利尔尝试用认知科学中的新发展来挑战萨托利的本质主义。在1999年论文中，科利尔试图在本质主义和程度主义之间开辟出一条实用主义的折衷路径。在2009年文章中，科利尔则尝试在萨托利的抽象阶梯基础上发展出更为复杂和完整的概念分析路径。在2012年论文中，科利尔则更多地向萨托利的本质主义类型学回归。

三、吉尔林的概念审美标准与综合分析策略

吉尔林是西方概念研究中新生代的领军人物。在1999年的《怎么才算个好概念》一文中，吉尔林尝试与萨托利的概念审美标准进行修正。在《概念分析指南》中，萨托利将评价概念好坏的标准简化为一组规则，并特别强调了清晰和简洁等内涵。吉尔林不太赞同萨托利的简化标准，并提出了一组界定概念恰当（conceptual adequacy）的综合标准。这组标准包括：（1）熟悉（familiarity），即让普通学术观众也要感觉到这个概念不那么生疏和遥远。这一点强调要尽量少创造新词（除非已有词汇不能表达某种特定涵义）；（2）音韵（resonance）。譬如，押韵的一些词汇会使人们容易记住它们（如makers, breakers, takers）；（3）简

约（parsimony）。譬如，同样表达意识形态的涵义，ideology 比 political belief-system 更简约；（4）一致（coherence），即概念的外围特征与其核心含义要啮合起来，这一点是针对内涵而言的；（5）差异（differentiation），即该概念要容易与其他不同的概念相区分开来，这一点是针对外延而言的；（6）深度（depth），即概念也要具备比较丰富的伴随性属性；（7）理论功效（theoretical utility），即概念的提出要实现推动理论构建的目的；（8）现实功效（field utility），即概念要对现实世界的现象有清晰和对应的投射。[1] 吉尔林批驳了萨托利关于概念构建的早期维特根斯坦式的雄心，并认为概念构建需要在其表述的八个标准之间进行折衷。与萨托利明确批评情境主义的概念生成完全不同，吉尔林特别强调了情境对于概念界定的重要意义。[2]

在 2003 年的《让普通语言运转起来》一文中，吉尔林提出了界定概念的一种综合策略。在该文中，吉尔林指出了界定概念的三个步骤：（1）抽样性使用（sampling usages），即对一个概念的代表性用法和定义进行抽样检查；（2）类型化属性（typologizing attributes），即把非特殊的属性（non-idiosyncratic attributes）整理到一个单一类型中；（3）构建最小－最大定义（min-max definitions），即首先通过识别一个概念的本质要素来确定其最小定义，然后再通过识别最大集合的相关属性来界定其理想类型定义（最大定义）。[3] 最小定义仅需要辨别出该概念最为本质的要素，同时这些要素要足以在外延上构成一个概念。理想类型定义试

---

[1] John Gerring, "What Makes a Concept Good? An Integrated Framework for Understanding Concept Formation in the Social Sciences," *Polity*, Vol. 31, 1999, pp. 357 - 384.

[2] 吉尔林明确表示，概念构建是基于"情境"的工作。在不同的情境下，概念构建的任务会大为不同。John Gerring, "What Makes a Concept Good? An Integrated Framework for Understanding Concept Formation in the Social Sciences," p. 391.

[3] 这篇文章是吉尔林与 Paul A. Barresi 的合作作品。鉴于吉尔林在概念研究方面的持久贡献以及他在署名上以第一作者出现，可以说吉尔林对这篇文章的贡献更大。因此，为了在文章中讨论方便，与之前对科利尔作品的处理类似，本文略去"吉尔林等"的表述，而直接使用"吉尔林"。John Gerring and Paul A. Barresi, "Putting Ordinary Language to Work: A Min-max Strategy of Concept Formation in the Social Sciences," *Journal of Theoretical Politics*, Vol. 15, No. 2, 2003, pp. 205 - 206.

图包括最大集合的属性，而这些属性可以共同以最完整和最理想的方式定义这个概念。理想类型尽管总是有一个理想的指涉对象，但它不需要有一个真实的经验指涉对象。①需要说明的是，在吉尔林界定概念的三个步骤中，"抽样性使用"是吉尔林自己的贡献。这是一种经验性做法，但吉尔林从统计学那里借鉴了一个更为科学的形式。"类型化属性"是萨托利的传统路径，即通过类型学来对概念的属性进行分类界定。"最小－最大定义"则整合了科利尔的关于辐射型范畴的讨论。吉尔林的理想类型类似于科利尔的核心子范畴。区别在于，吉尔林试图从科利尔的非核心子范畴中抽取中最小定义。以奥斯蒂盖对民主的界定为例，从"参与型民主"、"自由型民主"与"大众型民主"三个非核心子范畴中可以抽取最小定义，即要素一"广泛有效地参与统治过程"。总而言之，吉尔林所提出的是一种新的整合方案，同时这一方案也建立在之前萨托利和科利尔等重要成果的基础之上。

四、西方概念研究对中国比较政治学发展的启示

在西方比较政治学的概念研究中，实际上基本形成了两个重要的派别：一个是以萨托利为代表的本质主义立场，另一个是以科利尔和吉尔林为代表的折衷主义立场。本质主义更倾向于用二分法来界定概念，并尝试构建一个关于概念评价的清晰和简明的框架。折衷主义则力图调和二分法与分级法程度法的矛盾，并希望在分析情境的基础上构建一个较

---

① 吉尔林还以文化为例讨论了最小－最大定义。文化的最小属性包括两部分：在生产和传播（Production and Transmission）上表现为社会的（Social），在具体特征上表现为理念型的（Ideational）或符号型的（Symbolic）、模式化的（Patterned）、分享的（Shared）。文化的理想类型属性也包括两部分：在生产和传播上表现为社会的和人文的（Human），在具体特征上表现为理念型或符号型的、模式化的、分享的、持久的（Enduring）、累积的（Cumulative）、一致的（Coherent）、差异的（Differentiated）、广泛的（Comprehensive）、整体的（Holistic）、并非基于利益的（Non-interest-based）、默认的（Implicit）、因果的（Causal）、构成的（Constitutive）。John Gerring and Paul A. Barresi, "Putting Ordinary Language to Work: A Min-max Strategy of Concept Formation in the Social Sciences," pp. 210 – 218.

为复杂但却完整的概念分析框架。折衷主义所强调的对分级法的吸收一方面可以看作是对本质主义的批评，另一方面也可以看作是对萨托利质性传统的拯救和发展。整体来看，西方的概念研究对于中国的比较政治学发展有如下几点启示意义。

首先，西方相对成熟的概念分析框架对构建中国本土意义的比较政治学概念具有方法论上的指导意义。目前中国的比较政治学处于一种蓄势待发的状态。许多研究者都提到了中国比较政治学的自身建设问题，即从中国经验和中国知识出发构建中国的比较政治学理论、议题和方法。而所有这一切的基础则是概念研究。中国目前正在经历复杂而深刻的政治社会变迁，这为比较政治学研究提供了丰富的素材和内容。同时，中国几千年绵延不绝和丰富多样的文化积淀也为概念研究奠定了知识基础。我们目前的不足是在概念分析的方法论方面比较欠缺，而西方在概念研究方面的进展可以帮助我们提出反映中国特质的比较政治学概念。譬如，萨托利和吉尔林关于概念审美标准的讨论会帮助我们提出一个好的概念。再如，萨托利的抽象阶梯和科利尔的概念等级可以帮助我们将生成的概念适用到案例的情境当中。

其次，本质主义的概念观提醒我们要重视概念的主体性和一致性。具体而言，相关启示如下包括：（1）对科学主义和定量至上的观点保持冷静的认识。正如萨托利多次强调的，比较政治学研究中更为重要的特征是质性研究特征，即要更多地针对事物的一些本质性变化展开比较分析；（2）要严肃地对待比较政治研究中的概念。在使用概念时，要尽量靠近其本源含义。同时，在进行比较之前，要在已有知识的基础上对涉及到的核心概念进行较为清晰的界定。反对轻率和随意地使用概念；（3）对一些经常争论的、重要的概念要逐步形成共识，否则许多后续的讨论将会失去意义。譬如，民主目前是最具争议性的一个概念。许多与政治学相关的国内外学术研讨会讨论到最后就会发现，在争论背后最本质的问题是，对民主的内涵缺乏共识。因此，如何在已有知识的基础上达成关于民主概念的共识是政治学界面临的一个非常重要的任务。

最后，折衷主义则提醒我们要重视概念的情境性和复杂性。具体启示如下：（1）对于一些重要的有争议概念可以采取吉尔林的"最小—最大定义策略"。最小定义是学界关于某争议概念达成的最低共识，而最大定义（理想定义）则是某争议概念最丰富内涵的集合体。最低共识的达成可以避免我们在不同的概念范畴中进行非逻辑性对话，而理想定义的达成则有助于为我们的概念发展和实践推动设定一个远景目标；（2）概念的生成和使用要考虑其情境因素。这其中有两层含义。一方面，如科利尔的忠告，要根据情境来选择概念分析方法。譬如，在概念分析之初或者在概念共识尚未形成之时，两分法应该是最重要的方法。而在基本共识达成之后，分级法便会逐渐成为更主导的概念分析方法。另一方面，如吉尔林的提醒，要根据情境来理解和评价概念。概念不可能仅仅被培育在社会科学家的头脑实验室之中。概念要获得生命力，则需要与情境结合，发挥出其强大的现实功效。

从某种意义上讲，比较研究是一场争夺概念的知识战争。西方的比较政治学从西方经验出发总结出一些概念模式，然后用这些模式来分析非西方国家，并以某种文化霸权的形式来指导非西方国家的知识发展。整体来看，非西方国家在目前的世界性概念竞争中处于劣势。非西方国家接下来需要做的工作是，从本土的经验和知识出发，或者在西方主流概念的基础上对其内涵与外延进行调整，并逐渐与西方达成某种概念共识，或者生成新的概念，然后通过概念移植证明新概念的价值和功用，并最终为世界性的概念生产贡献自己的力量。

五、文章选译的基本思路和工作安排

如前所述，西方概念研究的成果非常丰富，这给本期的编译工作带来了比较大的困难。正因为如此，华东政法大学政治学研究所和清华大学政治学系合作来编译这期稿件。清华大学政治学系景跃进教授主要负责并选定了本期编译的稿件。本期编译论文的选定主要按照前述知识发生的顺序和脉络展开。另外，为了方便读者在对照中全面了解西方的概念研究，在前述的那些文章之外，我们编译组还有意选择了一些评述性或对比性的文章。为了与前文所述的讨论相对应，本书编译组选择了马克·贝维尔（Mark Bevir）和阿萨夫·基达（Asaf Kedar）的一篇对萨托利和科利尔的研究论文进行系统批评的论文，以方便读者在对照中全面了解西方的概念研究。此外，在第五部分中，我们增加了加利·格尔茨（Gary Goertz）的一篇文章。这篇文章取自格尔茨的《社会科学概念：一本使用者手册》。需要说明的是，这本书对整个西方的概念研究有比较全面和系统的阐发，我们希望通过这篇文章的编译来引发起学界对他这本著作的关注。

另外，在梳理西方概念文献的过程中，本期编译组还围绕着"本质上争议的概念"（Essentially Contested Concepts）这一概念研究中的经典主题选择了三篇文章。"本质上争议的概念"最先由加利（W. B. Gallie）提出。简单的说，当一个比较抽象的"大概念"存在着不同的用法和解读的时候，那么在这种情况之下，很可能存在着"本质上争议的概念"。在加利看来，所谓本质上争议的概念指的是那些"拥有多重不同用法的概念"，这些不同的用法"都有充分的论据支持。""这些概念的外延是模糊的，且这种模糊性得到了概念使用者的承认"①。然而另一方面，"本质上争议的概念"并不意味着"各说各话"；相反，在对这种概念如何定义方面，学界或学者之间一般都有着最低限度的共识。换言之，"本质上争议的概念"是一种不存在"最优"定义和用法的概念。此外，带有道德判断的"评价性"（appraisive）概念大多是"本质上争议的概念"。比如说在政治学中我们常讨论的"权力""民主"等都属于此类。

最后，在这里再交代一下此次编译的流程。首先，除了前面提到的华东政法大学政治学研究所和清华大学政治学系的主体编译团队之外，本期编译组还特别邀请了上海财经大学耿曙、上海交通大学陈尧、中共河北省委党校欧阳景根、上海外国语大学陈金英、复旦大学李辉、武汉

---

① John N. Gray, "On the Contestability of Social and Political Concepts," *Political Theory* 5 (August 1977), pp. 331 – 348. 另可参见本期译文《论社会政治概念的可争议性》。

大学邢瑞磊等诸君加盟本期的编译。其次，为了提高编译质量，本期编译组于2012年12月8日至9日在华东政法大学召开了"比较政治的概念研究暨《比较政治学前沿》第二辑译者讨论会"。在此次研讨会之前，编译者已经基本上形成了编译的初稿。所以，这次讨论会研讨促进了编译者之间的交流，并在一些重点内容的翻译逐步达成共识。在研讨会之后，编译者又根据研讨会讨论中形成的共识，自己编译的部分进行了修改和调整。整个编译工作的前期统筹由华东政法大学吉磊负责，而后期的校对和协调则由复旦大学郝诗楠和杜欢负责。另外，对中央编译出版社的贾宇琰主任和杜永明编辑也表示深深的感谢，他们的编辑工作保证了出版质量。

华东政法大学政治学研究所近年来将比较研究方法确定为重点研究的内容之一。本期的"比较政治中的概念问题"也是整个比较研究方法引介内容的一部分。未来的引介会持续下去。因为在因果分析、比较历史分析、分析性叙述、布尔代数方法、模糊集合分析等领域还有大量的译介空间，这些选题的西方前沿成果都会成为我们辑刊今后重点推介的内容。

高奇琦　景跃进
2013年5月15日

目录 / Contents

《比较政治学前沿》序言 …………………………………… 何勤华/1

比较政治分析中的概念研究——《比较政治学前沿》
　第2辑编译说明 …………………………… 高奇琦　景跃进/1

【萨托利：经典开创】

概念分析指南 …………［意］乔万尼·萨托利 著　汪吉庶 编译/1
比较政治学中的概念误构
　………………［意］乔万尼·萨托利 著　欧阳景根 编译/35
对概念、定义和模式的进一步考察
　………………［意］乔万尼·萨托利 著　廖幸谬 编译/59
极权主义、模式癖与从错误中学习
　………………［意］乔万尼·萨托利 著　欧阳景根 编译/75

【科利尔等人的延伸讨论】

概念延展新论：比较研究范畴之调整
　………［美］戴维·科利尔、小詹姆斯·玛宏 著　邢瑞磊 编译/94

民主与二分法：一个概念选择的实用主义路径
……………〔美〕戴维·科利尔、〔美〕罗伯特·艾德科克 著
李辉 编译/111

比较研究中的民主概念等级 ……………〔美〕戴维·科利尔、
〔美〕史蒂文·列维茨基 著 阮家栋、陈尧 编译/129

使类型学更有效：概念形成、测量与精确分析
……………〔美〕戴维·科利尔、〔美〕乔迪·拉波特、
〔美〕詹森·西奈特 著 汪仕凯 编译/152

【对萨托利和科利尔的批评】

政治科学概念的形成过程：质性方法的一个反自然主义批评
……………〔美〕马克·贝维尔、〔美〕阿萨夫·基达 著
王金良 编译/174

【本质上争议的概念】

本质上争议的概念……〔英〕沃尔特·布赖斯·加利 著 花勇 编译/201

论社会政治概念的可争议性
……………〔英〕约翰·N.格雷 著 郝诗楠 编译/214

本质上争议的概念：争论及应用
……〔美〕戴维·科利尔、〔美〕费尔南多·丹尼尔·伊达尔戈、
〔美〕安德里·奥利维亚·玛休斯努 著 陈金英 编译/225

【新一代研究者的讨论】

怎么才算个好概念？一套帮助我们理解社科概念构建的标准
……………〔美〕约翰·吉尔林 著 耿友祥、耿曙 编译/244

概念的内涵与外延 ………〔美〕加里·格尔茨 著 阚天舒 编译/273

重要词汇翻译标准 ……………………………………/297

概念分析指南[*]

[意] 乔万尼·萨托利（Giovanni Sartori） 著

汪吉庶 编译

一、语义输入（semantic import）

认识任何事物都必须以某种语言作为媒介。拙劣的语言产生拙劣的思想，而拙劣的思想也随之让求知者所做的一切都变得拙劣。尽管，当今的社会科学不断宣称要努力完成定量方向的转向，然而，大量的知识仍旧是靠着自然语言（natural language）——而非那些形式的（formal）、形式化的（formalized）或无需解释（uninterpreted）的语言来进行表述的。对于这些"命名的"变量，无论人们测量些什么，形式化（formalization）[①]——也就是建立和应用不需做解释的符号体系——在社会科学中都只是扮演着一个辅助的和工具性的角色。一个基本的现实是，我们仍然依靠并使用着自然的、解释性的语言（interpreted language）。而自然语言的核心特征又是由它的语义属性（semantic properties）所构成的。

---

[*] 原文出处：Giovanni Sartori, Guidelines for Concept Analysis, in Giovanni Sartori, ed., *Social Science Concepts*: *A Systematic Analysis*, London: Sage, Beverly Hills 1984.

[①] 这里所谓的定型，就是指由不做解释的符号体系组成的结构和应用。——译者注

因此，首要的功课就是去把握词的意义功能（meaning function）——这就是语义学。

我的论述将突出"投射语义"（projective semantics）的观念。考虑到"语义含义"（semantic meaning）这一表述太过啰唆，因此我将明确地采用"语义输入"（semantic import）这一表述来取代前者。简单地讲，词语的"语义输入"意味着（1）那些没有命名的事物不受认知发展的关注和影响；而（2）命名选择（naming choice）——即选择一个有既定语义场（semantics field）的词语的过程——则包含了某种影响深远的解释性投射（interpretive projection）。总之，投射语义凸显了某种"限制"和"路径"，它们将特定的自然语言强加于感知、思考和认知的过程上面，同时也让这些特定的自然语言来承载这些过程。

通常，只有先抓住词语所包含的意义，才能形成一个句子，而不能反过来说词语通过所在的句子获得了意义。我们顶多只能说，词的意义通过所在的句子被明确化了。这意味着，即使把"上下文"应用于"句子"，一个词在上下文中的意思也应该与该词在上下文之外的意思（如字典里的意思）差不多才对。

在前述这些定性的基础上，我采纳了泰勒关于语义的核心原则："语言由现实构成，它对某种现实的存在是必不可少的。"（Taylor, 1971: 24）。它表现为人们凭借整个词汇表进行的思维塑造，而这种思维塑造的方式最终体现了一种感知和构想现实的总体方式。

总之，从本质上讲，知识实际上就是命名学（onomatology）——即知识表现为"以命名作为载体的逻辑（logos mediated by names）"——这就是我所谓的"语义投射"和"语义输入"要表达的意思。为了使我的论据（case）尽可能地简明，我将分析的单位设置为"词"。事实上，我的决定性概念是"语义场"（semantic field）：它被认为是对整个语言系统的一种可控制的分解（a manageable breakdown），是整个语言系统最有意义的亚单元。为此，我认为：语言系统要受到来自"词的语义投射"的限制。

二、基本方案（basic scheme）

最有用的"概念分解（concept unraveling）"结构是由奥格登和理查这两位学者总结的：即著名的"奥格登-理查三角"（C. K. Ogden and I. A. Richards，1946：11）。根据他们的论证框架，知与所知（the kowning and the known）都可被分解为三个基本的组成元素：（1）词（words）、（2）意义（meanings）、（3）指称对象（referent）。接下来，通过说明以下两个根本性的问题，我们将可以很好地对"词、意义和指称对象"这三者做出区分：

意义如何关联到词？
意义如何关联到指称对象？

对于第一个问题，意义与词之间的关系既可以是有歧义的[①]（ambiguous），也可以是词—义明确的。而对于第二个问题，意义与指称对象之间的关联则既可以是含糊的（vague），也可以是不含糊的；或者说，二者之间既可以是指涉不明的（undenotative）[②]，也可以是指涉恰当的（adequate）[③]。

通常，"词"和"术语"这两个词可以互换使用，尽管前者的范围相对更大；"意义"则可以被代称为"内涵（connotation）"；而"指称对象"也常常用"对象（object）"来表示。同样，我们也会把概念的内

[①] 在本文中，equivocal、ambiguous 两个词都被翻译为歧义。这里需要说明的是，歧义在这里指的是一种多义指向。即一个术语对应多个意义，造成了意义的混淆。它与 univocal 即单义指向相对应。——译者注

[②] Undenotative 就是指代意义无法投射或对应客体的状态，可以翻译为"非指涉性"的，但在这里翻译成指涉不明，意指意义和指称的指涉关系不明确。——译者注

[③] Adequate 也是充分的意思，这里，充分性值得就是意义和指称之间这种指涉的恰当关系。因此，后文也翻译为充分的。——译者注

涵称为它的 intension。因此，当用"connotation"表示内涵时，它的补足词就是 denotation（外延）；而当用"intension"表示内涵时，它严格意义上的补足词就是 extension。现在，这些基本的变型术语（metaterminology）就可以像奥格登和理查三角那样进行组合了（见图1~4）。

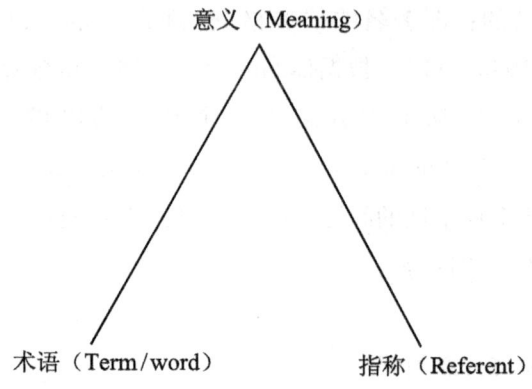

图1　基本方案

图1是我对奥格登-理查三角的重新修改与描绘。相对于 word，我更偏向于"术语"（term）一词；另外，referent 一词也似乎更优于 object。我给 referent 的定义是：先于或外在于精神和语言理解的客观事物。

图2展示了"内涵与外延"这一对概念。正如图中所表明的，在随后的分析中，intension 与 connotation 相同，extension 亦与 denotation 相同。① 首先，我们可以比较容易地给出内涵（intension、connotation）的定义：内涵就是关联或包含在特定的词、术语以及概念中的全部特征和属性的集合。术语的内涵由该术语的所有特征和属性所组成，且这些特征和属性在被分配给术语的过程处在特定的"语言—语义系统"（linguistic - semantic system）的限定之下。

---

① 根据 Sartori 的定义，intension 与 connotation 都可以翻译为"内涵"，extension 与 denotation 都可翻译为"外延"。但从严格意义上将，这每组中的两个术语还是存在一定差异的。——译者注

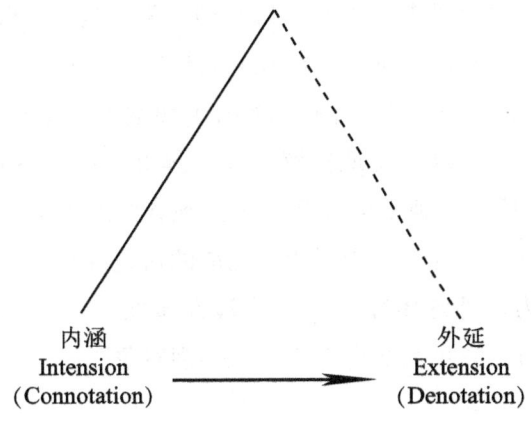

图2　内涵与外延

　　内涵伴随着外延，且两者之间相互关联与补充。这随之就产生了一个重要问题：即什么是外延（extension、denotation）？通过精读其他文献，我找到了两种观点。其中之一是霍斯珀斯（J. Hospers, 1967: 40, 42）的观点，他认为"一个词的全部外延就是该词所能对应的所有事物的完整列表。"它并不用来指涉事物的类别，相反，"词的外延通常是一个单独的事物。"而萨尔蒙（Salmon, 1964: 90）和其他一些学者却将外延定义为"一个词的外延由这个词准确应用的一切对象的类别所组成。"对后一定义来说，当"事物"被"事物的类别"所取代，这意味着外延就如同内涵一样有了语言或精神的含义。

　　很明显，内涵与外延这对关系处理的是认识论的（gnoseological）问题。然而，人们又是如何认识的呢？外部的世界是如何进入到人的意识中来的呢？图2提供的解决方法回避了这一认识论上的矛盾。从该图来看，外延和内涵的这种互补性构成了一个箭头，它试图穿越这条横亘在"精神的（the mental）"和"精神之外的（the extramental）"的边界线。因此，图2中三角的右边是用一条允许穿透的虚线来表示的。当然，对于是否以及如何"把握客观对象"这件事并非是我们所能决定。相反，"术语的外延明显取决于它的内涵。"（M. R. Cohen and E. Nagel, 1936: 32）

评估完内涵与外延的关系,下一步就要追问一个术语的所有属性特征(即内涵)是否要听从于某种系统结构。关于这一点应该意识到,一些概念或术语会表现出一堆眼花缭乱的属性特征。那么,该如何去处理这些内涵中的丰富属性呢?图3展示了概念特征、属性的整体池①(overall pool),它可以方便地拆解为两个集群(clusters)。第一个集群(左边的)是那些不可观察地或几乎无法观察的属性群,而第二个集群则是那些可观察的属性群。为了能和先前的讨论保持一致,图3中右边的集群被命名为"外延属性"或"指涉性属性"(extensional or denotational properties),它更加适合去"把握客观对象"。

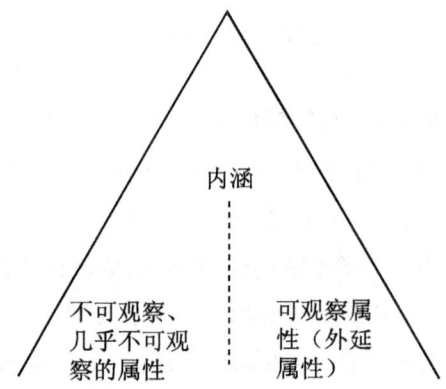

图3 内涵的可观察属性与不可观察属性

总之,图3提示说:凡是处理经验性问题的,就应从全部内涵中抽出我所说的外延属性进行研究。反之,倾向于理论型的研究者就会更多地处理靠近左边的属性群。

再来看看图4,它的意思是:意义与词之间的关系如果不明确或存在歧义(即一词多义的)的话,那么这一关系就是有缺陷的。当然,自然语言中几乎所有词都存在多语义。因此,我说的缺陷并非在于每个词本身的意义多重性,而在于这种意义之间的相互纠缠。简单说,问题就

---

① 整体池,是指一个概念所包括的内涵(属性)的总体。——译者注

出在意义的混淆上。不过，为了祛除这种不明确，我们并非要严格推进意义与词的一对一联系（即单义性），相反只想意义变得清晰。因此，一词一义最终只是一个理想的目标，我们所要解决的具体问题就是消除歧义。

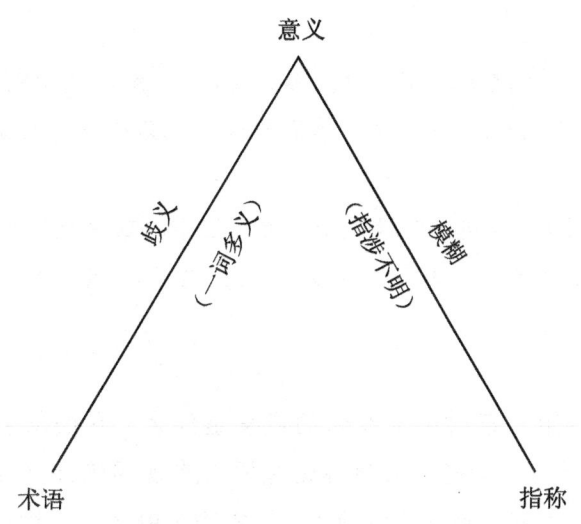

图4 缺陷：歧义与含糊

如图4的右边所示：当意义与指称对象之间关系含糊（vague）时，那么这一关系就是有缺陷的。当一个概念缺少"指涉的恰当性"（denotative adequacy）时，那么这个概念就包含的是无边界的或模糊（fuzzy）的指称对象。如此，补救的措施只能是增加它的指涉力①和区分力。

最后，我建议可以将图3重叠在图4之上。在图3中，三角的左边主要处理的是术语的问题（terminological problem），而右边主要解决外延问题或者说指涉问题。如果结合图4，这意味着可以依据不同的目的来决定从所有属性中抽出哪些属性了。其中，目的要么主要是

---

① 指涉力（denotative power），是指一种意义可以清楚指向某一或某些指称的能力。其中，denotative 是 denote 的一种形容词形式。——译者注

为了消除概念的歧义，要么是为了增加概念的指涉力。或许，读者可能会惊讶于这些图没有提及到"概念"。但现在我们可以明确地说，一个概念将包括"意义"，包括需要一个"术语"，如果是经验性的话，它还会涉及"指称对象"。尽管如此，我认为关键点还是在于"概念"是如何关联到"句子"的。在这个条件下，概念被定义为思想的基本单位。

总之，概念的缺陷是由歧义（ambiguity）和外延含糊（vagueness）造成的。为此，我设计了这种"实践导向"的规则来应对这些问题：

> 规则1：任何经验性概念，都应经常以及分别地检查：（1）意义与术语的关联是否存在歧义；（2）意义与指称对象的关联是否含糊。

规则1的第一条讨论了概念的意义是什么。它摆出了意义与词的"多对一"（歧义）问题，其目标则是要去实现明确性（clarity），去识别那些歧义以及修正歧义造成的错误。规则1的第二条则讨论了概念的指称对象是什么。它摆出了意义与指称对象之间关联不充分的问题。可以说，整个规则1主要对"经验概念"进行了详细说明，而它并未就那些没有外延的概念进行说明。如果说一个概念是经验性的，那么它就必须可以放在可检验的命题中并对其进行确证。因此，除非能首先确定某一概念的外延，否则，就不能对概念进行论证或证伪。

三、定义

在明确两种概念的错误后，接下来的问题就是该如何纠正这些错误了。第一种回答是：通过定义来纠正概念。当然，这个回答没带来什么帮助，除非能知道（1）如何去定义，以及知道（2）为了什么目的。由此，我们不仅需要类型学，还得拥有一张能够确定不同种类定义所在位置的"地图"。为了这后一目的，我们最初的分析方案（图 1-4）可以转换为图 5 所示的结构。

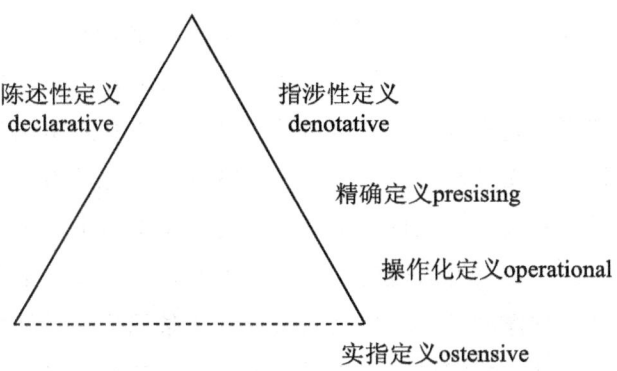

图 5　定义：陈述性定义与指涉性定义

有关"定义"的最简单定义就是"对意义的说明"——即陈述性定义。当然，有人会反对这种说法，毕竟，实指定义不能算定义，但尽管如此，实指定义仍被称作为定义。从图中我们发现，陈述性定义覆盖了整个结构的左半部分。我们简单以"man"这一概念为例，它的陈述性定义可以是：man 是指雄性，而非雌性。但这仅仅是一个约定（stipulation），而非定义；但是，它也达到了说明意义的目的。无论如何，大部分陈述性定义都会采用一个词典释义。例如，man 是指理性的动物。事实上，对于所有的陈述性定义来说，它们的一个共同点就在于减少或消除歧义（disambiguation）。

图 5 显示，在意义与指称对象关系这一边坐落着四种类型的定义：指涉性定义（denotative），精确定义（precising），操作性定义（operational）和实指定义。它们总的分类是指涉性定义（与陈述性定义相对称），我对"指涉性定义"的定义如下：即所有意图把握对象（seize the object）的定义。然而，不同指涉性定义将面临着不一样的问题，它包括：（1）建立边界；（2）澄清任何既定所指对象的隶属关系（membership）；（3）决定其对应的边缘实体的分界点。

由于任何指涉性定义的要义都在于明确"包括和排除"（to include-exclude），由此可以假设：只有当指涉性定义设置了边界时，它才是恰当的。但是，边界设置不代表全部。首先，我们的边界内存在一些含混的隶属关系以及一些怪异的"同伴"。例如，"哺乳动物"一词在动物学中界限清楚，但是我们还是必须能对鲸鱼和人类做出区分。因此，为了更加具体而清晰，我推荐"精确定义"。当然，会有人争论说，由于指涉性定义与精确定义是通过一样的程序获得的，因此后者只是前者一种无关紧要的子类别罢了。况且，精确定义还会从本质上增加定义的属性数量。不过，这一观点说对也对，说不对也不对。如果"桌子"被定义为一个由四条腿支撑的平面，那么六条腿、八条腿或一条腿的桌子就都不是桌子了。虽然，我们可以希望通过定义桌子包含1到8条腿来解决这一问题。可是，似乎将桌子定义为"有腿支撑的平面"（指涉性定义）显得更加简洁。而当我们拘泥于桌子腿的具体数量时（精确性定义），隶属关系含混的问题就会出现了。

根据图5的意思，操作性定义是指涉性定义的另一个子类别，只是它与精确定义的定位不同（操作性定义更接近于指称对象）罢了。无论如何，不管是否接受在图中放入精确定义，整个图想说明的是，当从陈述性定义直接跨越到操作性定义时，这中间就会有太多定义类型被遗漏。通常情况下，对于某一定义的操作化最终都会使内涵严重地缩水。然而，我们却可以依靠由精确定义补充的指涉性定义来满足我们对于对象的把握。

还是刚才的例子：man。其指涉性定义可以是：man是一个两腿直立，没有羽毛，符号的动物。由于它排除了所有不是人类的活物，所以这算一个恰当的指涉性定义。然而，如果我说"man是没有羽毛的两腿动物"，那么这个定义就没有恰当地把握对象，因为它没有排除猩猩。然而，为什么说"man是理性的动物"只算是陈述性而非指涉性定义呢？这是因为，当我们把"理性"操作化为可观察的属性时，它就会丢失自身内涵的丰富性；同时，如果理性被定义得过分严格，那么很可能许多人就无法满足于有关该"理性"的标准。相反，"两腿的"和"无羽毛的"是完全可见的属性，并且对"符号"能力的检验排除了猩猩这类边缘"类人"的例子。

至于操作化定义，正如图 5 所显示的位置，我认为操作化定义不能宽泛地进行，定义要严格将其限定在可能的测量操作工作上（measurement operations），让它所含的属性用于实际的测量。当然，操作化定义不仅包括测量，它还包括误差（error）和"效度"（validity）。

至于实指定义，伯特兰·罗素（Bertrand Russell, 1948：II）认为它是语言之外的交流模式。例如，我们可以通过观察台球来理解什么是"圆"。在之前的例子中，man 的实指定义就是："看，这个就是人。"实指定义之所以称之为定义，是因为它具有呈现其抽象的能力，即通过看到一个真实的人来抽象人这一概念。但是，实指定义只相当于一个从词到物的"指向过程"（pointing），很少有什么语言实质。或许，这就是为什么图 5 是一个未完成的三角的原因，同时，也是为什么实指定义置于虚线下的原因。因此，对实指定义的理解也只能狭隘地进行。

图 5 的中间区域是一片空白。众所周知，我们要找的所有属性或特征是与特定的概念相关联的，而它们就是概念的内涵。一个概念内部的属性可以是高密度的，还是以 man 的概念为例，我们可以在指涉性定义中增加以下这些可观察的属性：（1）自由的能动者；（2）言说的动物；（3）无限学习的能力；（4）能掌控自然。当然还有其他的属性组。同样，我们还能在概念的属性群中找到那些形而上学的属性。例如，man 是一个精神的动物，被赋予了不朽的灵魂等。因此，如果用电脑去浏览文献并寻找所有关于 man 的属性的话，恐怕可以搜集到数百个与之相关联的词。但是，如果搜索的是"智能动物"（人），那么这个数量就可能会减少到 50。进而再搜"特别聪明的人"的话，数量将会更少。

为此我们要问，关联或涵盖在某一概念中的属性与属性之间是否存在逻辑差异？答案应当是肯定的。至少，概念的整体池包含两类属性：即（1）决定性属性（defining properties），或者说必要属性；和（2）伴随属性（accompanying properties），即偶然、变化的属性。然而，这种区分却很难在实践中进行。至于说哪样的属性是决定性属性，我们会稍后讨论。

本章几乎穷尽了定义的类型，对于我来说，图 5 所挑出的这些类型

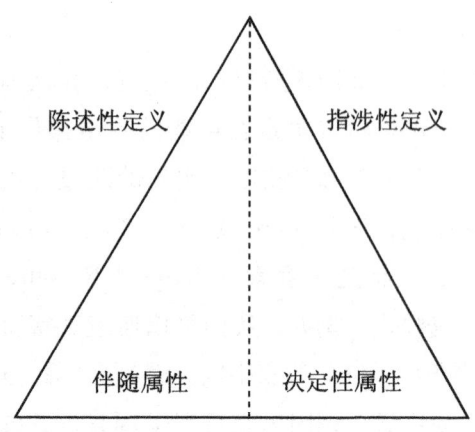

图 6　定义的类型和决定性属性

对实践者而言非常重要，它最好不过地使他们意识到哪种定义适合于哪种目的。尤其是社会科学家，他们需要意识到三种不同有关定义的问题：第一，边界问题，由指涉性定义处理；第二、隶属关系问题，由精确定义处理；第三，测量问题，由操作化定义处理。

总结：在以下三种情况中，概念往往不令人满意，它们要么混乱，要么不充分：

1. 内涵的缺陷（紊乱的或无关紧要的属性）
2. 外延的缺陷（指涉不明（undenotativeness）或外延含糊）
3. 术语的缺陷（歧义）

既然如此，一个完整的概念和术语分析就应包含以下三个步骤。他们的逻辑顺序如下：

1. 依照属性建立概念的内涵定义。
2. 确定它的指称对象（即指涉性定义）。
3. 确保概念对应的术语能被明确无歧义地理解。（陈述性定义）

四、歧义、同形异义词、同义词

接下来，我们将探讨歧义问题（图 3 左边的部分）。歧义来源于同形异义词——即同样的词表示不同的意义。

但是，这一论断必须立即加以某种限制。首先，当同形异义词分处不同学科领域时，同形异义词几乎不产生歧义。我们所关心的通常是那些同一领域内或学科内的歧义。其次，是区分个别（individual）歧义和集体（collective）歧义。个别歧义仅仅是单独一个作者的混淆，而集体歧义则是指每个学者都在用各自的意思来解释一个核心术语——对于一个学科来说，这绝对是一种很不幸的状态，它甚至可以摧毁那些依靠知识积累的学科。

要解决歧义问题，监督必不可少，它包含两个步骤：首先，必须检查关键术语是否根据"意义—术语"的关系进行定义，以及它们是如何根据这一关系被定义的。换句话说，就是检查意义是否被言明，以及如何被言明的。其次，我们必须检查既定术语的意义是否保持恒定不变，或者说，看每个作者在进行各自论证时是否一直在使用相同的词。

> 规则 2a：经常检查（1）核心术语（概念的名称和限定术语的名称）是否被定义。（2）由定义所陈述的意义是否明确无歧义。（3）所陈述的意义是否在论证中保持前后一致。

简洁版：

> 规则 2b：经常检查核心术语在所陈述的意义中是否被明确无歧义且前后一致地使用。

至于集体歧义呢？集体歧义不仅仅产生于同形异义词，它也可以产生于同义词。接来下，我们会讨论同形异义词与同义词之间的总体关系。

同形异义词包含这样的关系：

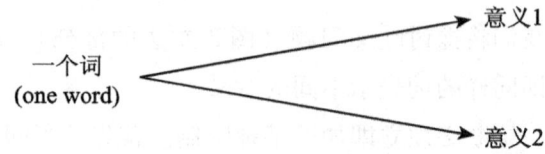

同义词则包含相反的关系：

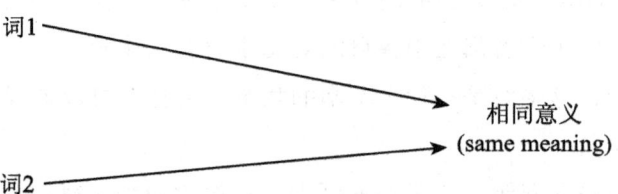

我们假定一个同形异义词是混淆的，是产生歧义的。在这种情况下，黄金规则（the golden rule）就是要让一个词对应一个意义：

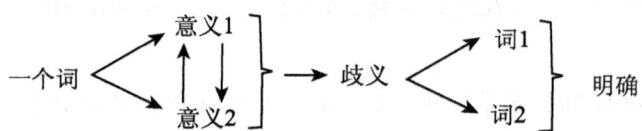

如果相同的方案应用在同义词的例子上，不同之处就在于它的结果是不确定的，如下所示：

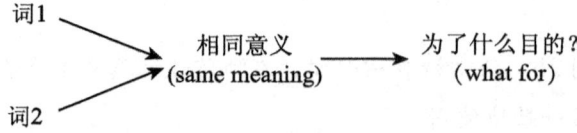

"为了什么目的"呢？换句话问，即同义词的价值是什么？如果我

们将一个同形异义词分解为两个词，那么它最坏的结果最多只是催生了一个差异不大的区分，但至少是严格遵循逻辑的。但是，如果同义词不是根据一种可接受的或可控的程序来进行论证的话，那么它所导致的是"语义场的动摇（unsettling）"。的确，在没有重置（resettle）语义场的情况下，若一个关于同义词的"约定"动摇了其所属的语义场，那么，这体现的是一种"约定的任意性"。

然而，该论点在目前还尚未成熟。暂时而言，有关同义词这个危险事物所造成的严重弊端为我们提出了两种警告：一般（general）警告和特殊（specific）警告。其中，一般警告是指：这种把相同的意义赋予不同的词的做法似乎是一种对术语的浪费。从语言的经济性角度来考虑，同义词是不应该被鼓励的。而特殊警告是要说：集体歧义就是"随意约定同义词"所造成的不可避免的后果，这种情形在当今的社会科学界屡见不鲜。为此，眼下我会拒绝任何没有充足"解释性支撑"的同义词。随后，我将在规则8和规则9中提出一个关键的检测条件，或者说控制程序。

对于一般警告，我的建议是：确保同义词不要妨碍语言的表达。如规则3：

> 规则3a：在等待相反论证时（即论证把不同意义赋予不同的词所产生的是对意义的无足轻重的区分之前——译者注），任何词都不应该用来作为另一个词的同义词。

> 规则3b：就约定同义词而言，这种论证的责任颠倒了过来：我们需要论证的是，通过把不同的意义赋予不同的词（把相同意义赋予不同的词相比——译者注），我们所创造的是一种（对意义的）无足轻重的区分。

不难看出，规则3a和3b之间的区别仅仅是后一条讲清楚了"等待相反论证"的条款。当然，对这一结论还是要适当保持些谨慎。只有通过以下两个检测，它们意义的同一相似性（identity-similarity）才是可被接受的,即:(1)不同词的主要意义相同,(2)不同词的价值内涵(即词是价值评估性的,还是价值中立的)相同。例如,如果"政治阶级"是价值中立的,而"政治精英"要么是褒扬的(过去),要么是贬损的(现在),那么,这两个词就不是同义的;尽管它们的外延可以是一样的,但是二者内涵在价值评判上却不一样。

还有一个消除歧义的工具:新词。我的论点很简单,原则上讲,创造新词这一修正方法非常好,但在实践上,它只有满足三个条件方可成功:简洁、渐进和可轻易理解。但作为一种相互矫正的策略,我们或许应该将新词和"neovalents(把新意义赋予已有的词)"结合起来。诚然,一个新词的诞生包括了记忆成本,但它是无歧义的。相反,"新意填旧词"虽增加了词的歧义,但没有记忆成本。因此,我的建议是结合这二者。

五、组织①内涵

前面我们说:概念就是其内涵,这是由于内涵本身包含了所有的特征和属性。不过,我们究竟该如何把握那些迷宫般错综复杂的特征呢?以及,我们在一开始又如何知道有哪些特征呢?

要回答这些质疑,必须先做出一个区分:即(1)重构(reconstructing)概念;和(2)形成(forming)概念。在"重构"过程中,我们着重于细究某一概念的历史和评估它在当前文献中的情形;而在"形成"方面,则是去系统地表述概念,并希望使之成为一个改良的概念。这里,我要着重于详述"重构"问题,因为"重构"优先于"形成",且"重构"能帮助概念的"形成"。为此,我的第一个问题是:对于任意一个给定的概念,该如何知道它到底有哪些特征、性质和属性?在此,我先给出重构概念的规则:

---

① 这里 organizing 有系统化梳理的意义。——译者注

规则4：要重构一个概念，首先，必须搜集有代表性的一组定义，第二，筛选出它们的属性特征。第三，建构矩阵，有意义地组织这些属性特征。

规则4故意放得很宽泛，因为，它仅仅是用来说明重构概念至少包含三个步骤：第一、对现存的权威定义的细究和列举。第二、将这些定义聚集并转化为一组经过筛选的属性。第三、依照有意义的标准，用矩阵来组织这些属性。基于此，有人可能会试图寻找一种矩阵的标准模式，不过这种想法可能是徒劳的。因为不同的概念基于不同的分析设计就可能需要不同的系统矩阵模式。如此，除非"重构"能够带来这些属性的一个系统框架，且这一系统框架以某种方法融合了概念设想上的相同点和不同点，否则，概念重构就是不完全的。

对于规则4步骤一，有一条评论是颇为恰当的："搜集有代表性的一组定义"这一构想本身适用于相对当下的一些概念，例如文化、意识形态。至于那些老的概念，如异化、权力，其定义则必须有历史代表性——也就是说，定义的历史深度和顺序路径将是一个重要的线索。为此，先前的详细讨论包括了三个方面：（1）建立词源学；（2）找寻该词的历史思想脉络（geistesgeschichte）；（3）基于关键作者和原始资料的文本分析。现在，我们暂时先忽略搜集定义的过程，实际上，"组织内涵"这项工作的本质部分就是"筛选属性"（extracting the characteristics）。例如，我们可以找到权力（power）一词的50多种定义，但是，所有这些定义只是由数量少得多的属性间进行的不同组合罢了。

六、指涉不明

现在该轮到外延问题了——即意义如何关联到指称对象。在我们分析方案中，指涉的缺陷表现为指涉不明（undenotativeness）。对于概念的指称对象（referent）而言，它所面对的基本问题就是：哪个对象或实体是被包括在内的，哪个又是被排除在外的？正如我们在定义的结构（图5）中所见，这一问题可以从三个方向进行讨论：

1. 边界①的不确定性（boundary indefiniteness）
2. 隶属关系的不确定性（membership indefiniteness）
3. 分割点的不确定性（Cut–off indefiniteness）

边界问题关乎其"必要条件"（sine qua non），在其他条件同等的情况下，边界的不确定起因于属性数量的不足。这就是说，当一个概念没有足够的属性去辨认其指称对象时，那么这个概念就是无边界的。

然而，边界虽确立了，但还是有可能会面对一个"模糊集"（a fuzzy set），它表现为隶属关系上的不确定。正如我们常常会抱怨一个概念没有足够的区分度。就拿"elite（精英）"这一概念来说，首先它的边界就不明确，它没有明确指出精英到底是哪一类群体；其次，它的隶属关系也存在缺陷，这表现为精英内部（关系与层次）没有被精确地说明。不过，隶属关系的问题可由"精确定义"来应对处理。因此，精确定义可用来提供或增加概念的区分度。总而言之，针对上述讨论我们概括出如下规则：

规则5：对于概念的外延，要经常评估（1）"无边界"的程度，以及（2）就隶属关系而言的"指涉区分"（denotative discrimination）的程度。

尽管，边界含糊与隶属关系含糊之间存在差异，但是，这两种缺陷都适用于同一种修正方法，即规则6：

规则6：通过增加属性的数量来弥补概念的无边界问题；通过添

---

① 这里的边界带有范围的意思，即外延或指称的范围。——译者注

加额外的属性来提高概念的区分充分度（discriminating adequacy）。

关于规则 6 的基本原则，我们在下一节再讨论。先看一条反对意见，有人认为：光增加属性的数量并不够，同时还应考虑属性自身的清晰度（sharpness）。我同意这一说法，只是，我不知道有什么方法比我之前在"组织内涵"一章中所用的方法更好。① 因此，允许我给规则 6 设置一个讨论前提：即假设属性的清晰度是一样的，因此讨论边界含糊和隶属关系含糊就只是关于属性数量的问题了。

至于分割点的不确定性问题，还是必须要追究那些位于边缘或边界上的实体中哪些是被包括进来的，哪些又是被排除出去的。还是以"精英"一词为例，其隶属关系问题可以通过规则 6 来解决，但是研究者还是得决定如何挑出具体的人群，以决定他们是否被包括进来，还是排除出去。再以"政党"为例，哪里才是它的分割点呢：以"能或不能行使代表功能"来作为分割点？还是以是否满足占总投票数的 5 个百分点为分割点？抑或占议会席位的一个既定比例为分割点？

通常情况下，边界线或分割点的问题无法得到解决。但我提及这一点是出于两点原因：第一，在寻找分割点之前，我们可以在隶属关系的不确定问题上做许多工作，这意味着这两件事情不应该被混淆。第二，至于边缘实体是被包括进来还是排除出去，这只是概念最后要处理的剩余事项。这意味着，分割点的问题最终需要借助操作化定义来获得解决。

七、抽象阶梯和普适概念（Ladder of abstraction and universal concepts）

到目前为止，我们尚未明确触及知识的垂直结构问题（vertical organization of knowledge）。有关垂直结构的经典例子来自"属加种差"

---

① 即规则 4 中有关"重构概念"的方法。——译者注

（per genus et differentiam）的等级分类：即属（genus）、种（species）、亚种（subspecies）。然而，等级分类只是属于某一更一般结构中的特殊例子，这个更一般的结构实际上指的就是"抽象层次的差异"（a difference in levels of abstraction）。

通常，理论工作者会比经验研究者使用更高层次的抽象水平，但同时，理论与经验研究的关联是如此差劲。之所以这样，我认为原因在于他们不知道该如何运用"抽象层次的阶梯"。我所说的这个做法具体是指：利用逻辑立场，将这些表现为离散或凌乱叠加的抽象层次，转变成一个抽象的层次阶梯——即从一个层次到另一层次进行有序转移的规则。具体地说，当我爬升这一阶梯时，就要减少概念所包含的属性数量，反之，则要增加属性数量。它所表现出的规律如下：

规则 7：概念的内涵与外延之间反向相关。

内涵与外延的相反关系提供了规则 6 的基本原则：即概念的"指涉不明"缺陷需要通过增加外延属性（extensional properties）的数量来弥补。例如，为了实地研究的需求，就要沿着阶梯向下走，通过增加概念的属性数量，概念的指涉能力和区分能力就会得到提升。

很显然，不同的作者在对待同一概念时会运用不同的抽象层次。如此，规则 7 既可以帮助重构出一个表现为诸概念聚合体的大概念，类似地，这一抽象层次的观念还可以使我们意识到某种组织属性矩阵的可能方式。

不仅如此，规则 7 帮助见证了"普适概念"（universals）这类宽泛、高度抽象的概念的长处和弱点。任何概念都可以在这一意义上进行"普适化"：即尽可能地包含最具包容性的定义。举个例子，关于"共和（republic）"的最普适的定义就是指那些非君主制的政体形式。不过，当一个定义"无所不包"（all-inclusive）时，它就难以有明确的区分度。然而，讨论共和制的"入口"却要由普适定义来提供，普适定义相当于提供了共和概念的"属"，在此之下则可以进一步细分到种和亚种。

另外，每个概念都有其上限（upper limit），它表现为这些上限概念会比其他概念更具普适性，在这一条件下，普适概念就是最高抽象层次的概念。那么，根据规则7，当一个概念只包含一个属性时，这意味着它就达到了抽象概念阶梯的顶点。例如，"群体（group）"这个概念定义为"任何多于两个人的集体"（这也是唯一的属性）时，"群体"就变成了普适概念。

人们常常认为普适概念实在是难以精确，但是，它也不必然存在歧义。因为当某一普适概念的唯一属性可以被定义或表达得足够明确且无歧义的话，那么这一概念也不会有歧义。不过，规则7也暗示了这样一层意思：那就是普适概念一定会在外延上存在某种缺陷，这恐怕是抽象过程（攀升抽象阶梯）的必然结果。

八、概念的重构

在"组织内涵"一节中，我指出了为什么要详细论述概念内涵的理由，那就是因为我们感兴趣于概念的重构。但是，之前的概念重构策略却止步于构建属性矩阵（规则4）这一步。

概念的重构过程始于查阅文献。这里，文献对象就是那些图书馆里的参考书。可以预见，当从这些定义列表中筛选完属性后就会面临一个棘手的属性清单；似乎，我们无法将这些属性清单排列成有意义的系统样式。为了抓住困难的本质，图7所列的这些典型的属性结构将有助于我们的想象。这些图仅仅是说明性的，其中圆圈意指内部一致的一组属性；那些摆在一起、互有重叠的圆圈则代表这几组属性之间可彼此相互推导引申；而那些孤立的圆圈则属于最棘手的结构。另外，这些圆圈都被囊括在一个方框里，而方框则代表了容纳全部概念内涵的整体池。

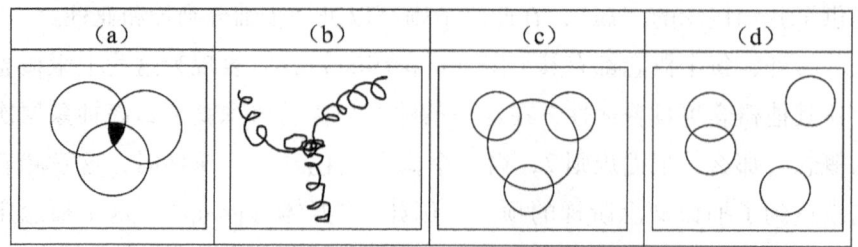

图7 属性群的几种可能结构

方框 a 和 b 的结构是较为令人满意的。其中，方框 a 中的属性群有个共享的内核（即图中的阴影部分），而且，三组属性群的边界也很明确，没有造成任何前述的边界问题。在方框 b 内，则有一个中央的共享内核，从这个核出发，分别从不同的方向生成了属性带（strings），这些属性带相互独立，各自沿着自身连结起来的方向向外扩展。而从方框 c 开始就遇到了麻烦：它没有共享的内核，且这四个圈（即属性组）之间很难建立起相互的联系。而到了方框 d，情况就变得更糟糕了。不过，出于依据有关文献来重构一个概念，那么在第一轮属性筛选之前，我们就应该先行考虑概念分析的那个标准方案（正如我们在最初的图示 1 中所显示的那样）。在此，该结构的右半部分扩大后，显示为图 8：

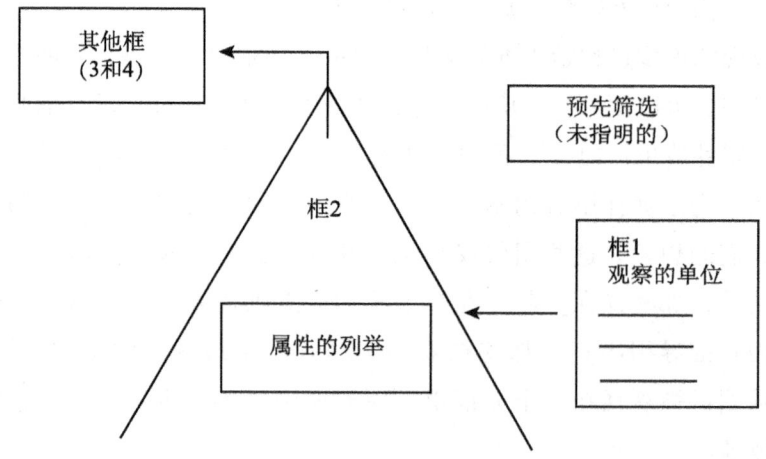

图8 定义的整理排序（输入端）

图8告诉我们：框2中属性群的无序来自于输入端的无序——即事先忽略了对诸定义进行排序整理，而我们恰恰就是要从这些定义中筛选属性。框1的建议是固定一个标准：即每一个作者所观察的和反映在其定义中的单位有哪些？举个例子，如果"权力"的概念集中在"二者关系"（diadic relationships）这一观察单位上，那么它与"一对多关系"这一观察单位就构想得不一样。因此，我建议在第一步时就要问这样一个问题：权力、整合、异化、共识、文化等，这些概念都关系到哪些观察或分析的单位？如果，这一问题得以解决，那么框2中的属性群也会因此而变得清晰有序。现在，假设框1这一输入端并没有给框2提供什么有条理的秩序，那么接下来会发生什么呢？如图9所示，这一随之而来的步骤可以将其称之为"输出环节"：

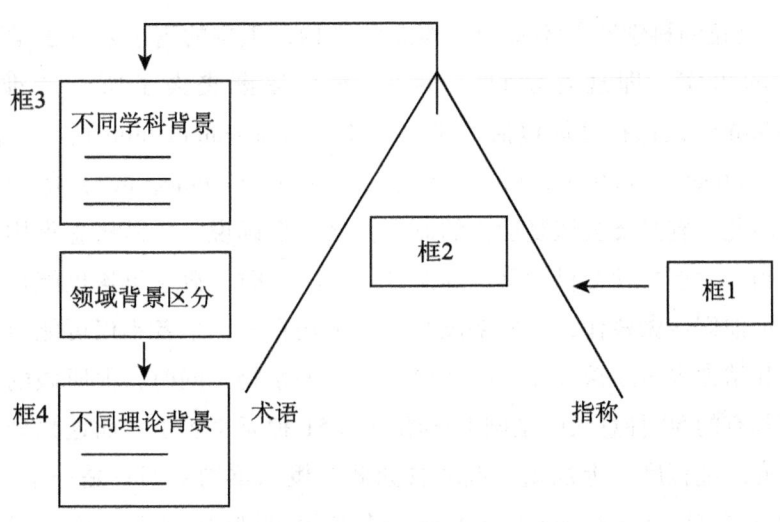

图9 依据概念的整理排序（输出端）

图9告诉我们，框2中的无序也可以取决于这样的事实，即概念被它所处的（1）学科，以及采用它的（2）理论背景、框架、路径所改变了，或者说，概念因为这些背景的不同而赋予了不同的意义。这些学科如政治科学、社会学、人类学、经济学和心理学等，而理论背景和框架

路径则比如控制论、决策理论、功能主义、结构主义等。另外，图9还考虑到"领域背景"（field contexts）的不同，它们属于学科内的区分，如比较的与非比较的。

为什么将学科背景和理论背景排列在输出端呢？原则上这四个框都可以放在结构的输入端（右边）。但是，我也有自己的理由将它们如图进行摆放。首先，在输入端塞入过多的筛选物（siftings）显得很不切实际，也容易引来混乱。其次，"观察的单位"这一标准很简洁，而反之学科背景和理论背景作为标准则显得凌乱不简洁。再次，用"理论背景"取代"参考文献"，这似乎是不想完成文献整理工作或逃避问题的一个方便借口①。不管怎样，我一直好奇于这样一个问题：即社会科学的理论背景究竟在什么程度上影响着概念化工作。为此，我们还是去考察下前面这些框所说明的背景差异究竟有多大吧。

"真正的科学"并不致力于概念的重构，重构的需求来自于学科被破坏的事实：即现在学科（disciplines）逐渐丧失了所有"准则"（discipline），这种破坏包括"不可积累"（non-cumulability），"集体歧义"（collective ambiguity），"无法表达"（incommunicability）等现象。

因此，有必要去恢复学科的概念基础，准确说，急需概念重构用以挽救当今大多数社会科学呈现的混乱状态。同时，概念重构也能帮助学者决定他们该做些什么。如果没有概念重构在先，学者不仅可能会浪费时间和精力去重新探寻那些已然得到探索的事物，同时，他所做的无非是在既有的50种意义的基础上再给出第51种意义罢了，而这只会使得概念的混乱程度雪上加霜。但尽管如此，概念重构依旧只是一个手段，它为概念建构（construction）——即概念的形成（formation of concept）——提供了基础。

---

① 因为要搜集那些用来定义某一概念所依据的"观察单位"，需要查阅所有与之相关的文献，并仔细整理出这些不同的单位。这是一件必要而辛苦的工作。而相反，仅仅区分学科和理论背景，则要简单得多。作者担心，如果人们过于关注区分背景，而忽略了前一工作，那么人们仍旧无法使概念内涵得到真正地组织，也无法得到明晰化的内涵结构。——译者注

九、概念的形成

依据最初的分析方案，概念形成的关键在于对两个问题的区分：即"意义—术语"的歧义问题和"意义—指称对象"的指涉不明问题。其中，歧义是指一个术语对应多个意义而导致的模棱两可。为了尽可能减少歧义，黄金律指出：不同的事物才应该尽可能有不同的名称。因此，在没有论证的情况下，约定同义词就是一种对语言的滥用，它也导致了歧义的产生。反过来，指涉不明指的是一个概念存在某种经验性的不足（empirical weakness）。

虽然如此，在给出解决外延含糊（vagueness）或指涉不明的方法时，这里遗留了一个很重要的问题①——即属性本身的清晰度问题。这一问题对于理论型研究者来说依旧是要他们面对的。我们曾说过，经验研究者的难题是去"把握对象"（seize the object）。而至于理论研究者，他所要做的就不止于"把握对象"了。

有了这些前面的基础，接下来该做什么呢？似乎，我们已经接近了决定"概念命名"（designator of the concept）——即术语分配（the allocation of the concept）的环节了。这是非常关键的一步，毕竟"术语"是保证语言稳定和知识积累的承载者。语言不仅是一种传达意思的手段，同时，它也是思维的塑造者，正是语言给概念分配了术语。因此，给概念冠以术语将会是最核心且最重要的决定。

十、在语义场内选择术语

术语的选择要以语义场（semantic field）这一观念为根本。我说过，

---

① 即属性的清晰度问题，作者当时只是从属性的数量方面来探讨了解决问题的方式。——译者注

自然语言其自身的总体就是一个语义系统。不过在处理单个的概念时，则不可能包含这整个语言的系统。然而，一个语言系统可以很容易地分解为可控的子单元，或者说一些相对较小的语义场。

一个语义场由一组相互关联、相互邻近的术语所组成，它们是否属于一个语义场要满足下面的检验：当一个术语被重新定义时，其他术语或一部分其他术语也必须被重新定义。总之，语义场的概念会使我们在挑选术语来命名概念时必须遵循下面的规则：

> 规则8：在选择一个术语对概念进行命名时，务必使其关联到语义场以及控制在语义场内——即由相互关联、相互邻近的词所组成的集合内。

或许，规则8可以被称为"语义场规则"。以"elite"（精英）这个术语为例，那么在最低限度上，与它相近的词的集合就包括贵族、寡头、统治阶级、政治阶级、权力阶级。现在，如果"精英"没有按规则3——即"反浪费"规则的要求进行定义的话，那么，我们可能将会发现一些词语的趋同化现象（assimilation）：例如，精英与权力阶级之间变得毫无差别。如果这样，规则8就会要求我们重新调整整个语义场，并且尤其要确保：（1）当精英一词"吞噬"且覆盖了语义场内其他词时，不会有意义的丢失；（2）这种通过宣布为同义词的方式（如精英和权力阶级是同一个意思），不会在事实上增加概念的歧义。

我相信，前面这些说明足以支持下面这条有关实际执行的子规则（sub-rule）：

> 规则9：如果为概念命名的术语扰乱了该术语所属的语义场，那么术语选择的调整必须满足下列条件：（1）没有场的意义的丢失，以及（2）在将其转化为语义场内其他的词时不会增加歧义。

这条语义场规则绝不算是再概念化的障碍，相反，指南的目的就是要支持概念的形成。但是，再概念化不可能简单由一个一次性的约定所构成。

随着规则 8 和规则 9 给概念的命名提供了关键的参考，我们也有了一个检验命名是否恰当的便宜之计——"替换测试"（substitution test）。其形式如下：如果在任何给定的定义语句中，词 A 若可以被词 B 所替换，且不仅不改变原意，还能增加句子明确性和准确度的话，那么，词 A 就算是误用或使用不当。替换测试常常指出那些流行的词可能会增加混乱和困惑。然而，尽管替换测试是一个很有用、同时也是很方便的测试，但是它终究无法取代"语义场规则"。

十一、再概念化（reconceptualization）

上一节我强调了术语的分配，因为它从语义上事先判定了接下来决定性的这一步——再概念化，即用定义来制定和形成概念。

概念形成似乎有两条路径。每一种科学都由两个部分组成：纯科学（理论取向）和应用科学（试验研究取向）。纯科学把优先权给了概念的理论丰富性（theoretical fertility），而应用科学则优先于概念的经验有效性，也即外延的恰当性。不过，这两者并非相互排斥。

正如从"定义"一节所知道的，定义的关键就在于从伴随属性中分离出决定性属性。决定性属性才是严格"定义为真"的，倘若一个概念没有决定性属性或必要属性的话，那它就无法获得任何确定性和一致性。这些偶然的或变化的属性有时能、有时却不能伴随着客体而获得定义。这意味着，这些属性的存在与否必须通过调查获得确证，而非由定义本身来决定。由此，我们仍要明确一点：那些必须由定义来解决的事情无法为调查所取代，而反过来，调查也不应被定义所取代。

接下来，该如何决定哪些属性是决定性属性呢？基于经验知识，我认为：决定性属性是那些给概念外延界定边界的属性。举例说明，如果、将"飞行能力"看作鸟的一个决定性属性，那么鸵鸟就不能归类为鸟了。因此，要么改变动物学家对动物进行分类的标准，要么把"飞行能力"这一经常出现的属性作为一种偶然属性。相反,决定性属性则是那些划边界的属性(bounding ones),而非那些最经常出现或表面上很明显的属性。

通常情况下,上述有关定义的"逻辑性"标准早就被定义的"简洁性"(parsimony)所取代了。我并不反对这一提倡,但是,除非这种简洁能够将定义明确限定在必要属性上,否则,这种简洁就没有任何指导意义。另外,这一限定也同时适用于当下时兴的最小定义(minimal definition),为了能够让定义有指导意义,所谓"最小"也必须满足于将伴随属性排除在外的条件。如果是这样的话,我们就可以从定义的逻辑出发,将应用取向(practice-oriented)的规则制定如下:

> 规则10:确保概念定义是恰当的(adequate)和简洁的:恰当指的是定义包含足够的属性去确证其指称对象及其边界;简洁则是指那些必要属性或决定性属性中间不包含任何伴随属性。

显而易见,这条规则满足的是经验恰当性的要求,而非理论丰富性的要求。

指南仅仅是指南,变化和创造性才是这项工作的关键部分。关于这点应该注意:我的指南算不上什么科学哲学的文献,也不归为一种作为结论的方法论。我的指南很大程度上就是从社会科学家实际面临的问题中所提炼出来的。反过来,这意味着本文概括的方法也要向这些反馈完全敞开,并接受它们的检验。随着越来越多的概念分析得以进行,它们不仅会带来更精确的方法,还会带来一些可替代的方法。但尽管如此,我们仍必须有方法且运用方法。

十二、谬误

以上这些假设将从各个方面面临挑战。我们最好还是将这些可能的反对声明确地摆在一起。不过我相信，许多预期的反对意见将会作为谬误被摒弃。

语言运用的谬误（The language-in-use fallacy）

维特根斯坦（Wittgenstein）有一条著名的格言：词的意义就是它在语言中的运用。似乎，这条格言也能轻易地适用于概念。如果这样，究竟应该听从哪种"语言的运用"呢？是"普通语言"这种吗？大部分人认为，无论"科学"是什么，它的必要前提条件就在于它是一种特殊语言的系统表述，而这种语言的显著特征就在于它严格地修正了普通语言的缺陷。因此，那些五花八门的科学，都是通过创造新词、通过减少定义中关键术语的歧义并通过一如既往地遵守句法规则才大获成功的。那么，这种情形与维特根斯坦在科学领域的立场有什么关系呢？答案要么是这中间没有任何关系，要么则是维特根斯坦的立场存在误导性。我认为：新科学在形成过程中总是不断要去做的事就是"篡改"语言（tampering with language）。当这种"干涉"（interference）最终创造出一种特殊化、但更精确的语言时，这样的干涉就是有益的。

通过情景来消除歧义的谬误（the disambiguation-by-context fallacy）

这是维特根斯坦格言的简略版："词（words）因为且只能因为上下文而不再有歧义。"似乎，上下文帮助消除歧义没有错，但错就错在"只能"上面。当越多的意义必须通过上下文的检验来进行推测时，我们就越发处理不了科学类型的知识了。因此，请谨记：在任何科学中，消除词汇歧义靠的不是上下文。

不精确的谬误（the imprecision fallacy）

波普尔（Popper）曾警告说："精确"可能是一个"虚假的理念"（false ideal），不过，这一警告正在被曲解为鼓励不精确的语言了。对于这一问题，弗雷格（Frege, 1949）和罗素（Russell）持以这样的观点：

自然语言是个无可救药的工具，它应该被放逐，而且要被"形式语言"（formal language）所取代。对此，波普尔认为，那种由不须解释的公理体系（如数学）所例证的精确性是一种"虚假的理念"。我很赞同波普尔这一观点，不过，这和建议自然语言的"不精确性"并无关系。后一种建议实际上就相当于给本就不够精确的现实情形再增添点不精确，因此，这完全是对波普尔不加选择的曲解。

文学式的谬误（the literary fallacy）

在抵制追求更加精确化的过程中，社会科学家甚至会不时求助于诗或者文学语言这样的"诗化"力量。语言的文学式运用是沿着承载情感（affect load）这一方向发展的特殊化方式，相反，语言的科学式运用则是沿着卸载情感（emotive unloading）方向发展的（Sartori，1979：12-13）。因此，诗人最无力面对逻辑形式句法，而科学家则黯然于非逻辑形式句法。简单说，益此则损彼。

随意性的谬误（the arbitrariness fallacy）

如果"随意"就是意味着"不必依据逻辑的"的话，那么，争论将变得毫无意义了。例如，没有人会认为在把一头牛称作"牛"这里面有什么逻辑的必要性。然而，语言的约定理论遵循的却是一种对"随意"的不同理解：即人们可以随心所欲地让词来表达任何想要的意思。

一种减少该立场荒谬性的说法是：既然"随意"自身也必定是被随意定义的，那么，这种宣称"一切意义都是随意"的论断就无法证伪了。因为，任何论证检验都可以被其他对"随意"的随意性定义所抵消——如此无限循环。但是，如果说词的确有语义输入，并且它们自身就能提供"解释力"（interpretative eyeglasses），那么我们就可以有保证地宣布，那种对"随意"的随意约定解释就是不可靠的，或者说是误导我们错误理解语言系统。与约定主义者的信条相反，思考与认知关键取决于从正确的词汇论域（universe of discourse）中进行探讨摸索。从本质上讲，概念术语的选定将是一个举足轻重的决定。

实际上，随意性是定义过程中的"浪费"。如果语言确实是随意的，或者说它的意义确实仅仅是通过约定来体现的，那么，这也意味着我们将不再拥有语言。

过早闭合的谬误（the premature closure fallacy）

有人说，尽管稳定、固定的词汇对于成熟学科而言是必要的，然而它对于一个尚在起步的科学来说则是有害的。恐怕只有霍布斯的"利维坦"与奥威尔的"老大哥"所组成的联合体才抱有这种"固定"它、使其静止不动的幻觉。因此，这些人认为，不管你喜不喜欢，语言似乎就是一种不断改变的、鲜活的、动态的实体。

然而，欧几里得几何学的发展、乃至数学的发展，都表明固定的语言绝非科学的障碍。至于自然语言，能够很快说明它性质的比喻则是游戏。例如，纸牌和象棋基于一套数量较少的单元和固定的运行规则，但是，这类游戏却靠着这些不变的规则产生了无穷的组合结果。与之相比，正是语言基础的这种相对不变的特性，"促进（dynamizes）"了科学的积累性成长。

（译者单位：清华大学社会科学学院政治学系）

【参考文献】

Achinstein, P. and Barker, S. F. (eds.), 1969. *The Legacy of Logical Positivism*, Baltimore: Johns Hopkins Press.

Black, M., 1969. "Some Troubles with Whorfianism," in S. Hook (ed.), *Language and Philosophy*, New York: New York University Press.

Bridgman, P. W., 1927. *The Logic of Modern Physics*, New York: Macmillan.

Carnap, R., 1956. *Meaning and Necessity*, Chicago: University of Chicago Press.

Cassirer, E., 1944. *Essay on Man*, New Haven, CT: Yale University Press.

Cohen, M. R. and Nagel, E., 1936. *An Introduction to Logic and Scientific Method*, London: Routledge and Kegan Paul.

Copi, I. M., 1972. *Introduction to Logic*, New York: Macmillan.

Feyerabend, P. K., 1970. "Against Method: Outline of an Anarchist Theory of Knowledge," in M. Radnerand and S. Winokur (eds.), *Theories and Methods of Physics and Psychology*, Minnesota Studies in the Philosophy of Science, vol. 4, Minnesota: University of Minnesota Press.

Frege, G., 1949. "On Sense and Nominatum," in H. Feigl and W. Sellars (eds.), *Readings in Philosophical Analysis*, New York: Appleton-Century-Crofts.

Hoijer, H. (ed.), 1954. *Language in Culture: Proceedings of a Conference on the Interrelations of Language to Other Aspects of Culture*, Chicago: Universityof Chicago Press.

Goodman, N., 1970. "Seven Strictures on Similarity," in L. Foster and J. W. Swanson (eds.), *Experience and Theory*, Amherst: University of Massachusetts Press.

Harrison, B., 1972. *Meaning and Structures*, New York: Harper & Row.

Hempel, C. G., 1965. *Aspects of Scientific Explanation*, New York: Free Press.

Hospers, J., 1967. *An Introduction to Philosophical Analysis*, Englewoods Cliffs, NJ: Prentice Hall.

Kaplan, A., 1964. *The Conduct of Inquiry: Methodology for Behavioral Science*, San Francisco: Chandler Publishing Co.

Kluckhohn, C. and Kroeber, A. L., 1952. *Culture: A Critical Review of Concepts and Definitions*, New York: Vintage Books.

Kuhn, T. S., 1962. *The Structure of Scientific Revolutions*, Chicago: University of Chicago Press.

Lyons, J., 1977. *Semantics*, vol. 1, Cambridge: Cambridge University Press.

Merton, R. K., 1958. *Social Theory and Social Structure*, New York: Free Press.

Michalos, A. C., 1969. *Principles of Logic*, Englewood Cliff, NJ: Prentice Hall

Mill, J. S, 1898. *System of Logic*, Book I. London.

Morris, C. W., 1946. *Signs, Language, and Behavior*, New York: Prentice

Hall.

Naess, A., 1953. *Interpretation and Preciseness*, Oslo: Jacob Dybwad.

Ogden, C. K. and Richards, I. A., 1946. *The Meaning of Meaning*, New York: Harcourt Brace Jovanovitch.

Oppenheim, F., 1981. *Political Concepts: A Reconstruction*, Chicago: University of Chicago Press.

Palmer, F. R., 1981. *Semantics*, Cambridge: Cambridge University Press.

Popper, K., 1962. *Conjectures and Refutations*, New York: Basic Books.

Putnam, H., 1975. *Mind, Language and Reality*, vol. 2, Cambridge: Cambridge University Press.

Quine, W. V., 1960. *Word and Object*, New York: Wiley.

Quine, W. V., 1963. *From a Logical Point of View*, New York: Harper & Row.

Riggs, F., 1975. "The Definition of Concepts," in G. Sartori, F. Riggs and H. Teune (eds.), *The Tower of Babel: On the Definition and Analysis of Concepts in the Social Sciences*, Pittsburgh: International Studies Association, Occasional Paper 6.

Russell, B., 1921. *The Analysis of Mind*, London: Allen and Unwin.

Russell, B., 1948. *Human Knowledge*, New York: Simon and Schuster.

Salmon, W. C., 1964. *Logic*, New York: Prentice Hall.

Sapir, E., 1921. *Language: An Introduction to the Study of Speech*, New York: Harcourt.

Sapir, E., 1949. *Selected Writings in Language, Culture, and Personality*, Berkeley: University of California Press.

Sartori, G., 1969. "Politics, Ideology, and Belief Systems," *American Political Science Review* (June): 398–411.

Sartori, G., 1970. "Concept Misformation in Comparative Politics," *American Political Science Review* 64 (4): 1033–53.

Sartori, G., 1979. *La Politica: Logica e Metodo in Scienze Sociali*, Milano:

Sugar Co.

Sartori, G., Riggs, F. W. ANDTeune, H. (eds.), 1975. *The Tower of Babel: on the Definition and Analysis of Concepts in the Social Sciences*, International Studies Association, Occasional Paper 6.

Schwartz, S. P. (ed.), 1977. *Naming, Necessity, and Natural Kinds*, Ithaca, NY: Cornell University Press.

Shapere, D., 1969. "Notes Toward a Post-positivistic Interpretation of Science," in P. Achinstein and S. F. Barker (eds.), *The Legacy of Logical Positivism*, Baltimore, MD: Johns Hopkins University Press.

Taylor, C., 1971. "Interpretation and the Sciences of Man," *Review of Metaphysics.* 25: 24.

Waisman, F., 1952. "Verifiability," in A. Flew (ed.), *Logic and Language*, Oxford: Blackwell.

Whorf, B. L., 1956. *Language, Thought, and Reality*, Cambridge, MA: MIT Press.

Wittgenstein, L., 1922. *Tractatus Logico-Philosophicus*, London: Routledge and Kegan Paul.

Wittgenstein, L., 1953. *Philosophical Investigations*, New York: Macmillan.

Zannoni, P., 1978. "The Concept of Elite," *European Journal of Political Research 6* (March): 1–30.

比较政治学中的概念误构[*]

[意] 乔万尼·萨托利 著
欧阳景根 编译

政治学者有两大类。一是可称之为纯粹、简单的不清醒的思想者（unconscious thinker），他们占据绝大多数。二是过度自觉的思想者（over-conscious thinker），他们居于少数。之所以这么说，是因为他们的方法和理论之标准取自于"范式性的"自然科学。

不清醒的思想者与过度自觉的思想者之间的巨大鸿沟，已为日益纯熟的统计技术和研究技术所掩盖。大多数标榜为"方法"的著作，实际上只是专心于调查技术与社会统计的介析，对于"方法论"所应共同关注的科学研究之逻辑结构和程序这些关键问题，则甚少涉猎。某人可能是一位了不起的研究者和处理资料的能手，然而，他仍然是一位不清醒的思想者。因此，本文认为因为对方法论的无知，政治学专业整体上受到了严重损害。我们在技术上越发精进，在我们身后留下的未知领域就会越多。而且我最为不满的是，（除了极少例外）政治科学家显然缺乏基本逻辑的训练。

---

[*] 原文出处：Giovanni Sartori, Concept Misformation in Comparative Politics, *The American Political Science Review*, Vol. 64, No. 4. (Dec., 1970), pp. 1033–1053.

我之所以强调"基本"逻辑,是因为我不希望对过度自觉的思想者有任何鼓励,这些人除非手头有温度计,否则就拒绝探讨冷热问题。反之,我同情的是"自觉的思想者",这些人虽然承认没有温度计会受到些许限制,却仍然通过对冷热与温凉的简单表述,来竭力陈明诸多事实真相的。

一、移植问题

传统的政治科学从历代哲学家和政治理论家那里继承了一系列他们曾经下过定义或重新界定过的概念。因此,在某种程度上,传统的政治科学家完全可以做个"不清醒的思想者"——思想的活已经由别人替他做了。然而,新的政治科学则涉及重新概念化的工作。这件彻底翻新的工作有许多理由。

其一正是"政治的扩张"。在某种程度上,因为世界正变得越来越政治化,政治客观上也变得更大了。然而,政治在主观上也同样变得更大。用麦克里迪斯(Macridis)的话说,我们现在研究"可能具有政治属性"的任何事物。①

除了政治的扩张,比较政治学概念与方法的挑战之另一个更为特别的来源,是布雷班迪(Braibanti)所说的"政治体系正在拉长的连续谱(the lengthening spectrum of political system)。"② 我们现在从事世界范围的、跨地区比较。而地理面积虽有止境,政治单位的产生显然却永无尽头。

现在,需要探索的领域越大,我们就越发需要能够移植的概念工具。显然,1950 年代前的政治学术语并不适合进行世界范围的、跨地区

---

① "Comparative Politics and the Study of Government: The Search for Focus," *Comparative Politics*, (October 1968), p. 81.

② Ralph Braibanti, "Comparative Political Analytics Reconsidered," *The Journal of Politics*, 30 (February 1968), pp. 36 – 37.

移植的。因此，第一个问题就是：我们如何借助可行的政治术语来进行移植，又能行进多远？

总体上看，被最广泛采用的路线（这多少有些不明智）是扩展现有概念的含义从而扩展它的应用范围。这即是说，世界越大，我们就越是诉诸概念延展（conceptual stretching）或者概念扩张（conceptual straining），即诉诸于模糊的、无固定内涵的概念化。而概念扩张的结果是，我们在扩大适用范围上的所得，往往为含义精确性的所失所抵消。看来，我们只能通过说得更少，以求得更广的概念涵盖面。

我们最终确实需要可适用于任何时空的"普适"范畴（universal categories），尤其是经验上的普适概念。这即是说，尽管这些概念具有包罗万象的抽象性，但仍然经得起经验检验。而事实正好相反，我们似乎正滑向哲学普适性的边缘，即把它理解为超经验的概念。[①]

比较政治学在比较方面的扩张将遭遇上述障碍，这全在意料之中。容易推断的是，概念延展将带来不确定性和模糊性，而且我们越是追求更高的普适性，我们与经验事实的联系就越弱。

退一步讲，我们要追问一下，进行世界范围的危险比较是否确有必要。该问题反过来又取决于早先的问题：为何比较？比较就是控制，这在直觉上并不明显，而比较政治的创新性、独特性和重要性，系由一套系统的验证构成，来检验尽可能多的案例、假设、概括，以及"如果……，那么……"类型的规律。[②] 而且如果把比较政治想象成一种控制之法，那么它的概括就必须通过所有案例来检验，因此，这一事业原则上就必须是一项全球性的事业。

[①] 克罗齐在《科学的逻辑》（*Logica come Scienza del Concetto Puto*, Bari: Laterza, 1942, pp. 13-17）一书中，更准确地把普适性界定为，"居于任何可想象的经验代表性之上，并超越于它"。

[②] 关于作为"控制之法"的比较方法，尤请参阅 Arend Lijphart, "Comparative Politics and the Comparative Method"（国际政治学会1969年9月都灵圆桌会议提交的会议论文——后发表于 *American Political Science Review*, Vol. 65, No. 3, 1971）。在他看来，比较方法是一种"发现变量间经验关系的方法"。除了该定义只能在这一论述之较迟的阶段才进入这点之外，对此我完全赞同。

大体上，当两个或两个以上的项目显得"足够类似"，也就是说，当二者既非相同也非迥异时，我们就获得了可比性。不过，这一评价没有多少积极指导意义。当我们说我们使事物可以比较，问题经常就被绕开了。从这一角度来看，比较就是"趋同"，也就是说，在较低层次的差异性的表面之下，发现更高层的或更为根本的相似性。不过，这种观点同样没有多少助益，反而会传递错误的建议，即诀窍在于使并不相似的事物看起来相似。有人说，从亚里士多德（Aristotle）时代起，政治理论家就已经恰当地进行了比较，因此我们不应该比我们的前辈们还更加受困于"什么是可以比较的"这个问题。这种说法并不能解决我们的问题。而且以下三点不同的存在使得这种说法更解释不通。

第一，如果说我们的前辈局限于文化，那么这即意味着，他们移植距离的远近，只取决于他们的个人知识所能允许他们移植的范围。

第二，我们的先辈们很少处理量化资料，并且没有量化研究的取向。在这种双重约束之下，他们就享受对自己正在进行比较的事物拥有实质理解的独特好处。这在世界规模内是极不可能的事情，而且因为计算机的革命，而变得绝无可能了。

第三，我们的先辈们远非我们那样缺乏引导。他们的比较适用于属于"同属"（genus）的事物。在这种情况下，可比性即意指属于同属、同物种（species）或同亚种（sub-species）的事物——总之，是指同纲（class）的事物。因此，纲提供了可比性所需的"相似性要素"，而"差异"则作为同属的某一物种、或同一物种的某一亚种（或诸如此类）进入比较，这都要视分析的详略或粗浅而定。

现在，我们拥有了更为精良的装备以探讨我们最初的疑问：即比较政治的移植问题为何会只以"概念延展"这一拙劣手法来加以补救。其中一个主要原因是，我们笃信我们的困难可以通过把"是什么"的问题转换为"是多少"的问题来加以克服。现将这一论调粗陈如下：只要我们追求"要么，要么"式的分析，我们就将陷入麻烦之中；而如果把概念理解为"更多或更少"的问题，即指向程度的差异，那么我们的困难就能通过测量来加以解决，而且实际的问题恰恰是如何测量的问题。

量化本身并没有问题，相反，它还能弥补属加种差（*per genus et differentiam*）式①的分析之缺陷与不足。但我自己的观点是，当我们摒弃所谓的"旧式逻辑"时，我们就完全错了，而且确实成了糟糕逻辑的牺牲品。这是一种我现在必须尝试捍卫的观点。

二、量化与分类

令人困惑的是有名无实、言之无物的定量术语的滥用。常见的情况是，我们说到程度与测量时，"不仅没有进行过真正的测量，而且还没有规划过，甚至于在这些测量能够进行之前，对于必须做些什么都没有明确的认识。"② 例如，在大多数标准教科书中，人们会发现，定类尺度（nominal scale）被当成"测量尺度。"③ 但是定类尺度只是一种质性分类，我不理解一个定类尺度做了什么测量或能做什么测量。诚然，部类可被加之以数字；但这只是为了确定条目而进行的编码式的设计，与量化毫无关系。同样，喋喋不休地使用"这是一个程度问题"的说辞和总是使用"连续谱"图景，将给我们留下一种质性论断的印象，这并没有使我们向着量化推进毫厘。

归根结蒂，量化之套话与量化之实质之间的分界线可以轻易划出：量化以数量开始，而且是在数量与它们的算术特性相互关联时得到使用。然而，要了解这一概念超越这一分界线的多方面的复杂性，这决非一件简单的事情。但是，人们还是可以在三个广泛的意义和应用领域之

---

① 这是一种实质定义法，定义项由被定义概念的邻近的属概念和表示被定义概念种差的概念所组成。它的公式是：被定义项＝种差＋属。比如在"人是能够制造工具的动物"这一定义中，"动物"就是人所属的属概念，而"能够制造工具"是人区别于其他动物的种差所在。这是典型的属加种差定义法。——译者注

② Abraham Kaplan, *The Conduct of Inquiry* (San Francisco: Chandler, 1964), p. 213.

③ 例如 L. Festinger and D. Katz (eds.), *Research Methods in the Behavioral Science* (New York: Dryden Press, 1953); and Selltiz, Jahoda *et al.*, *Research Methods in Social Relations* (rev. ed., New York: Holt, Rinehart & Winston, 1959).

间做出有益区分（尽管这三者之间相互密切关联），即，(1) 作为测量的量化；(2) 作为统计操作的量化；(3) 作为正式的数学处理之量化。

在政治科学中，我们一般指第一种含义。那即是说，通常，政治科学的量化包括：(1) 把数值附加于项目之上（纯粹而简单的测量），(2) 运用数字来表示项目的排序（定序尺度），(3) 测量条目之间的差异或距离（定距尺度）。

此外，在测量阶段之外，我们确实还拥有强大的统计技术，它不仅可以保护我们防止抽样误差和测量误差，还可以使我们在变量之间建立重要的关系。然而，只有在充足的数据归之于充足的项目之上时，才会开始统计加工流程，也只有当我们所处理的变量其所测量的事物是值得测量之时，它才会成为这一学科的中心。这两个条件，尤其是后一条件都难于满足。①

至于量化的最后阶段，即正式的数学处理阶段，迄今为止，政治科学与数学还只有零星的个别接触。即使有，也很少在事物的经验关系与数量的正式关系之间获得同构关系。只要我们还沉迷在界定不清的劣质概念迷雾中，那么，对于未来的前景，或者对于建构数量上的明确关系（数学模型）之正式体系是否还有意义，我们的分歧就可能会很深。有充足的理由认为，无论哪个学科，量化的进展都将落后于其质性的和概念的进展。

在这场关于量化及其对标准逻辑规则之影响的混乱争论中，我们往往完全忘记了概念的形成（concept formation）先于量化这一点。思维的过程必然以质性的（自然的）语言为起点。与此关联的是，人类的理解离不开基本上相当于小切片的分界点（尽管随后都会有所修正），而自然的或质性的语言，恰巧就是这样被分割成这样的小切片的。

分界点可以通过统计加工流程，即通过让资料本身告诉我们应在哪里进行分界来获得，这种论点荒诞地缺乏眼光。因为这种观点只在概念

---

① 然而，比较方法在很大程度上由统计方法构成，因为后者确实是一种比前者更为强大的控制技术。利普哈特对二者的区别与联系做了令人信服的探讨。Lijphart, "Comparative Politics and the Comparative Method," *op. cit.*

投射（mapping）的框架内适用，而这些概念投射又必须首先告诉我们现实由什么构成，所以，需要强调的是，在掌握能够自行说话的资料之前，语言和思维的基本表达就通过不断积累的概念打磨和协同工作的定义链条——而不是通过测量——合乎逻辑地实现了。测量什么？我们无法测量，除非我们首先知道我们正在测量的是什么事物。事物的程度无法告诉我们某件事物是什么。

那么，大前提就是，量化在且仅在概念的形成之后才粉墨登场。而小前提则是，量化的原材料并不能由量化本身来提供。所以，概念形成的规则独立于那些规范数量和数量关系之处理的规则。让我对这一结论做个详细阐述。

首先，如果我们实际从来没有得到"有多少"（how much）的发现——其意是指，早先的问题总是在哪些方面有多少，是在什么概念的容器（conceptual container）内——那么这即意味着，那个"有多少"的量化发现，就是"是什么"这个质性问题的内部元素；这样，声称后者应该让位于前者的观点就站不住脚了。其次，它还同样表明，"要么，要么"类型的"分类概念"（categoric concepts）就不能让位于"比……多和比……少"之类的"分级概念"（gradation concepts）。

而"要么，要么"类型的逻辑恰恰是建立分类的逻辑。得到比较的两个项目必须首先属于同一纲目，并且要么有要么没有某个特征；而且只有当它们都具有这一特征，这两个项目才能在孰多孰少方面进行比较。因此，分等的逻辑隶属于分类的逻辑。

此外，除了分类，我们并没有处理其他任何展现事实的技术。事实上，我们进入量化阶段越多，我们就越需要一维尺度和连续谱；而二分法的分类，恰恰可以为确立每一个连续谱的端点，因而为建立每个连续谱的一维性这一目的服务。

我对概念形成的强调不应该被误解为我关注理论甚于关注经验。事情并不是如此，因为任何社会科学的概念不只是一个理论体系的要素，它们还同样是资料的容器。事实上，资料是一些分配到"概念容器"中，并经其加工的信息。而且，既然非实验性科学根本上依赖于发现事实（fact-finding），即依赖于外部的（而非实验室的）可观察的事物，那么，这一经验问题就变成了：是什么把一个概念转变成一个有价值的、实际上有效的、发现事实的容器。

答案很简单：一个概念容器的辨别力越低，被错误搜集的事实就越多，也就是错误消息就越多。反之，一个范畴的辨别力越高，信息也就越好。应该承认，这一回答本身并非很具启发。要点在于，建立或帮助建立一个范畴之分辨力的，是分类学的包入（infolding）。既然分类的逻辑要求是，所分类别相互排斥，合并起来则穷尽一切、无有遗漏，那么这即意味着，分类学的实际操作提供了一系列有序的、界限分明的范畴，并因而为充分收集准确信息奠定了基础。

为了我们的目的，数字必须系附于"事物"之上，即，系附于事实之上。这些事物或事实又是如何得到确定并搜集的呢？不妨说，我们的终极目标是从一门"物种"科学过渡到"函数相关性"的科学。[①] 问题是，我们是否抛弃了一门物种科学，却又别无所换。在我看来，过于着急，再加上量化术语的滥用，不仅要为我们大部分的理论化工作误入泥潭负主要责任，而且还要为我们的大多数研究沦为细枝末节式的琐碎研究负主要责任。

概要总结一下，我认为，"是多是少"的逻辑不能取代"要么，要么"的逻辑。事实上，这两种逻辑是互补的，每一种逻辑都有其合理的应有领域。相应地，极化相反（polar opposition）与二分对立（dichotomous confrontations）不能遭到抛弃：它们都是概念形成过程的必要步骤。

过度自觉的思想者所持的立场是，如果政治研究必须成为一门"科学"，那么，它就必须成为牛顿（或者从牛顿一直到汉普尔）[Hempel]。如果是这样的话，那么，在更准确科学之训诫不起作用的地方，我们独有的重要问题也就来了。这也就等于说，全盘接受物理学的逻辑与方法论，很可能会败于自己之手，而且对我们的特殊需要而言肯定作用

[①] Harold D. Lasswell and Abraham Kaplan, *Power and Society* (New Haven: Yale University Press, 1950), pp. XVI – XVII.

寥寥。尤其是，无论分类有何局限，它都依然是任何科学话语的前提条件或基本条件。此外，一项分类性的行为仍然是促成分析清晰性的基本工具，而无论我们展开讨论的对象是什么。最后，而且特别的是，我们需要分类学之网来解决我们发现事实与储存事实的问题。从世界范围来说，没有一种比较政治科学是言之成理的，除非我们能够利用广泛信息，而它们又足够准确，以致于可以做有意义的比较。实现这一点的前提条件是充分、相对稳定且具有增益性的编档系统（filing system）。因为有了计算机技术和设备，这样一套编档系统已不再是白日做梦。因此，我对分类的关注，其一是对问题的资料方面的关注，其二，是对我们未能为计算机的利用而提供一套编档系统表示关切。

三、抽象阶梯

如果量化无法解决我们的问题，因为不能在概念化之前进行测量，以及另一方面，如果概念延展危险地导致黑格尔之夜（Hegelian night），即所有的奶牛看起来都是黑的（甚至奶农也被看成了奶牛），那么从一开始就必须在概念形成基础上把量化无法解决的问题考虑进来。

概念是命题的中心要素，并且本身就独自为阐释和观察提供指南——当然这取决于它们是如何命名的。说到概念形成，我是指命题之形成与问题之解决的行为。其次，应该得到理解的是，我关注的焦点将集中在那些对于该学科至关重要的概念之上，这也就是被本迪克斯描绘为"伪装的普遍性概括"（generalizations in disguise）的那些概念。① 再次，我主张聚焦于概念结构的纵向构成关系，即聚焦于观察性的术语，以及这些术语沿着抽象阶梯的纵向结构安排。

尽管抽象阶梯这一概念与分析的层次问题有关系，但二者并不相

---

① Reinhard Bendix, "Concepts and Generalizations in Comparative Sociological Studies," *American Sociological Review*, 28 (1963), p. 533.

同。分析的较高抽象层次可能并不是缘于在梯子上的"拾级而上"。事实上,大量具有普适性的概念化并非从可观察的事物中抽象得来的:它们是由其系统性的意义界定而成的"理论术语"。然而,在另外一些情况下,我们处理"观察性的术语",这即是,通过沿着梯子拾级而上,通过对可观察事物的抽象推理,我们到达了概念化的较高抽象层次。在这种情况下,我们拥有了"经验概念",它们既可居于抽象阶梯的截然不同的地点,又可顺着此梯移动位置。果真如此,我们便面临着对抽象层次进行评估的问题,而观察性的或(在这一意义上)经验性的概念正处在这一层次。看来这正是所考虑问题的恰当焦点,因为我们的基本问题是,如何通过沿着抽象阶梯拾级而上,来获得概念外延扩展方面的收获,而不会在准确性和经验可验证性方面造成不必要的损失。

一个语词在外延与内涵方面的区分与关系,构成了这一问题的恰当基础。一个词的外延是指适用于该词意义的对象总体;而内涵是指要成为该词外延一部分必须具备的特征总体。

现在,显然有两种攀爬抽象阶梯的方式。其中一个是通过消除一个概念的特性或属性,即减少它的内涵,来扩大该概念的外延。遵循这种程序,我们就能获得可供经验验证的概念,因为不管它是多么的包罗万象,它仍然与特征之集合具有可追溯的关系,且因其源自于足堪验证的一套确定的特征。

另一方面,这并非"概念延展"所暗含的程序,而概念延展就等于是这样一种尝试,增加了外延却并没有减少内涵。结果就是,我们并没有获得一个更具一般性的概念,而只获得一个仿冒品,一种简单的一般性(mere generality)。尽管一个一般性的概念可以说代表了一个特征之组合,但一种简单的一般性却无法得到特征的支撑。而且,尽管一般性的概念有助于科学"概括",但简单的一般性却只会导致模糊不清与概念的晦涩难懂。

通过减少其特征或属性,我们使一个概念变得更加抽象和更具一般性,反之亦然。不言而喻的是,沿着抽象阶梯,人们获得了程度迥异的概念延展度,以及相反,程度迥异的特征。为了实现比较政治的目的,可以通过区分三种层次的抽象性来支撑这些差异：即高层次、中间层次和低层次。

高层次的分类获得了普适性的概念化：任何内涵都为了全球性的外延——要么是空间，要么是时间，要么是二者——而遭到牺牲。降低一步，中间层次的分类缺乏普适性，因而可以说获得了具有一般意义的纲目类别：在这一层次，并非所有的差异都会为了外延的要求而遭到牺牲。不过，中间层次的概念旨在以唯一性为代价来强调相似性，因为在这一抽象层次上，我们通常处理的是概括。最后，低层次分类获得特别的、事实上是型构性的概念化（configurative conceptualization）：在这里，为了内涵的准确，牺牲的是外延。人们同样可以说，使用低层次的分类，那么对个体背景差异性的强调就甚于对其相似性的强调。

就拿两个有用的例证来说明吧。在所谓的比较公共行政领域，"政府职员"（staff）是普适性层次最高的范畴。"行政"（administration）也是一个很好的移植范畴，但是缺乏普适的可行性，因为它保留了与官僚机构（bureaucracy）这一更加特殊概念相关联的一些特征。降低抽象层次，我们进而可以发现"文官"（civil service）这一因与现代国家的联系而符合要求的概念。最后，沿抽象阶梯下降到其最低层次，对法国和英国的政府雇员作一番比较研究，我们就会发现它们各自的独特性和区别性特征，因而，也就提供了背景性的界定。

如果说上一例子用了一个不同的名称来确定不同的抽象层次，那么，下一例子就说明了另一种情况，即我们不得不用同一个术语来跨越整架抽象阶梯。为了说明许多概念是伪装的普遍性概括这一警告，本迪克斯提到了"村庄"（village）这个简单概念。他注意到，当运用于印度社会时，村庄这一术语可能会误导，因为在那里，即使是与这一术语相关的最低层次的凝聚力也通常并不具备。即便是在这样一个简单的案例中，也要求学者沿着抽象阶梯，把村庄的各种联系各归其所，以与每一个内涵所涉外延的移植延展性保持一致。

显然，在抽象的层次之间并不存在固定和硬性的分界线。界线只能粗略划分；抽象阶梯分割而成的薄片数量，取决于人们的研究需要有多么精妙。不过，为了逻辑分析的目的，三片就已足够了。我主要关注的是，在抽象阶梯的上部发生了什么，以及在关键的连接点发生了什么，而我们正是凭借这些连接点，跨越中层一般概念和高层次普适概念之边界的。因此，这一问题可以表述如下：一个观察性的术语能够向上推进多远，而不会导致自我否定的结果？

原则上，一个概念的外延之扩大，不应该超出一个相对准确的内涵（特点或属性）能得以保留的最低要求。而实际上，肯定性界定之要求可能过于苛求了。因此，将在下面二者之间做出关键区分：（1）否定定义的概念，即，陈述它们不是什么；（2）不作否定的概念，即非对立性的概念，这种概念没有确定的终点或边界。这一区分涉及的逻辑原则是，任何决定都涉及否定。

如果这一原则运用到沿抽象阶梯的攀爬过程，并且恰好到达中层范畴向高层次普适概念发生转变之处，那么，在中层范畴，我们获得了经验的普适性（empirical universals），而在具有高层普适性的范畴中，我们获得了缺乏经验价值的普适性——对于一门经验科学来说，这是一种伪普适性（pseudo-universals）。一项经验性的普适概念是如此，因为它仍然指向某事（something），而正如这一领域的任何研究者不久将发现的，一项非经验性的普适概念则不加区别地指向每一件事（everything）。

团体概念（group concept）是对上述情况的最好说明，且切中要点，因为它代表了应对比较政治学移植问题的第一次大规模的尝试。在政治学的团体理论中，很明显，"团体"变成了一个无所不包的范畴：它不仅是一个分析性的构造物，还绝对是一个普适性的构造物。然而，实际上，我们从来未被告知团体不是什么。"团体"不仅像任何普适概念一样适用于任何地方，它也同样适用于任何事情，这即是说，在任何地方，我们都永远不会遇到非团体（non-group）的情况。在对团体的经验研究中，研究并不是由这一普适性的构造物而是由直觉上的具体的概念化，来加以指引。因此，"不确定的团体"（indefinite group）之理论，与研究中的"具体团体"（concrete group），相距甚远。

因此，在寻求普适性之概念延展力（inclusiveness）的过程中，存在一个分界点，从理论上来说，超过这个点，我们就说"问题无效"，而且，在经验意义上，这可称为"经验上的蒸发"。我想说的是，无论何时，诸如团体或多元主义、整合、参与和动员这些概念都不包括边界尽头的意思，即，它们仍然是不确定的，它们只是提供了一些标签、章节标题，即编档系统的项目词条而已。

现在把目光转移到中间层次的范畴。在这一层次，我们需要进行的全套操作只是某些作者所说的"通过分析来下定义"（definition by analysis），这即是说，定义一个术语的过程，其实就是通过发现这一术语所指对象之所属，然后确定这一对象区别于同属下的其他物种的特征。

对于最低抽象层次，比较学者可能并无兴趣。不过，他将是错误的，这有两个原因：第一，当比较学者从事田野研究时，发现事实的范畴的抽象层次越低，其研究的质量越高；第二，就是这些从国别或区域研究得来的事实，帮助我们决定哪种分类管用，或者应该发展哪项新的分类标准。

诸如政治科学这样并不确定的科学对信息的要求，几乎不能通过单一目标的分类来获得满足。正如我强调的，我们极其需要标准的发现事实与储存事实的容器（概念）。但是，这项标准化只有在多重目的的分类基础上才有可能和富有成效。现在，一项分类是否可以为多重目的服务，以及哪项分类最符合要求，这正是我们通过归纳，即从抽象阶梯的底部，发现的东西。

表1 抽象阶梯

抽象阶梯	主要的比较范围及目的	概念的逻辑及经验特点
高级范畴：普适性的概念化	在异质背景中，进行跨地区比较（全球性理论）	外延最大化，内涵最小化，通过否定来下定义
中级范畴：一般性的概念化与分类	在相对同质的背景内进行地区内的比较（中程理论）	外延与内涵之间保持平衡，通过分析即属加种差来定义
低级范畴：构造性的概念化	国别分析（狭隘理论）	内涵最大化，外延最小化，背景性定义

表1概括了分类对比较政治学问题的影响，对它的额外评论陈列如下。

第一，参考三个抽象层次表明，仅仅区分一个术语的"广义"与"狭义"是不够的，因为在需要阐明时它并没有阐明。

第二，更为重要的是，对抽象阶梯的参考还表明，强调"所有差异都是程度问题"这一论调，其实就是逻辑清晰度的巨大损失。首先，这是普适范畴层次所不能让步的。在中间层次，所有差异也不能被看成是较多或较少的事情。从此向下，我们就通过分类的逻辑获得了定义，而且这也意味着，只要我们确立物种之间的差异，分等逻辑就不适用。只在已经确定两个或多个物体拥有相同属性或特性时，才能获得程度差异。

原则上，无论我们何时沿着抽象阶梯上下移动，运用分等逻辑都是错误的。因此，只有在已经确定既定的抽象层次后，才能正确地考虑较多或较少的问题。而且经验法则似乎是，抽象层次越高，程度性语言就运用得越少；而抽象层次越低，就越是必然正确地运用一种程度谱系（degree optics），我们也就越会从分等概念中受益。

第三，而且同样重要的是，对抽象阶梯的参考，会使人们对主要由方法论学者所持的这一乐观看法产生诸多质疑："一种命题越具普适性，即该命题所解释的事件数量越多，则能够发现的潜在的伪造者也就越多，这一命题也就越发能增进知识（informative）"。这句话表明，在普适性、伪造者与知识增进性之间，存在一种同步而又自然的进展关系。然而，在我看来，每当我们在解释的范围与描述的准确性之间进行选择时，我们都会面临着参考沿抽象阶梯攀升或下降的正确技巧问题。

在做出结论之前，不应该忽视的是，在本部分中，我从未使用"变量"一词，没有提及操作性定义，也没有借助指标这一概念。同样，直到现在，我所指的分等概念以及更多或更少的考虑，完全是置于量化之前的（pre-quantitative）。因而，在进入那些看来成为了体现我们的方法论意识的主要问题之前，值得注意的是这次移植已经行进了多远。

需要指出，在考虑概念——即属——时，我并没有排除对变量的考虑，变量是一个物种。这即是说，一个变量仍然是一个概念；但一个概念却未必是一个变量。如果所有概念都能转变成变量，那么差异就可认为是暂时性的。不幸的是，正如一位精通量化研究的学者所言，"所有最有趣的变量都是名义性的"[①]。

对一个概念来说，其定义方面的要求是，它的含义（meaning）已经大白于天下，而操作性的定义则需要说出其条件，说出那些操作，藉此，该概念就能得到确证，并最终得到测量。相应地，我们可以在含义性定义与操作性定义之间做出有用区分。

通常的看法是，含义性定义代表了定义的前科学阶段，它应该在科学的话语中被操作性定义所取代。不过，这种看法很难解决概念形成的问题，而且事实上似乎还忽视了它们。操作性定义一般会对概念之含义加以严重缩减，因为它们只能保留那些与操作性要求相一致的含义。现在，我们确实必须通过削减概念的含义范围来降低模糊性。但是降低模糊性的这一操作标准，往往会在概念的丰富性与解释力方面造成严重损失。

因此，应该理解的是，操作性定义是对含义性定义的补充，而非代替。事实是，在我们着手操作化之前，必须有一个概念化。最后，还应该理解的是，经验验证发生在操作性定义之前，而且，即使没有操作性定义，经验验证也会发生。任何通过运用相关的观察，以检验与现实的一致性之方法，都是验证。因此，经由操作化而带来的决定性差异，就是通过测量而实现的证实或者证伪。[②]

[①] Richard Rose, "Social Measure and Public Policy in Britain-The Empiricizing Process," p. 8.

[②] 这并不是说，操作化本身必须考虑到量化测量，而是表明，操作性定义要么最终有助于测量，要么就毫无价值。

四、比较的谬误：一项说明

到现在，我们就可以更为详细地进行观照，这一抽象阶梯的设计如何揭露出了比较政治学中在处理移植问题时的陷阱与缺陷。很显然，我的分析路线跨越了比较政治中争相求得为学界采用的各种理论和学派，因为我的基本关注点在于"常规科学"（normal science）正在持续发挥的作用，即该学科共同的概念问题。不过，在此举出一个不仅对具体概念且同样对理论框架产生影响的、自身兼备的说明，这是有好处的。因此，我选择"结构"与"功能"这个范畴，作为我首先进行详尽讨论的对象，之所以选择这一范畴，是基于它们在建立政治科学的结构功能取向中所扮演的关键角色。

阿尔蒙德（Almond）曾大胆声称："我们已经完成的事情就是把政治功能从政治结构中分离出来。"① 但是十年过去了，这一任务大部分仍未完成。事实上，结构功能学派仍在穷于应付界定"功能"的基本困难之中。

不过，无论功能是被简单地理解成由结构实施的一种"行为"（activity），还是把它理解为一种"效果"（effect）更为恰当，抑或只应该把它理解成结构中的一种"关系"（relation）——从我们的实际行动来看，都证明这种争议是无关紧要的。这即是说，如果我们把注意力转移到实际使用中的功能词汇，那么，简单浏览一下文献就可发现两个问题：其一，一个诱人的无政府状态（a tantalizing anarchy）；其二，大多数专家在多数时候使用的功能术语，明显带有目的性或目的论涵义。我们不妨在定义上争得面红耳赤，但事情的实质仍然是，定义上的争论对接下来的研究之影响，微乎其微。

---

① Gabriel A. Almond and James S. Coleman, *The Politics of the Developing Areas* (Princeton: Princeton University Press, 1960), p. 59.

当我们多少有些天真地说，结构"具有功能"，我们便对结构存在的理由产生兴趣：我们是在暗示，结构为某种目的或任务而存在。这就等于说，"功能"指向一种手段—目的之关系。相反，从不同角度看，丧失功能（dis-function）、没有功能（non-functionality）等，则意指一个既定的结构没能实现确定的目的。功能的当前这个用法，转而又绕了一段远道来解释我们对结构的理解困难。

实际上，"结构"的主要问题是，政治机构和制度大都承担了一种功能的定义，如果不是功能名称的话。一方面，我们处理一个功能性的（目的性的）词汇，而糟糕的是，我们又缺乏一个结构性的（描述性的）词汇；另一方面，甚至当我们有意问及"是什么"（what is）时，我们又总是一成不变地被迫以"为了什么"（what for）来回答。什么是选举？选举是一种选择官员的方式（结构）。什么是立法机构？立法机构是制定法案的一种结构安排。这在实际政治中很有道理，但却是理解政治时的一个严重障碍。

于是，显而易见的事实就是，结构功能取向的分析家成了跛脚的学者。他们声称用两条腿走路，但事实上用一条腿站着——而且还是一条有毛病的腿。他实在不能想象"结构"与"功能"之间的相互作用，因为这两个术语，如果有的话，也很少彻底分开：结构仍然纯粹是被归于其上的功能性目的的一个孪生兄弟。

无论结构功能取向的学者未能发现什么，但他对以下三点是极为确定的：首先，没有结构只发挥一种功能；第二，同样的结构在不同的国家可以发挥极为不同的功能；第三，相同的功能可以由极为不同的结构来承担。在某种程度上，这些观点是不可否认的。但我的不同意见在于重点，它是没有根据的、误导的。

果真相同的结构发挥着不同的功能吗？又或，果真功能的不同是因为结构的不同吗？从结构方面看，这种说法总体上缺乏充分依据。例如，"选举"是多功能的（它们可以为专制者的合法化服务），但"自由选举"却非如此。这即是说，选举过程一获得结构支持——为自由投票而设定的多项精细条件——那么，选举的多功能性就立即趋于终止。

考虑到选举的基本目的是允许选民选择和罢免公职人员，所以说，相同的选举结构要么发挥着这项单一功能，要么就根本没有承担应有功能。

尽管最为严重的问题和缺陷在于，我们没有充分地、准确地描述结构，但我不妨赶紧补充一点，那就是，从这一立论的功能方面出发，我们的表现也并不好。因为我们的功能范畴总体上也缺乏足够的证据支撑。

例如，如果有人问，"为什么会存在政党体系？"最不易遭到质疑与最具包容性的回答可能是，政党发挥沟通功能。但是，第一，在上行沟通与下行沟通之间存在着本质性的差别，第二，在"沟通—信息"（communication-information）与"沟通—压力"（communication-pressure）之间做出区分，同样重要。如果是这样的话，那么，把一个政党体系界定为"沟通"需求与向官方传递"信息"的工具，那就有失偏颇了。因此，危险的事情就是，从一个双向的（可逆的）沟通—信息的过程转换到了突显上行的沟通—压力的过程。而关于沟通—压力这一目的，迄今为止，我们并没有设计出任何结构性的替代品。因此，只要我们阐明了政党体系独有的、重要的存在理由，这就说明政党体系是一个不可替代的独一无二的结构（unique structure）。

在经历一番更为细致的审视后，我们会发现，多功能的、多结构的观点向前走得太远，事实上已经到了错误的境地。除了这一错误之外，颇具讽刺意味的局面是，正如事实所展现的，如果相同的结构在不同国家承担完全不同的功能，而且如果我们总是能够为任何功能找到结构的替代品，那么，结构功能分析又还有何用呢？

在问题的功能方面，大量只是被列举出来（很少根据某些标准，甚至也没有按照分类学的树状展开之逻辑要求，来进行分类）的胡乱的功能性范畴，妨碍了我们的研究，而且绝对没有提供有关它们所适用的分析层次与类型方面的任何线索。

相反，在问题的结构方面，我们又几无所获。够格的结构几乎不存在——至少在阿尔蒙德的思维路线上如此。考虑到以下事实，这就更加令人遗憾了——尽管功能注定是宽泛的解释范畴（至少在全球性的比较政治中是这样），并不要求在低层次予以明确化，但相反，结构却与可观察事物之间有着更为密切的关系，而且沿抽象阶梯一路下行，它都确切需要事实支持。

人们至少可以确定四个由高到低的不同分析层次：（1）结构性原则（例如多元主义），（2）结构性条件（例如阶级或经济结构），（3）组织模型（涉及成员系统），（4）特定的组织结构（例如宪法）。说到"结构性原则"，我的意思是，作为一个高级范畴，结构概念只能指向原则，而依照这些原则，一个政体或一个社会的各个组成部分相互关联在一起。相反，在抽象的低层次，应该清楚的一点是，宪法和法规并非"真正的结构"。

总而言之，结构功能学者不仅忽视了抽象阶梯，而且在他鲁莽的攀爬过程中，还无意间破坏了自己的梯子。这一取向遇到的困难和一般系统理论曾经遇到的是如此相同。这即是说，"为什么就没有学者能成功提出一种满足经验分析要求的结构功能构想呢。"[1] 而且，既然结构功能学者享有广泛依靠观察性术语的独特经验优势，为什么又要与"一种并不允许经验验证的分析层次"继续维持关系呢?[2] 据我的分析，并不存在任何固有的原因。恰恰相反，只要我们学会了如何沿着抽象阶梯来进行演练，我们就可能非常有希望获得回报，而该取向的经验前景，也就极有可能接近实现。

现在，让我们转到本项说明的第二部分。为此，我选择了几个略有不同的范畴：多元主义、整合、参与和动员。这四个范畴具有代表性，因为它们之所以得到运用，不仅是出于各种不同框架下的重大理论发展，而且还是由具有独立理论取向的学者来使用的，因而，就参与和动员而论，还涉及到那些只对统计操作感兴趣的学者。

考虑到多元主义、整合、参与和动员都是体现了独特的西方经验

---

[1] Flanigan and Fogelman in Charlesworth, *Contemporary Political Analysis*, pp. 82-83.
[2] Flanigan and Fogelman in Charlesworth, *op. cit.*

的、限于特殊文化的概念，此处给出的方法论警示就是，涉及区域应该作为研究的起点。这也就是说，我们需要沿"我们——他们"（we-they）的顺时针方向，来阐发我们局限于特定文化的概念。因此，从这一问题出发就是合适的：我们如何从这些概念的国内和原生背景中，来理解多元主义、整合、参与和动员？

在西方文献中，多元社会是一个其结构构型（structural configuration）受多元信仰塑造的社会，在各个层次上，各种自主的次级单元都应该得到发展，代表了文明基础的，是分歧而非一致性。多元主义确实是一条高度抽象的结构性原则。然而，这一术语指向的是一种特别的社会结构。

"整合"可被看成是目标—状态（end-state），一个过程，或一项由整合机构（政党、利益集团等）承担的功能。无论如何，在西方政体中，整合并不适用于所有"聚集于一起"（putting together）的状态，并不适用于任何"聚合状态"。比如，美国学者就会否认，整合与"强制的一致性"有任何关系。相反，他们可能假定，整合预设了并产生出一个多元社会。

关于参与和动员，可以得出类似的看法。无论是在规范的意义上还是描述的意义上，在美国的民主讨论，参与都不会是任何形式的"参加"（taking part）。对他们来说，参与意指自动（self-motion），而非指因被操纵和强迫而行动。这样理解，参与就恰好是动员的反面。动员并没有传递出个体自动的意思，而是传递出一种可以塑造的、消极的集体性，充满说服力的政府心血来潮时，而被实施的。

显然，多元主义、整合、参与和动员都有特定的内涵，它们可以固定在，并且实际上保留在西方的探索与争论中。然而，在全球性的比较政治背景中，这些理念的特别性（specificity）被遗失了。多元主义失去了边界；整合也被毫无差别地运用于多元背景与非多元背景之中，参与和动员在很大程度上变成了重叠性的概念。多元主义没有了边界，是因为从来没人告诉我们什么是非多元主义。既然多元主义存在于某些地方，那么假定看来就是，多元主义将被发现"不同程度地"存在于任何地方。然而，不同程度的"什么"？原本打算恰当运用这种语言来表达准确性，事实却表达了令人困惑，不可捉摸——这实际上是对运用程度语言这种做法的讽刺。

就如我们知道的，特别性的损失起因于概念的延伸，而概念的延伸又反过来起源于沿抽象阶梯的不正确的攀爬：以牺牲准确性而不是以牺牲内涵（即减少一物之为该物的内在属性）为代价，试图笨拙地到达"概念移植的普适性"。

比如说，在对"多元主义"与"整合"的阐释与预言过程中所犯的可怕错误——而这一阐释与预言是通过对二者加以普适性的、非特别化的适用所体现出来的。如果我们说非洲社会不是多元社会而是部落社会，那么观点可能就是，部落式的分裂局面，不仅很难为整合过程的发生，而且很难为整合机构的发挥作用提供结构基础。实际上我的立场是，一个分裂社会的功能性需要或者反馈，与一个多元社会的功能性反馈或需要，是互相冲突的。比如，在欧洲，中世纪的分裂产生了君主专制。然而，如果多元主义化约成了一种空洞的一般性，那么我们就有理由称非洲社会为多元社会，而且不幸的是，其带来的错误启发就很有可能是，我们就会预期非洲人会依照欧洲经验来处理自身的问题。

尽管多元主义、整合和参与起源于我们的民主经验——即起源于民主政体的环境中——但我们也要处理起源于极权背景的一套受限的术语。那就是源于军事术语的动员一词。该词尤其源于第一次世界大战时期德国的总体动员，特别是通过法西斯主义和纳粹主义的经历而成为政治学词汇。不过，现在该词也运用于民主政体中。而且，我们常常抱怨说，我们的术语学是以民主为中心的，然而，我首先要抱怨的却是，我们未能利用一个事实，即我们确实拥有一些避免了民主偏见的术语。

踏足过非洲和东南亚的西方学者发现，我们的范畴并不适用，这丝毫不令人奇怪。据此，他们又认为，西方的范畴也应不适用于西方。不过，这是一种奇怪的推论。一则，之所以许多古代文明在西方观察家的眼里散乱且形状不定，恰恰是因为他们缺乏用以处理积淀过度的、"非理性的"结构模型之范畴。再则,即使假定低度发达政治社会的结构化程度要远低于其他社会,但这也并非在结构分化确实存在的地方却反馈以无形无状之理由。

如果可以从上述内容进行概括的话,那么,该学科大部分现行工作都在遭受"毫无意义的不分彼此"(meaningless togetherness)之麻烦,因而也在遭受危险的模糊不清与扭曲之祸患。特别而且尤为重要的是,在这些情况下,我们还危险地用未经证明的假定来立论,即对我们应该证明的东西加以假定:小前提错误。比如说,如果"动员"应用于一个民主政体,那言外之意就是民主国家比极权政体更多动员或更少动员。相反,如果"参与"应用于一个极权体系,那弦外之音就是,民主参与也至少在某种程度上发生在非民主国家。情况可能就是如此。但不能通过把同一名称从一种背景移入另一背景中来证明这一情况。

总体看来,不能认为我们的"特别性之损失"通过包摄力之收获得以弥补。我宁愿说,我们在移植能力或者说在普适性的包摄力上之收获,只停留在文字上(是一种假象),而我们由此导致的"迷惑",却是非常实质性的。

正如拉帕隆巴拉(LaPalombara)指出的,"我们关于政治过程的诸多概括,极为轻率随性地从微观分析层次转移到了宏观分析层次",而结果就是,"因分析层次的混乱导致了混乱。"① 我曾经论述,分析层次的混乱将招致以下不幸结果:(1)在高级层次,出现阐释、解释与预测上的宏观错误;(2)在较低层次,出现大量破坏性的、资料的错误搜集;(3)在所有层次,我们的概念意思含混,清晰度遭到破坏。我们确实缺乏词语。但是概念的延伸以及糟糕的逻辑,已经削弱了我们这些词语的分析清晰性和区别力。我的感觉是,主要差异经常因为更次要的、琐屑的相似性,而遭到了抵消。

---

① Joseph LaPalombara, "Macrotheories and Microapplications in Comparative Politics," *Comparative Politics* (October 1968), p.72.

让我强调一点，并作出结论，即按照我的分析方案，这一切的一切都毫无必要。对抽象阶梯的意识表明，高度抽象、无所不包的范畴，并没有要求我们去对我们拥有的观察性的、经验上可以连通的范畴加以扩大，甚至汽化。而且，如果我们知道如何沿着抽象阶梯去上下攀爬——并且因而知道我们的站立之地，与我们所作分析之"属性空间"（property space）密切相关——那么，不仅概念延展可以避免，而且错误的类推，以及用未经证明的假定来立论之错误，都将被抛弃。

五、总结

比较政治学迅速扩张的规模，引起了棘手的且史无前例的方法问题。但是，我们是在没有充分的方法论意识与逻辑技巧的情况下进行比较研究的。这即是说，在对政治科学问题进行世界范围的比较研究时，对于这一研究的逻辑前提，我们似乎特别天真。

我的关注焦点属于概念性的。概念不仅是理论体系的要素，还同样是收集事实的工具和资料容器。经验问题是，我们极其需要足够准确以进行有意义比较的信息。因此，我们需要一个编档系统，而这一系统又是由具有区别力的、即分类学的概念容器提供的。如果没有提供这样一个容器，资料的错误收集就不可避免，且不可由精细成熟的统计技术来进行补救。我们严重缺乏一套关于比较术语和程序之使用规范。我认为，通过对抽象阶梯的认识，对暗含的逻辑属性的觉悟，以及对由此产生的综合与分解之规则的了解，这一纪律可以建立起来。如果没有建立起这样一套纪律，那么，概念的错误处理，以及最终还包括概念误构，就都不可避免。

迄今，该学科主要遵循"概念延展"这一路线。为了获得世界范围的可比性，概念的外延已经通过其内涵上的模糊而得以扩大。因此，比较之目的，即控制，也就遭到了失败，从而我们也就深陷于经验与理论混乱的汪洋大海中难以自拔。

我认为，补救之法在于我们的整合能力，（1）沿着具有更好中间范畴的中等抽象水平来发展这一学科，（2）沿着抽象阶梯，既向上又向下，且按以下方式进行演练：把同与异，相对较高的解释力和相对准确的描述性内容，宏观理论和经验验证，统一起来。确切无疑，没有任何分析层次可以恰切地转换到下一层次。在这一意义上，只要沿着梯子攀爬，就总会有得有失。但有纪律地使用比较之术语和程序，将在各个层次上产生一些命题，它们或是强化了，或是悖立于相邻抽象层次的命题。

（译者单位：中共河北省委党校）

对概念、定义和模式的进一步考察[*]

［意］乔万尼·萨托利　著
廖幸谬　编译

民主："是什么（what is）" vs. "多大程度（how much）"①

一个定义本身必须包括它所定义的所有内容。因此，下定义首先要划定界线。由此类推，一个未定义的概念就是一个无边界的概念。划定一个概念界线的标准方法就是定义它的对立面。因此，为了确定民主是什么（what democracy is），我们同样必须确定民主不是什么（what democracy is not）。

一般来说，定义对立面是最容易的，什么是白色？与之对立的就是黑色。什么是好？与之对立的就是坏，诸如此类。当寻求限定一个概念界线时，问题就简单地变成去寻找一个"好的对立面（good opposite）"。

---

* 原文出处：Giovanni Sartori, "Further Observations on Concepts, Definition, and Mondels," in David Collier and John Gerring, eds., *Concepts and Methods in Social Science: the Tradition of Giovanni Sartori*, London: Routledge, 2009, pp. 165-178.

① 本部分摘自：Giovanni Sartori, *The Theory of Democracy Revisited*, Chatham, NJ: Chatham House, 1987, pp. 182-185.

虽然大多数术语有反义词，但是，一个好的对立统一的含义可能就不那么容易找到。例如，当我们试图去定义政治学（politics）时，我们常常说政治学既不是经济学也不是伦理学，这就显示政治学这个概念没有建立起对立面。然而，一定要注意，在逻辑上形成对比的术语可能是两种类别：它们可能是相互矛盾，也可能不是相互矛盾。在下文中，当规范不必要的时候，我使用术语属性（generic term）的对立，即这两种情况：不矛盾的相反术语（contrary for opposites that are not contradictories）和两个相互矛盾的术语。其中的逻辑是这样的：排中律（excluded middle）原则适用于矛盾而不适用于相反。它仅有相互矛盾的两种情形，没有第三种情形存在的可能（例如，一个人不是活着就是死了，不是结婚了就是单身，不是两足动物就是四足动物）。相反（contraries）则是相互排斥但不是彻底相互排斥，因此，它们允许第三种即中间情形出现的可能性（例如，既不大也不小，既不冷也不热，既不富也不穷）。

在确定民主不是什么（what democracy is not）所遇到的困难，虽然对相反和矛盾的处理不当是一个起作用的因素，但是，困难主要来自目前社会科学定量分析的方法论取向。在定量分析的促进下，我们不再继续深入去问民主是什么（或者不是什么），相反，我们要求去问民主到了什么程度。一般认为，第二个问题是一个更好的问题。但是我认为，这两个问题是同等合理且相互补充的。

让我们首先从逻辑上确定：什么是民主？在这种形式下，民主被解释成是一个实体，一个实体概念（object concept）和一个更精确的特定类型的政体。因此，逻辑的处理方式需要的是分类：要求我们确定一个政体是民主政体或不是民主政体。这种处理方式需要的也是类别而不是程度。由于我们是用逻辑的处理方式处理，这就没有任何异议反对"是什么（what is）"这个问题是被本体论和实体论的假设所削弱的了。如果有人错误地建构了一种逻辑处理方式，这是使用者的过错，而不是逻辑本身的不当。

而当问题是"在何种程度上（To what degree）一个政体是民主政体？"，我们已经不再去分辨一个政体，而是去断定它。这如同现在把

萨托利：经典开创
对概念、定义和模式的进一步考察

"民主"看作是一个属性概念（property concept）。在这样的架构下，逻辑的处理方式不再是二元的，而是连续的。这样的处理方式下，在逻辑上（不是本体论上）同样采用——区别是程度的区别。然而，必须注意，"多大程度"这个问题可以用两种根本不同的方式表达。在目前的情况下，我们既可以问到什么程度一个民主国家是民主政体，也可以问到什么程度任何一个政体是民主政体。如果问的是第一个问题，我们可以看到这个问题很容易解决。困难出现在第二个问题，我将马上解释。

当我们断定一个政体在某种程度上是民主政体，初始的问题是：民主政体有关哪些属性？例如，道格拉斯·雷（Douglas Rae, 1971）选择"多数决定原则（majority rule）"属性[1]；但民主的多数决定原则与少数人的权利是一个完全不同的事。费里克斯·奥本海姆（Felix Oppenheim, 1971）选择"政治参与（participation）"属性[2]；但是这个概念一直到现在定义还不明确以至于可能导致研究发现（用政治参与方法）完全的民主曾经在文化大革命时的中国存在过。这种路径至少产生了三个困难：第一，民主政体的属性不仅有多数决定原则和政治参与，而且有平等，自由，共识，强制，竞争，多元，宪政等。第二，这些属性之间相互关联过于紧密以至于单一测量其中任何一个属性都可能产生不规则的等级排序。第三，在我看来是最重要的，如果我们从概念的困境，操作化开始，这只可能增加模糊性。[3] 为了讨论，让我们假定所有这些困难都已经克服。我们仍然需要面对这些方法的赋值问题。

让我们回忆一下，我们要问，多大（或多小）程度一个给定的民主属性，或者一个民主属性的指标，能够在所有的政体中被找到。任何属

---

[1] Douglas Rae, "Political Democracy as a Property of Political Institutions," *American Political Science Review* Vol. 65, No. 1, 1971, pp. 111 - 119.

[2] Felix Oppenheim, Democracy: "Characteristics Included and Excluded", *The Monist*, Vol. 55, No. 1, 1971, pp. 29 - 50.

[3] 一个极端但能展示这种任意的操作化的例子是如下这种政党"竞争"的操作化手段："政党投票者的敲门声"。

参见 A. Przeworski and J. Sprague, "Concepts in Search of Explicit Formulation: A Study in Measurement," *Midwest Journal of Political Science*, Vol. 15, No. 2, p. 208 及文中各处。

性用任何测量方法去测量都不太可能产生零值。假如是这样的话，我们可以得出结论，所有现存的政体都是民主政体，即使在程度上少之又少；或者相反的，所有现存的政体都是非民主政体，除此之外，可以说哥伦比亚或阿尔巴尼亚比英国更加不民主。抛开这些徒劳无用的结论，这些程度主义者完全遗忘掉的是政体是个系统。那就是，它们是绑定的整体（bounded wholes），通过要么存在（即使不完备），要么不存在（即使不完备）的机制和原则构成的。难道斯大林或希特勒能够被自由的选举剥夺了权力？不。一个美国总统能够被弹劾？是的。苏联的政党之间是相互竞争的？不。西德的政党是相互竞争的？是的。

现在可以容易看到为什么"到什么程度一个民主政体是民主的"这个问题伴随着不同的问题。当这是个问题时，学者们假设一个优先的分类瓦解了。如果是这样的话，分类和程度这两种方法是兼容的。把民主看成是种类（类型），他可以评定他所看到的众多程度不同（或多或少）的民主政体。

导致我们的讨论深受折磨的关键点在于过分信奉"所有的不同都是程度的不同"。如果现在有人持这一观点，那么绝大多数人都认为这是愚蠢的逻辑。其实，持第一种观点和持第二种观点都是一样愚蠢的。如果用程度的逻辑处理，差别就是程度的差别。类似的，如果是在种类（以差入类）的处理方式下，差别就是种类的差别。不管差别是定性或定量，种类或程度，不连续或连续，都是关于逻辑处理方式的问题，因此，问题是要决定哪种逻辑的处理方式适合哪种目的。

我认为，"民主是什么？"和"民主到什么程度？"都是正确和相互补充而不是相互排斥的两个问题。我还认为，这两个问题的提问必须要有次序。这是因为没有首先确定这个东西是什么（和不是什么），我们就不能确定这个东西的程度，不管这个东西被宣布是什么。因此，我的立场是，各式各样的民主或有关民主（与民主或多或少有关联）要求我们首先确定它们适用什么——就是我们先确定什么是民主和什么不是民主。只有草率的逻辑才能够通过宣布所有问题都是有关"多和少"的问题来处理所有的问题。这个草率的逻辑反过来促使忽略了一个相反的定义，这个忽略需要改正。现实的人们生活在政体和政治组织下，他们要么希望逃离要么渴望进入。事实上，在最近一段时间，数百万的人因为生命有危险而逃离了他们的家乡。他们不是为了或多或少在"程度"上简单地增加他们已经拥有的东西。相反，他们在寻找他们没有的东西。

从分类到测量[①]

可以想见的是，对我的概念分析方法的不满至少有三个方面。第一个方面是传统的反对意见，认为我的种类和类别概念分析方法仅仅是抽象的。第二个方面，认为我的种类和类别是静止不变的，"位置（locational）"概念，但我们需要的是动态的、"过程（process）"的概念。第三个方面也是主要的批评，通过标题简要表达，即分类的逻辑被测量的逻辑所取代。这些反对不是没有关联而是最好要分别面对。

第一个方面的反对是由来已久的，但不可信。事实上，所有通过归纳得来的科学知识，这些归纳都隐含着抽象。除了这个事实以外，这种反对的弱点在于没有提供别的选择。就算分类学没有能够揭开现实的面纱，它也防止了任意的切点，我们不能够摒弃分类学的方法。人类世界和自然世界一样是相当混合的世界。难道一个植物学家或一个动物学家在他精通的领域里没有求助过分类学系统？事实上，动物学家和社会科学家的主要区别在于社会科学家对于分类需要保持更多的关注和留意。社会科学家对分类的需要和动物学家一样，但是又不能和动物学家一样：社会科学家的分类要极具动态，必须一直不断地重新和更新分类。

第二个方面的反对主要内容如下：萨托利所谓的概念是位置概念（location concepts），而不是过程概念（process concepts）。对于这个方面

[①] 本部分摘自 Giovanni Sartori, *Parties and Party Systems: A Framework for Analysis*, New Yowk: Cambridge University Press, 1976, pp. 293-298, 318-319.

的反对我可以乐意地承认，但这不是没有先决条件的。第一，位置概念（location concepts）也容许一定的动态变化，因为具体的实例可能、也确实从一类到另一类不停地运动。然而，有些变化可能也不大。例如，基于位置概念（location concepts）的分析——如组织架构（structural configurations）——适用于已经建立的国家，但不适用于把握住国家建立的过程。这事实上也是我曾经在处理易变的政体时的观点，我一直警告，分类在易变的环境下，能够非常误导地去支持这样的观点——对发展的分析需要完全构想出过程概念（process concepts）[1]。第二，过程概念（process concepts）也需要有一个稳定的参照框架。因此，在我们分清了位置概念（location concepts）和过程概念（process concepts）区别和不同的适用范围后，问题依然存在：我们能够不用或参照静态的概念来把握住动态吗？我不相信我们能够这样做，这也是一些我们能够从我们哲学先辈们学习的地方。

在康德之前，哲学很大程度上都是静态的哲学。康德自己是一个非常谨小慎微的逻辑系统构造者。然后紧随着动态的：浪漫主义、古典主义和存在主义。经过费希特（Fichte）、谢林（Schelling）、黑格尔及他们的弟子，我们从摄影（photography）跃到电影（cinematography），从静态到动态。辩证法、流动性、启蒙运动、持续变迁、行动——这是欧洲哲学持续一个世纪的关键词。结果导致难以理解的混乱。有必要重建哲学的根基，因此，分析哲学重新回归，而这些东西中的大部分（如果不是全部的话）原来被宣布是毫无意义的。对逻辑实证主义，尤其是早先的逻辑实证主义的反动是非常过度的，但是，与理想主义和存在主义相比，则恰好击中了目标。在所有的区别当中都融合了辩证——事实上包括分析本身——受到了谴责，静态的哲学重新得到了恢复。

类推的方法走向何处？在我看来，"浪漫主义辩证法"这种气氛已经慢慢地深入到社会科学领域。现在流行的建议就是要避免二分法和逻

---

[1] Kothari, R, "Implications of Nation-building for the Typology of Political Systems," paper presented at the 1967 International Political Science Association Congress, Brussels.

萨托利：经典开创
对概念、定义和模式的进一步考察

辑的对立，而要专注于过程、变迁和相似性。事实上，这种逻辑解释为什么自由和强制不能够被区分，为什么自由与压制不可分离，等等。任何有经历过黑格尔学派的辩证法或马克思主义辩证法经历的人，都知道这将导致什么。减弱分析的思维是危险地近乎混乱的思维，就像"过程逻辑"是危险地助长了对立思维的模糊。有一件事我们必须从哲学史上学习：如何避免相同的陷阱。过程概念和过程逻辑（或对立）已经回归，但这只有在有条件的情况下，我们不要轻率地进入黑格尔的夜晚，在那里所有的牛都显现黑色。现实世界不能够仅仅被认为是过程或状态的存在。对动态过程的尊重不能降低静态"位置"（location）地位。在原则上，那种控告分类学妨碍理解"过程"，其荒唐程度不亚于控告地球仪或地质图妨碍了旅行。

对于第一个方面和第二个方面的反对我印象不深，真正的问题集中在如下的质询：如何将"定性科学"处理是什么的问题与"定量科学"处理多大程度的问题联系起来？直截了当地说就是，如何将种类的不同与程度的不同联系起来？或者从另一个观点来看，如何将预测与测量联系起来？伴随这个路程，当然确实是一个漫长的路程，区分为三个步骤或阶段是非常有用的。第一步骤，处理概念使用分类，其逻辑是"只能二选一"（either-or）：即是或不是。如果这种方式的分析被叫做"分类的逻辑（logic of classification）"，那么第二个步骤可以恰当地称之为"程度的逻辑（logic of gradation）"①，即表现为或多或少（程度）。第二个阶段是有些矛盾，在不少的地方，程度的逻辑带来"定量术语"，这些术语无关紧要却在很大程度上遭受滥用。② 这里有个很好的例子就是轻易宣称所有的差别都只是程度的差别。同时，程度的逻辑处理方式助长了实际的测量方法，即为对象贴上数值，但这仅仅是定量科学的开

---

① 我刻意说"程度的逻辑"而不是"比较的逻辑"。后种称呼主要是根据汉波尔（Hempel）的权威说法。然而，它却是一个错误的命名，因为分类的逻辑也需进行比较（区别和近似就是这样区分出来的）。

② Kaplan, A, *The Conduct of Enquiry*, San Francisco: Chandler Publishing Co., 1964, p.13.

端。然后，第三个步骤由赋予数字以数学的属性组成——也就是，在概念和数学的理论之下进行测量。在这个阶段，定量科学被转变成数学科学，数学科学的终极理想是在测量对象当中用函数的形式发现和表达普遍规律。

毫无疑问，这种方案应该追求。因此，任何研究者必须衡量把由分类的逻辑产生的二分法属性转变成由程度的逻辑产生的连续的属性的机会。没有任何人能够否认测量得越多就越好。对于政治科学的数学化，遭受质疑的不是是否有需求也不是是否有具大的发展潜力，而是这些数学使用是否适合于我们的问题。因此，分歧点与计划无关，而是与实施有关；更确切地说，在第一步，即二选一（二元的）分类的逻辑处理方式与第二步，即或多或少（连续）的程度的逻辑处理方式有关。在这里问题结合起来了。

在过去的二十年里，流行的氛围就是假定分类的逻辑妨碍了（如果不是敌对的话）定量的学科转变，因此，要抛弃分类的逻辑方式。定量科学不仅仅认为自己在没有定性科学或在定性科学之外能够前进，而且更假定认为定量科学——通过程度的逻辑表达——要求事实上废除和积极地摒弃分类的分析方式。在我看来，这是严重的误解。第一个假定对我们实际的行动是简单不真实的假定，因为很明显，如果人们思考一下，在政治领域里，定性科学几乎包括了我们全部的理论。而第二个假定如果实行则是在泥土上建高楼大厦。

为避免我所强调概念的架构（分类或其它）处理方式被怀疑成只是在经验层面之外的特定理论推想，让我用资料（Data）来处理问题。资料是"事实"，就是用我们探究的工具去意识和仔细分析，即通过科学的观测概念。这就如同说资料是信息通过概念容器（conceptual containers）加工和分布。更精确地说，资料是考查概念是如何被事实的探求者定型和定义的聚集和整理。因此，概念不仅仅是思考的工具，而且概念（考查概念）还是概念容器（conceptual containers）。如果是这样，至关重要的问题是：什么使得概念变成有效发现事实的容器？

不用深入研究细枝末节，让我简单指出：基于科学的资料越符合要求,其资料容器(概念)就越是(i)标准化和(ii)赋予最大的区分能力。如果它们没有标准化,信息就不是积累性的。但是,标准化容易弄巧成拙,除非资料容器拥有足够的区分能力,容许有多种使用目的,由此要包括未能预料到的使用目的。如何满足这两种至关重要的要求?问题就难在这里:因为我意识到,除了用分类的方法之外,没有其他方法能同时满足这两种要求。能使得标准化和更有效地解决问题携手前进,当且仅当一般性的分类(概念)依据"种类与差异"被"分解"为互不相干(只能二选一)的类别——正如我们对抽象的阶梯进行系统地下降——这些类别总是变得越来越具体,即赋予更多的属性并由此有更强的区分能力。

因此,除非研究是从一些主干当中分离出来,并回到主干中去,否则,研究是无限浪费的。这个主干一直以来是由分类的逻辑及由此产生的逻辑准则提供的。如果这个准则是松散的并被无准则的分类名录所代替,每一个研究都变成一个利用不同的网抓到不同的鱼的捕鱼探险队。自负的研究者可能对此感到满意,但是留下的知识充满了任意的、混杂的和重叠的研究结果,把这些研究结果集中在一起发现几乎没有增加任何知识。从另一方面来说,我们转到账本的另一边也不可能使情况好转,因为这里我们离开"多种用途的"(omnibus)资料容器,绝望地带来了缺少区分能力。想一下我们分类和变化标准——社会阶级、职业、工业化、识字率、现代化、政治参与、政治动员、整合,等等。可以相当肯定在世界范围内,这些变化是不测量的,是通俗的基础现象,超出了资料收集机构能力之外。现在的要点就是,我们的资料容器越是缺乏区分能力,越多的事实就被错误收集,因而得到错误的信息也更大。

几年以前,有句话说我们理论充足但资料匮乏。今天,也可以同样说,我们理论匮乏但资料具有欺骗性(date cheated)。我曾经说过,资料具有欺骗性是因为我们的资料基础不好。但为什么理论匮乏呢?能把这个指责归咎于相同的原因吗?

我们恢复了从经验到理论的关注,一言以蔽之,问题是我们是否还需要分类的逻辑作为的我们学科的起点，或者说分类的逻辑是否成为障碍而应该抛弃。

这种进退两难必须直接面对。要么我们持只能二选一的处理方式是不能够被绕过的观点，要么我们必须大胆地转换路线，即采用新培根主义者（neo-Baconian）的视角：从资料回到科学。① 这是进退两难的，因为第二步不可能承担建立第一步基础的重任。是什么程度或数量？非常清楚地，我们直到知道测量的东西是什么的时候我们才能测量。多少（how much）这个问题——不管导致我们的结果有多远——仅当事情或事件是同一类别的时候才可以被明智地提问。除非预先假定一个分类的处理方式，否则程度的逻辑将导致非常混乱的结果。

在新培根主义者（neo-Baconian）看来，这些好像是真实的：即资料只是信息、观察的整理、特定的过程和概念容器，因此，"从资料回到科学"这个路线听起来非常像在黏土上增加黏土。完全和新培根主义者非常天真幼稚的认识论不同，问题的事实是（i）增加研究和调查资料的数量，相对应地同样增加这些资料的可比性和累积性（ii）绝大多数便宜和无用的数据来自极为缺乏辨别能力的统计机构。因此，改进资料来源的质量是至关重要的。电脑无法校正分类的重叠与模糊。然而，新培根主义者在事实寻找者应当如何寻找事实这个问题上无话可说。他们显然满足于重新操纵"大量的资料"——只是带来更多同样的混乱。当然，反驳认为，我们现在拥有强大的统计技术，从数据结果，可以结束那些先前必须以概念处理的问题：查明错误并形成或重新形成理论结果。但是，统计控制仅控制变量的使用；多重回归分析没有为我们发现可能的变量——这些变量寻找的目的是为了研究相关性。而且，仅当我们输入到电脑指示器的是相关维度的要素或群集时。简而言之，电脑和

---

① 关于这一点，请参阅 Holt 和 Richardson 富有洞察力的讨论（in Holt and John E. Tumer, eds, *The Methodology of Comparative Resesrch*, New York: Free Press, 1970, pp. 58 – 69），他们讨论了被他们描述为"理论发展的非理论途径"。

统计技术不能代替概念衰退形式所不能提供的东西。①

总之，在我看来，在执行我们计划的时候，我们泼掉了孩子，却把脏水留下。一个分类目录仅仅是分类的一个低劣的替换，程度在没有优先分类之前看起来严密，其实是不严密的。另一方面，分类的局限性可以一直通过转变二分法为连续的属性来校正。然而，对分类的忽视和粗心导致最初的损害依然存在，而且经常通过结果的转化而放大。因此，必须重申一下，我们的理解总是而且必须以"是什么"问题（what is questions）开始。如果这些问题没有通过一个系统地逻辑处理来改善，我们就必定面临两个更糟地境况：用一个糟糕的定量科学来表达一个糟糕的定性科学。

这时，我绝没有想要使得标称（nominal）科学和定量科学之间关系糟糕。恰恰相反，我的意图已经展示了这两个方面必须相互补充。定性科学很大程度上仍然产生于假设，急需的措施不仅是要改进而且要检验这些假设。另一方面，我们必须当心一个精确的测量其实什么也不是，而只是一个人为操作的结果。特别地，测量越是有用和必要，我们就越必须首先辨认问题，勘查情况，设想因果解释，即越要进入到边界清楚的标称科学的定性和假设。单纯的语言打败单纯的数字，带有数字的语言打败单纯的语言。只有在文字理论中，数字才有意义，或者才有更丰富的意义。

政治作为集体化的决策②

让我马上从区分四种决策开始：(a) 个体；(b) 集团；(c) 集体；

---

① 对于这一部分所表达的观点更为宽泛的处理请参阅我在如下这本书中所写的第一章："The Tower of Babel"。G. Sartori, F. Riggs, H. Teune, *Tower of Babel: on the Definition and Analysis of Analysis of Concepts in the Social Science*, Pittsburgh: International Study Association, Occasional Paper, No. 6, 1975, pp. 7 – 37.

② 本部分摘自 Giovanni Sartori, *The Theory of Democracy Revisited*, Chatham, NJ: Chatham House, 1987, pp. 214 – 216.

(d) 集体化。个体决策是每个个体为了自己做出的决策，不管他是内在导向或外在导向的。集团决策意味着决策是通过一个具体的团体做出的。那就是，相互影响的个体面对面有意义地参与制定决策。集体决策难以被精确地定义。一般说来，他们知道决策意味着是"多数"做出的。与集团决定相反（正如我区分说明），集体决策假定一个大的团体（因为规模大）不可能表现得和具体的集团一样。这也必须强调一个集体的决策不应该被集体的偏好所干扰；以前的需求不产生后来的需求，即，决策的结果是有意义地表达了社会的偏好。

我们有集体化的决策，在所有有意义的观念中，集体决策和集体化决策可能与个体决策没有共有属性。甚至于，集体化的决策与其它三种决策非常不同。个体，集团和集体决策的做出都受到决策者偏好的限制。事实上，集体化决策出来的决策适用于，强加于一个全体。不管这个决策是否是一个人，一些人，或很多人做出的。这个定义的标准是不管是谁做出的决策，也不管决策者规模：不管是谁做出决定，这个决定都强加于所有的人。

起初，允许集体化决策的观念是因为声称政治包括集体化决策。指出集体和集体化决策互相符合仅当全体发布的决策与全体接收是一致的。这种一致的宏大理论关系可能发生。然而，随着政治单位的增加，这种可能越来越少。因此，在宏观层面上可以说，政治最终由制定决策组成，这些决策除去每个个体的能力，是一些人为另一些人制定的。这绝不意味着一个集体化的决策也是一个以接收者利益为目的的决策；这是有可能的情况，也可能不一定。决策者仅当他们意识到他们的决定落到每个人的头上时才会为所有人决定。

当然，虽然所有的政治决策都自然是集体化的决策，但不是所有的集体化决策都是政治决策。例如，当我们说到经济权力，我们一而再地提及集体决策，事实上一些人（资本家，公司等）做出决策并强加于工资收入者和广大消费者。不能在集体化决策概念中找到政治权力、经济权力和其他权力之间的区别。更进一步说，他们之间的区别是按等级划分的，这也就是说，集体化决策是政治的，在于（a）至高无上的；

（b）没有出口；（c）惩罚。它们是至高无上的，意味着它们可以否决任何其它准则；没有出口，能伸到划定公民身份的边界；惩罚，意味着它们受法定垄断的力量所限制。

在政治领域，特别是当影响到个人生命和自由时，为什么我们喜欢（在我们地方）别人为我们制定政策？问题的答案已经给了上千遍了，但是再给一个答案也没有什么危害。在自然状态下假设，所有的决策都是个体的决策。另一方面，任何集体组织都要服从集体化的规则，至少意识到接受集体化的决策（这是组织的条件）。在当代社会，甚至在相同的技术和环境条件下，个体决策与集体化决策各自的界线是非常多样化的。例如，集体化决策在社会主义（共产主义）社会比在非社会主义社会更难度量。不需要详细分析，这些区别的基本原因是意识形态方面的。然而，让我们确信，意识形态因素这个要点是有意义的一种方式。

人们常说，个人主义和集体主义这两种意识形态思想难以克服，因此必须远离。然而，这种处理问题的方式夸大了它们之间的僵局。不论什么时候，集体化的功用和必要性得到合理的论证，称为个人主义的意识形态很大程度上都要受集体化支配。反之则不正确。集体化的意识形态不受制于个人或个体的决策，被视为是个人或个体的决策有内在的罪恶——不仅因为个体主义本身是有害的，而且因为导致产生个人财产、个人资本累积等所有错误。这"两种意识形态"争论仅适用两者之一。这就允许我们去区分集体化决策的"意识形态"和"功用"，并指出除了意识形态教条主义，问题能够而且事实上也是用成本——收益来评估。先前认为集体化决策离开个体选择的理由一般都被认为与技术决定论以及现代社会需要服务和集体的好处有关。然而，在一些情况下，一个给定的决策领域（教育，住房，运输，公用事业等）是否有利于集体化仍未知，因为这些决策成本至少没有在最后以累积效应形式补偿。因此，这就不仅有用而且有必要去问：一个集体化决策什么时候是必要或是方便的？进一步和相关的问题是：应该如何进行集体化决策？

模式是什么?[①]

模式是什么？这个问题在科学哲学著作中研究，通过方法论者阐述的这些要求一般都被政治科学家所忽视，我们可能认为我们自己可以决定我们的用意是什么。但是，我们的用意是什么？在他的调查"共产主义研究中的模型适用"研究中，阿尔蒙德（Almond）指出术语"一般使用来解释思想建构"。[②] 但是了除了一些基本可以看得到摸得着的术语，绝大多数思想建构在或多或少的程度上是解释性的。阿尔蒙德还认为模式"必须和现实相匹配""模式匹配过程就是在获得型塑现实的方法"[③]。但是，很少有思想建构（除看不见的灵魂和上帝）不是和现实匹配的。更进一步来说，为什么要"型塑"现实？这里的问题是这是结构，而不是形状。无论如何，我们应该关注那些我们可能不能够定义但仍然可以理解的，然后，让我们来看那些能够实际理解的。

在对文献的回顾当中，阿尔蒙德区分了模式和框架。在他看来，"极权主义，共产主义体系的发展理论，多元主义，利益集团理论，官僚政治和委托—代理，适用于解释模式。"然而，他继续写道："共产主义研究也受到理论框架的影响，比如结构—功能主义，决策过程理论，现代化理论"。[④] 为什么首先是模式然后才是框架？区别是什么？如果是模式和框架的区别带来了不同，这不能在上文中得到推论。

可能的反驳就是，"谁关注？"我们实际上做了什么，在实践中"使用模式概念是相对清晰的。利益集团来解释苏联或中国政治就是通过某

[①] 本部分摘自 Giovanni Sartori, "Totalitarianism, Model Mania, and Learning from Error," *Journal of Theoretical Politics*, Vol. 5, No. 1, 1993, pp. 5 – 22.

[②] Almond, G, *A Discipline Divided: Schools and Sects in Political Science*, Newbury Park, CA: Sage, 1990, p. 67.

[③] Ibid.

[④] Ibid., 67 – 68.

种方法定义集团的行为和相互作用寻求解释政治过程和政治产出"。① 但是，这种定义不是模式概念实际上的使用。这种方式完全丢失了"模式"包括最重要的解释的要求。不管是谁提出一个模式，宣布"我已经找到了！"，我们都非常高兴。模式是一个重要的恰好的语言，因为这不是一个普通思想建构：这是一把钥匙———一把解开至今还关闭着的大门的钥匙。模式比一般的概念和简单的变量要更有用：模式除去面纱，穿越大雾，破译密码。然而，为了得到这么一把钥匙，我们必须知道怎样去制作钥匙；为了制作一把钥匙，我们必须知道这个钥匙是什么。到目前为止，我们还一直在口头自夸。我们自夸有一个线索，一个决定性的线索；但是，我们没有关于那些线索可能是什么的线索。

因此，什么是模式？这个问题无法绕过。让我从另一种结果来提供另一种尝试。假设模式是站立在概念当中，就像大象站立在一般动物当中一样，当我们看见大象的时候，我们可以识别大象吗？假设我们可以看到，问题是：对于模式来说，是否有一种结构大家都毫无疑问地认识到呢？一样的，"组织类比"可能是一个模式结构。一般都承认，理性选择理论依赖于模式，然后我们有资格谈起博弈理论模式。最后，我认为唐斯的竞争政党模式有资格作为模式的地位。虽然有些先前说法认为大象比其他动物要大，但是，甚至小的大象仍然可能被识别为大象。

显而易见，（恰当）模式是存在的。如果我们记住这些模式的"模式"，我们可以从确切的感受开始并远离荒谬。开始——然后接着汉普尔（Hempel）的基础区分——所有我们的定义例子都与"理论术语"有关，与考查术语无关。当然，不是所有的理论术语都是模式。为了确保模式达到宣称的目的，就像我说的，模式必须提供一个密码钥匙：使潜在的"神经"、骨架、结构，或者一些相互作用（机制）显示出来。

---

① Almond, G, *A Discipline Divided: Schools and Sects in Political Science*, Newbury Park, CA: Sage, 1990, p.68.

允许我在此打住，因为我关注的只是确保我们能够区分模式和其他拥有一点合理恰当的结构。概念都是平等的，但它们不是都相似。如果我们寻找一个老鹰（高位概念），我不在鹦鹉中寻找。一个理论术语不是一个观察（经验）术语；一个模式不是一个框架，不是一种方法，也不是仅仅聚集；一个类型学的结构不是一个分类的结构。这些没有"显著"的差别，但结果却有显著的差别。如果模式是一个不当的模式（如为了更加专业），然后就导致误解。模式冗长是有危害的。因此，实质上非常必要去建立——在手头重提问题——不是极权主义，也不是任何的"后继概念"，而是模式。如果一个人有了模式，对他或她来说是个好事，然后告诉我这个模式是什么。

（译者单位：清华大学社会科学学院政治学系）

极权主义、模式癖与从错误中学习[*]

［意］乔万尼·萨托利　著

欧阳景根　编译

　　知识特别是通过承认错误实现增长的。不过政治科学几乎没有坚持这一法则（rule）。数十年来，这一行业很少展示出自我批评的风气。我们的自我感觉往往是，我们总在向前进步，即使只是在缓慢地、非直线地进步。但是，我们是这样吗？

　　就以苏联与共产主义研究为例。我认为，我们不能因为没有预见到苏联（res Sovietica）爆炸（implosion）的时间、突然性和规模，就遭到指责。不过，当我们回首最近30年的苏联研究，就会发现，我们似乎一直都在犯严重错误。第一个错误显然是，在比较研究中，我们丧失了关注的焦点和研究的均衡。苏联研究（可以确定的是，其他的地区研究也一样）成为了"一个孤零零的研究领域"（separate table）。这一错误现在遭到了事物力量的抵消。苏联研究已经失去了自己的对象。然而，比较政治中引入或重新引入苏联研究，这"将要求我们全面反思那些指引了1970和1980年代这一领域研究的概念与理论工具"（Motyl，1992：

---

[*] 原文出处：Giovanni Sartori，"Totalitarianism, Model Mania and Learning from Error，" *Journal of Theoretical Politics*，Vol.5，No.1，1993，pp.5–22.

303)。我认为,这项反思转而又要求我们评估一下,长期以来,我们的概念和理论工具犯下了多大程度的错误。而极权主义(totalitarianism)是最能说明问题的绝佳案例。因为极权主义很好地说明了对一个概念进行的能够想象到的全部错误处理。

其一,它已经被看成为一种"模式"——这是对重要结果的一种错误夸大。其二,对它的抛弃几乎就是对谬误推理——这是一种不根据前提或事实来进行推断的命题或推论(non sequiturs)之极坏的混合体——的抛弃。另一方面,极权主义所享有的关注焦点的地位几乎不可能受到挑战,因为它是"共产主义研究中唯一内在产生的模式"①(Almond,1990:100)。

可以确定的是,目前和今后都将按"后……"的形式来使用这一概念:后极权主义的事态。不过,无论谁忘记了一个极权国家"去极权化"(detotalization)的背景,都不能充分体会到某些困难,这些困难曾经困扰了,并且将继续困扰从这一废墟中脱胎而出的新国家。另一方面,"去极权化"曾经是,并且现在也是沿着极为不同的道路发生的。东欧和苏联的极权状态已经迅速崩溃;但越南和中华人民共和国仍然是非多元化的、非自由化的、到目前为止仍没有回头的政治实体。当前中国究竟是半极权主义、准极权主义或者后极权主义,还是其他别的什么?最好先确定我们正在谈论的是什么(在极权主义的名义下)。如果极权主义被看成为一个理想类型和/或一个极性类型(polar type),那么,它就不是一个被想当然地认为存在的实体。因此,也就不能基于它不再存在而宣布它的死亡。

我将首先阐明导致极权主义这一概念被摒弃的糟糕逻辑。接着,我提议对模式概念详加审视,并揭示"模式热"实是一种误导性的追求。在这些前提基础上,从而表明,在对这个现实世界进行解读方面,我们似曾忘记的那些规范的研究方式和手段,要远胜于随后产生的所有"模

---

① 历史地看,这一论断是不正确的,因为这一概念源自于法西斯主义。但我认为,阿尔蒙德只是为了理解共产主义才会处理其中心地位的。

式化解读"（model readings）。

致命缺陷

首先，过早地抛弃极权主义（指概念）——在最近30年以来——使得极权主义实际瓦解的方式、时序和速度变得模糊起来。因此，当极权主义（指事物）真正死亡，结果就是苏联学家没有合适的工具来收拾残局，变成了"绝对真空"（total vacuum）状态。促使这一不完善概念遭到抛弃的原因可以综合为以下八点：

（a）模糊性。正如梅耶（Meyer）指出的，"一个证明了拥有多种含意的术语应该遭到摒弃"（Meyer，1965：471）。不过，按照这一标准，这一政治学词汇就是无限期的（termless）。

（b）冷战。正如斯皮罗（H. J. Spiro）和本雅明·巴伯（Benjamin Barber）所表述的，"作为冷战期间充当美国反意识形态基石的一个本质主义概念，极权主义已经使得它作为一个解释范畴可能具有的任何功用变得毫无价值"（Spiro，Barber，1970：21）。不过，这种批评思路是以火攻火。极权主义作为一种"反意识形态"，事实上遭到了其质疑者的"反意识形态"的反击。

（c）残余的同一性。梅耶还认为（Meyer，1969：197-198），极权主义是一个"剩余范畴"，而且"剩余范畴提供虚假的同一性概念，而实际上它们是异质性的"。这两个观点都是错误的。极权主义未必是一个剩余范畴，而且就算是，剩余范畴也完全允许广泛的异质性存在。

（d）唯一性。梅耶更进一步的批评是，极权主义概念"意味着，我们运用这一术语于其上的体制是独一无二的"，而且"独一无二的概念……掩盖了西方世界不可胜数的这类体制的前身"（Meyer，1969：198）。假定我研究18世纪的仁慈专制（benevolent despot）。"波斯专制主义"这一前身将以何种方式影响我的观点？

（e）糟糕的分辨力。斯基林（Skilling）认为，"冷战的压力强化了对极权主义概念的使用,造成了一种'非此即彼'的思维定势……往往还模糊了极权主义范畴的内部差异"(Skilling,1966:436-437)。事情很可能就是如此。但要点在于,"极权主义"本身并不用为此承担任何责任。

(f)比较障碍。斯基林同样指出,极权主义概念还往往模糊了"包括苏联在内的所有政治体系的共同特征"。"比较政治与苏联研究之间的鸿沟已经扩大",而实际上,现在的事实就是这样。鸿沟是由过度的专业化和忽视造成的,是由"没有打开视野"(without windows)、而是使自己痴迷于苏联或仅仅专注于美国的作者造成的。

(g)陈旧过时。这里的指责是,尽管极权主义最初是一个有用概念,但在纳粹主义消失和共产主义变得高度多样化(以及不再有斯大林主义)后,它就丧失了自身的功效。是的,但充其量只能说,"极权主义"仍然是一个没有具体实例的箱子。抛弃这一范畴的理由,并不比抛弃无政府主义或封建主义更为充分(这两个概念确实是空箱子,但仍然是十分有用的参数)。

(h)静态偏见。在查尔默斯·约翰逊(当然还有其他人)看来,"一个依赖极权主义模式的社会科学家……将发现难以阐述'极权主义体制如何发展和变化'的问题,因为这一模式的定理就是答案:即,它们不会发生变化,至少在纳粹和斯大林主义的体制形式中不会变化"(Chalmers Johnson,1970:2)。但这些观点都是没有理由的。弗里德里希和布热津斯基(Friedrich and Brzezinski)在1965年时就指出,"我们不能预设极权主义社会僵化不动,恰恰相反,它们经历了并还在经历稳定的演化,这既包括增长,也包括恶化"(p.18)。

何谓"模式"

何谓模式?这是一个科学哲学著作研究的问题——不过,方法论学者提出的要求总体上遭到了政治科学家的忽视①。我们不妨认为，我们自己有权决定我们所指的是什么意思。阿尔蒙德在"共产主义研究中的模式适用"一文中表明，这一术语"一般用来指解释性的精神构造物（mental construct）"。他还指出，"模式必须与事实相匹配"，模式的匹配过程是"发现事实之特有形状的方式"（Almond, 1990：67）。但是，为什么是事实之"特有形状"（shape）？在这方面，重要的是事物的结构，而非特有形状。即使情况就是这样，我们也应该承认，我们不能界定了某一事物，可是又去理解它。我们不妨观察一下实际的理解过程（understanding）。

在对文献进行综述时，阿尔蒙德在模式与框架之间做出了区分。根据他的解释，"极权主义，共产主义体制的发展理论，以及根据多元主义、利益集团理论、官僚政治和庇护关系等的各种处理，都是'解释模式'（explanatory models）的应用"；不过，他也指出，"共产主义研究还受到诸如结构功能主义、决策过程理论、现代化理论等理论框架的影响"（pp. 67-68）。为什么前者是模式而后者是框架？比如说，为什么发展理论是一个模式，而现代化理论是一个框架？差别是什么？

也许，对此的反驳是"谁在乎呢"？重要的是，我们实际上做了什么。"对苏联或中国政治的利益集团解释，试图根据团体——而团体又是以某种方式界定的——的行为与互动来说明它们的政治过程与输出"（Almond, 1990：68）。不过，这绝对不是模式概念的实际使用情况。这种解释完全没有领会到，"模式"象征着一种压倒一切的解释主张。模式是我们的"我找到了"（eureka）；模式之所以是一个受到珍视的词汇，恰恰是因为它并非一个普普通通的精神构造物：它是一把钥匙——是一把打开迄今为止仍然密闭的大门的钥匙。模式比普通概念和低级变量都做得更多。然而，为了掌握钥匙，我们就必须知道如何制作钥匙；而为了制作钥匙，我们就必须知道钥匙是什么。

---

① 梅·布罗德贝克（May Brodbeck）认为，第一个要求是"结构上的同形性"：即模式以及它所代表的必须具有"相同的形式（结构）"。比之程度更低的要求是，"模式"要与"普遍性的规律"相联系（例如，Moe, 1979）。Bruschi（1971）做出了总体评价。

因此，何谓模式的问题就不可避免了。假定一个模式立于概念之间，总体上就像一头大象立于一群动物之间。当我们看到大象时，我们能认出它来吗？假定我们能把它识别出来，并把问题改为：是否存在什么构造物，我们都无可争议地把它识别为一个模式？是的。比如，"均衡"（equilibrium）就当然是一种模式。类似地，伊斯顿（Easton）的"系统"（system）也确实提供了一种系统模式。最后，我认为，唐斯的政党竞争模式也称得上是模式。尽管前面提到的大象要比其他动物大得多，但即使是更小的小象也可以认出是一头象。

因此显然，（恰当的）模式确实存在。而且，根据汉普尔的基本区分（Hempel，1965：173ff），我们的所有例子都对准"理论术语"（theoretical terms），而非对准观察性术语（observational terms）。不过当然，并非所有理论术语都是模式。模式要求能提供一把破解的钥匙：揭示和阐明事物的基础性的"叶脉"、骨架、结构或相互作用（机制）①。

打住一下，我关注的只是能够在模式与其他构造物之间做出区分。概念都一样是概念，但它们并非都类似。一个理论术语并不等于是一个观察性（经验性）术语；一个模式并非一个框架，不是一种取向（approach），也不是纯粹的关注焦点；一个类型学上的构造物（typological construct）并不是一个纲目（class）式的构造物②。这些并不是"名称性的"差别，而是会造成严重结果的差别。如果模式是一种用词不当，那么，它就会造成误解。模式用语并非无害，它是有害的。因此，确定一点，即无论是极权主义还是它的任何"承继概念"（successor concepts）都不是模式时，就具有重大意义。

---

① 除此之外，模式还不能变"老"。因多种理由，它们可能被抛弃，并且为不同的或更好的模式所取代。不过，说一个模式陈旧过时，或者说发生的事件说明它已过时，这只是表明，我们并没有正在运用一个（恰当的）模式。

② 尤其是，如果模式只是要设计出一种理想类型（ideal type），那么这种理解就应该得到清楚表述。而后一个概念也必须具备成为模式的资格，对此，我将马上予以论述。

模式路线

对极权主义概念的放弃要求有更好的概念来取而代之。因此,对极权主义和它的以下承继概念进行比较就非常重要:多元主义(更弱形式上的)①;利益集团②;法团主义(更强意义上的)③;组织社会(Rigby, 1964);官僚制度(Meyer, 1965);运动体制(movement regime)(Tucker, 1961);动员体系(mobilization system)(Kautsky, 1973)——以及其他更多概念④。

想当然地认为极权主义不可进行比较处理是不对的。而假定比较就是"求同"(to assimilate)则更加错误;⑤ 因为这一假设——被推行到了足以制造出不合理的"看起来相似"(look alikes)⑥之程度——主要取决于杂乱不堪、过度延伸的概念。⑦ 另一方面,极为必要的是,质问一下上述所有概念,是在哪一方面适合于或不适合于共产主义体系,这

---

① 很少怀疑,这是它的一个核心"承继概念"。苏联研究中的一个类似多元主义的阐释者是 Hough(1969 and 1977)。

② 请参阅 Gordon Skilling(1966)and Skilling and Griffiths(1971)。在回应对他的批评时,他回答说,"并没有说利益集团是苏联政体中最有意义的特征"(1983:5)。如果是这样的话,那么就没有模式了。

③ V. Bunce and J. M. Echols(1980)提出了一种修正的"法团主义模式"。在他们的论述中,"法团主义"是一个比"多元主义"更好的关注焦点——而且我也对此深表同意。

④ 阿尔蒙德把庇护模式(patron-client model)(1990:92-97)也加了进来;Ronald Amann(1986)暗示了诸如"国家资本主义"和"发展主义"等模式。Zwick(1991:461, 464)对近期的模式热进行了解释,并加剧了这一模式热潮。关于过时的模式,他提到了新传统主义和"非理论性的克里姆林官学"(atheoretical Kremlinology)这个非理论化的模式,并且,他还提出了一种新模式:戴高乐模式(The Gaullist model)。

⑤ 需要强调一点,这种观点是对比较方法的严重误解。比较既是求同,也包括求异(to differentiate),二者同样重要(请参阅 Sartori, 1991)。

⑥ 多元主义和利益集团尤其是这样,把这两个起源于西方的概念加于苏联之上,导致了强烈的西方中心主义的"求同"。

⑦ 关于概念延伸请参阅 Sartori(1970)。注意一点,这种削弱要么源于概念的投射,要么源于中间点的扩张。例如,对官僚制度和组织的集中关注,导致了东西方在通行的中间观点上聚合趋同。

种适合或不适合又到了何种程度。因此，要是多元主义、利益集团等概念过去被正常地理解为一个多元整体之纯粹和简单的变量，那么它们就会巧妙地改变整个图景。但是，如果每一种元素独自都过度发展为一种模式，那么我们拥有的解围法宝就终将变成解围之障碍了。

我们知道，模式是好东西，因为它们被认为是破解问题的钥匙。而且如果你提供一把管用的钥匙，你同样必须假定排斥性。一个模式声称具有发现真理的优势这种主张，使它具有了充分和直接适用的资格。一个模式如何渐渐得到运用？如果它真是一个模式，那么，它就不能。①因此，随后发生的事情就是，当极权主义的这些承继概念横扫整个苏联研究领域时，它们几乎在一夜之间就彻底颠覆了对共产主义政权的国家中心解释。"'国家'从研究中被清除出去了，共产党被改造成了社会利益的整合者，社会也被赋予高于国家与共产党的优先性"（Motyl, 1992：304）。当我们今天重新回到极权主义的这些承继概念时，它们传递出的信息要旨是，1989—1991年的历史性的塌陷不可能发生，也没有理由发生；因为事实上，改革已经发生。

阿尔蒙德表示，使用一组模式（battery of models）要好于只使用单一模式；"多模式理论取向"（the multimodel theoretical approach）能够带来更为确切的解释（1990：104、105）。作为一个实践建议，他是正确的。不过，这一建议将把局面引向死路。如果我们停下来反思一下，就会发现，多模式取向其实是一种语词矛盾（contradictio in adiecto）。如果我使用均衡模式，我就不能说我只使用一半。如果我只使用一半，那就说明我发明了另一个模式。因此说我们采用多模式取向，实际上就是说我们没有模式。我认为，模范学者应该恰当而又吝啬地使用"模式"。

---

① 这并非内在缺陷，因为真正的模式通常是动态的和过程模式。不过伪模式就缺乏这种美德。

类型学路线

在得到不当（和有害）提升之前，极权主义是一个类型学上的构造物。作为一种类型，极权主义要么能纳入总体分类（overall classification）和/或政治体系的类型学之中，要么把它作为一种理想类型、一种提炼类型（an extracted type）或一种极性类型加以孤立对待（当然是相对孤立地）。

在第一种情况下，极权主义纳入到了独裁（dictatorship）的一般理论中，并且允许我们把独裁这种"属"（genus）细分为三个物种：极权主义、威权主义（authoritarian）和简单（simple）独裁。① 在这种情况下，方法论的观点是，三种类型要好于两种类型。确实，如果我们抛弃极权主义，我们就不得不把现实世界中的所有独裁案例归为威权体制和简单独裁这两类。这转而又意味着，我们的类别将比以前放置更多异质性的伙伴。② 原则上，类别越多越好。

另外一种可能性是，把极权主义当作韦伯的理想类型，或当作一种经验类型，或作为一种极化类型，进行某种程度的孤立处理。"新教伦理"完全不能等同于官僚制的"合理—合法"类型：前者本身就能成立，而后者只能归入理想类型的其中一种形态。在任何情况下，韦伯的心里都没有想到"经验类型"；他的心里只有"纯粹的"组织概念。反之，提炼类型是来源于经验的，并要求整合其所指对象的常见特征。最后，极性类型是连续谱的一个极端，它假想了处于极端形式的对立的另一极。因此，如果假定现实世界中的所有案例都可距离不等地置于极权

---

① 这种三分法是由 Neumann（1957）提出的。Linz（1975）对极权主义和威权主义的区分堪称典范。理查德·金伯（Richard Kimber）认为，"威权主义"是一个比"独裁"更好的一般范畴。因此人们可以在极权体制、威权体制和简单独裁之间做出区分。

② 比如说，中国和越南就不得不重新归类为威权体制。纵向地看，这将把中国和（比如）佛朗哥（Franco）时期的西班牙归为一类。这是多么的不匹配。

主义—民主这一连续谱的两极之间，极权主义就可以被理解成民主的对立物。①

一个模式能够取代一种类型学吗？答案是绝对不能。我相信，我现在提议进行的纯粹而又简单的概念分析，将会表明，纯粹和简单的逻辑能做多少。我要说的是，没有了制造奇迹的模式，生活仍然还在继续。

附　录

分析的情况

我首先从独裁的一般类型学开始，这种类型学承认极权主义是它的一种类型（亚类型）。表1列出了一些特征，它们提出了把具体案例分配到我们的类型中去的恰当标准。不过，是什么使得某一特征成为对案例进行分类的一项标准？我又为何拥有我所拥有的标准？回答是，我挑选出一些特征（特性或属性）作为标准，而这些特征能把独裁连续谱上的图式化的差异（patterned variance）展示出来。反之，这也即是说，那些不全则无的特征（all-or-nothing），并不是好的分类标准。

表中所示的标准也是决定性的特征（defining characteristics）吗？在任何情况下，回答都不是：它们并没有被假定为决定性的（有些可能是，而有一些则可能不是），相反，它们是核心特征（central characteristics）。比如说鸟，"飞行能力"当然是一个核心特征，却并非决定性特征（火鸡是鸟但不能飞，而蝙蝠是哺乳动物却能飞翔）。决定性特征规定了一个概念包括什么和不包括什么：它们标明了一个概念不再适用的边界和分界点（请参阅 Sartori, 1984: esp. 55 - 56）。相反，核心特征是指内涵上的重要特征。另一个差异是，决定性特征是必须具备的特征（它

---

①　为了论述的简便，我承认，极权主义"可以"被理解成民主的对立面。但请参阅 Sartori (1987, ch. 7)，在那里，我对极权主义的理想类型和极性类型进行了更广泛的探讨。

表 1　独裁类型及其标准

标准	极权主义	威权主义	简单独裁
（1）意识形态	强大的，极权主义的	更弱的，非极权主义的	微不足道的、弱小的
（2）渗透、弥散性	广泛的、全面的	适度的	无
（3）强制、汲取、动员	高	中间水平	中下水平
（4）次级团体的独立性	无	仅限于非政治团体	允许，但有例外
（5）政策 VS 外围团体	破坏性的	排斥性的	吸收性的
（6）任意专断性	不受约束	在可预见的范围内	无规律
（7）政党集中化	基本条件	有作用	最弱，或者没有

们必定总是存在），而核心特征可能是与生俱来的，也可能是偶然性的特征。因此，表 1 并不打算提供决定性特征。应该得到充分理解的另一点是，这七个标准绝不意味着它们穷尽了全部核心特征。①

随着打开表 1，我们就可以看到一些附加特征，而不管它们是否能充当标准。这是因为我们正在寻找更为清晰、更加确切的概念。我们的目的是要顺着抽象阶梯（ladder of abstraction）② 下滑，并且停居于"中程理论"层次，在这一层次上，理论能够把经验发现整合进来，相反，经验发现也获得了理论意义。

（1）意识形态。显然，这是最先需要分解的概念。最初人们把"意识形态"分解为三个构成要素：第一点：一个类似宗教的信仰系统；第二点：一套对世界的实质性解释，和第三点：一套格式塔心理学（Gestalt）和心理形式（forma mentis）。关于第一点，它关注的是世界末日论（eschatological）和千禧年主义（chilialist）的要素，不过，千禧年的消失和有关方面并不重要，重要的是第二点：作为对世界的官方解释的

---

① 在《社会科学概念》（Sartori ed., 1984）一书中，贯穿全书的建议是，收集足够数量的定义，随后就可以从中推断出所分析概念的特征。表 1 和表 2 中的条目遵循的就是这一经验法则。

② 我要感谢 David Collier and J. E. Mahon（1992），在此书中，他们重新阐发了抽象阶梯这一概念。

马克思主义。在我看来，如果一个人接受了马克思主义的教育，并且对其他领域一无所知，那么，这个人仍然是一位马克思主义者，即使只是低水平地被动地或冷淡地涉及。关于第三点，起作用的因素是人们信仰（官方信仰）的基础，这些要素包括：它们是开放的心理还是封闭的心理，是脱离实际的、教条主义的取向还是实用的问题解决取向，以及康沃斯（Converse，1964）的关联约束（linkage-constraint）（即，如果你相信这点，那你就必须相信那点），等等。总的要旨是，心理形式有其自己的生命力，不能假定它会随着实际方面的变化而自动消失。此外需要注意的是，在对意识形态因素进行评价时，影响力和/或信仰强度的减弱，既不是意识形态的"终结"，也不能说它本身在向不同心理形式进行转换。

（2）渗透、弥散性。这是一组极为简单的特征，它的目标是，市民社会被置于国家的包围之中，公域和私域之间的界线彻底消失，并将一切事物政治化。正如托洛茨基（Trotsky）指出，斯大林可能会这样说，"这是我的天下"。墨索里尼也会这样说（一切都属于国家，没有什么不在国家掌控之中，也没有什么事物能反对国家）。

（3）强制、汲取和动员。动员能力可能由组织强度或意识形态的热情所引起。反之，汲取也更有可能起因于强制和恐惧（fear）；不过，意识形态的作用可能再一次成为关键因素。在强制方面，首先需要注意的是，权力的集中（concentration of power）（没有分割的权力）不应该混同于中央集权（centralization）。使得独裁政权的强制能力与众不同的是，法律强制既已被法律之外的手段所支配，也因它而得到加强。

早期的文献经常提到"恐怖主义的警察体制"，并普遍把它视为极权主义的一个构成性特征。现在看来，它已不再是决定性或必要的特征。当极权主义控制日常化，恐怖（terror）就变为多余的。与成熟的极权主义政权相比，简单独裁政权（一人的暴政）可能更为需要秘密、恐怖的警察控制。当我们从古到今地扫描一遍专制体制，就会发现，恐惧（fear）一直是所有独裁类型的核心特点。因此，我要把独裁体制的强制描述为"警察基础上的控制"。

(4) 次级团体的独立性和 (5) 政策 VS 外围团体。显然，这两方面是联系在一起的，但也不会完全重叠。当我们开始解剖它时，我们就会看到一系列次级团体（传媒集团、教育机构、知识分子）和次级系统（司法机构、官僚机构、军队、教会、利益集团和工会组织）。司法部门拥有的按自己意愿行事的程度，会影响到任意性、恐惧，以及不确定性与不可预见性的相关特点；军队是否获得次级团体的独立性是一个关键因素。在此，为了评估外表后面的裂缝，我们尤其需要仔细审视。越是有更多的次级团体和/或次级系统获得了越大的自主性，裂缝就会越深，也越致命。同样，对次级团体独立性进行破坏的政策越不成功，一个独裁政权也就越不具备极权主义的资格。可以确定的是，某些次级系统比其他次级系统更为关键。但无论如何，经验法则是，一个独裁政权的政策目标越是指向破坏外围团体的独立性，并且越是取得成功，也就越具有"极权"色彩。

(6) 任意专断。这一要素最好是理解为法治的对立物。我们由法律统治得越少，并且由凌驾于法律之上的人统治得越多，任意专断性也就越强。这一要素包括三个方面：第一，权力拥有者的权力有多么的绝对（即不受限制）；第二，恐惧多大程度地转变成恐怖（深夜的敲门，人员的无故失踪），反之亦然；第三，警察国家的程度。

(7) 政党集中化。此处的假设是，一党制只对极权主义的制度安排来说才不可或缺。当南斯拉夫把它的政党降格为一个联盟（league）时，它也就不再是极权国家了。当佛朗哥冻结他的长枪党（Falange）时，他的威权统治也就演化成简单独裁。另一方面，党是极权体制渗透能力、弥散性和动员能力之必不可少的工具。在现代社会，一个没有政党的政治体，而非一党制政体，是不可能成为极权主义的。当然，严格的一党制并非必要条件。

这一解析详细说明了独裁体制的总体特征。现在，我们不妨从这个解析中引伸出一套"中层"（medium level）变量。（这些变量是非技术意义上的属性变量，并假定它们从最高强度到最低强度发生变化，而非指可以度量意义上的变量。）以一份变量清单的（表2）形式来说明这个特征整体，这是方便的，变量的差异将根据印象以加号来表示。

表2 特征差异一览表

		1950	1985	1989
1a	意识形态——宗教			
1b	作为主义的意识形态（比如，马克思主义）			
1c	意识形态——心理			
2a	渗透（实际的）			
2b	弥散性（潜在的）			
3a	通过恐怖实现强制			
3b	通过恐惧实现强制			
3c	汲取能力			
3d	动员能力			
4a	对教育的依附进行控制			
4b	媒体的依附			
4c	教会的依附			
4d	司法部门的依附			
4e	其他依附			
5a	破坏外围团体			
5b	排斥外围团体			
6	任意专断			
7	政党集中性			
8	对经济的控制			

每列的分值可以表示为：＋＋＋＝非常强大的存在（高强度）；＋＋＝强大存在；＋＝虚弱强度（存在）；0＝不存在；-＝趋势逆转

可以确定的是，就对单一国家的叙述而言，表2中的这些变量仍然过于抽象。随着叙述的展开，需要更精细、更确切的低层次范畴。[1] 即便如此，这份清单还是提供了叙述藉以系统地组织起来的标示牌，而且，它还总体上要求国别研究专家在心中完整地保存这一图景。国别研

---

[1] 应该牢记一点，我的表格含蓄地指向苏联。当我们进一步把它适用于单一国家，比如指向中国，显然，至少某些条目需要不同的表述。不过，技术操作完全一样。汉学也迟早需要改进。

究通常通过对某个要素子集夸大其词而简单地忽略其他子集的方式,来选择对他们有利的案例。因此,如果必须涵盖这份清单中的所有条目,那么,"通过删除不合适的要素来确证论点"就不再那么容易了。

不过,表2中的条目8,即对经济的控制仍然需要解释。① 当经济体制以市场为基础,并因而在很大程度上是一个自主的次级系统时,权力集中就仅局限于政治领域。在中央计划经济中,权力集中包括政治和经济两个方面,因此,国家的强制能力包括"通过饥饿来发号施令"。我之所以一开始没有提出这一特征,有两个原因:第一,非市场的计划经济并不是一个必要的决定性特征。第二,(如表1所示)它也不是一个分配标准(allocative criterion)。非市场中央计划经济假定只存在于极权体制国家:很难想象在威权体制内,它具有可行性。而方法论的理由在于,一个核心属性可能并不是决定性属性,而且尽管一些特征会得到不同程度的体现,并且假定会连续不断地发生改变,但其他特征最好是非连续地去对待。②

现在,让我们回到比较优势。首先,显而易见,如果我们的清单拿到所有独裁国家中逐个进行评价,那么接下来更为需要的就是,对今日的独裁体制是多大程度的极权主义、多大程度的威权主义、又是多大程度的"简单独裁",进行真正的比较评估。而且如果每隔一段时间又系统地重复这种考察,那么我们就能对变化情况进行评估。确切的是,它们并没有对变化提供解释(因果类型的解释)。不过,这并不表明表2中的特征网格不能用来预言。恰恰相反,我认为,这一特征网格确实能够促进设想的构思。这是因为,我们的特征事实上是以这种方式汇聚一起的,那就是,在一个变量上的变化,"预示着"其他变量的变化。既然复杂系统的各要素从来都不是同时变化,那么,在时间点A发生的事情,就会投射到未来的时间点B上。

---

① 可以确定的是,对经济的控制(中央计划)也会影响经济绩效。我之所以没有阐述,是因为我的设计仅仅局限于政治特点。

② 我在这里的基础假定是,市场VS非市场之间,并不存在一种折衷解决办法(请参见Sartori, 1987: 399 – 425)。

为了举例证明，我们重新回到表1。情况显然是这样，意识形态的衰弱，特别是准宗教狂热性的下降，必然会影响到汲取和动员能力。至少长远看来，它可能会体现在对外围集团采取从破坏性政策到排斥性政策再到吸收性政策的变化上。我再简单提一下，一般来说，"好"的分类框架确实能暗示系统性的倾向，并且确实能产生可预见的预期。

最后一点，我怎么就从来没有对极权主义加以明确界定呢？原因是，为了实现眼前的目的，重要的是界定的构成因素，而非界定本身。一种极权主义的定义可能是要么提供了决定性的特征，要么是提供核心特征，也或者是二者兼备。在第一种情况下，我们确定这一概念的适用范围，即概念的外延：包括什么和排斥什么。然而，我们需要记住，必要属性（决定性特征）未必是核心特征。因此，在一个定义中，我们可能对什么最为重要更感兴趣，并更为关注内涵而非外延（请参阅 Sartori，1984：27–35）。我自己偏向于同时提供外延方面和内涵方面的定义。不过，二者能够很好地整合为一。①

结论

从错误中学习之活动，实际上受益于其研究对象的死亡。我之所以精心选择苏联学家对极权主义的处理，是因为它的躯体已经准备好接受检查。不过，苏联学家并非唯一的种群：他们与政治科学家总体上接受了相同的培训。他们所犯的错误也是其他学者的错误。

我曾经认为，苏联学家是可怜的比较学家。我在其他地方还曾经指出（Sartori，1991），多数政治学同行从来没有在任何事物之间进行比较，也从来没有抛弃共同的参数和尺度。是这整个行业听从了糟糕的建议，傲慢地抛弃了我曾经强调的那种分类学分析。最终，我们都错误地

---

① 比如，布热津斯基在私人通信中就写道，"如果我重新写一部关于极权主义的著作，我就主张，极权主义的两个决定性维度是强制＋意识形态。正是二者的极度结合造就了这一体制的其他特点。制度化的强制起源于意识形态基础上的社会设计（social engineering），它从那里获得正当性，并且为它服务。通过这种制度化强制，极权主义把社会忠诚与完全的个人服从之动力激发出来了。强制＋意识形态＝社会设计，在一定程度上，这种二元性的强度是传统独裁体制所不具备的。"

听任方法论遭受统计学的淹没，错误地听任概念为变量所侵吞，错误地听任逻辑分析莫名其妙地销声匿迹。罗素（Bertrand Russell）曾经写道，"有很多人，让他们思考一下还不如让他们去死"。我们不妨确信，与其让我们死，还不如回过头去进行思考。

（译者单位：中共河北省委党校）

【参考文献】

Almond, Gabriel, 1990. *A Discipline Divided: Schools and Sects in Political Science.* Newbury Park, CA: Sage.

Amann, Ronald, 1986. "Searching for an Appropriate Concept of Soviet Politics", *British Journal of Political Science* 16 (4) October: 475 – 494.

Brodbeck, May, 1959. "Models, Meaning and Theories", in Neil Harding (ed.) *Symposium on Sociological Theory.* New York: Harper and Row.

Bruschi, Alessandro, 1971. *La Teoria dei Modelli nelle Scienze Sociali.* Bologna: Il Mulino.

Bunce, V. and J. M. Echols, 1980. "Soviet Politics in the Brezhnev Era: 'Pluralism and Corporatism'", in Donald Kelley (ed.) *Soviet Politics in the Brezhnev Era.* New York: Viking.

Collier, David and J. E. Mahon, 1992. "Conceptual 'Stretching' Revisited: Alternative Views of Categories in Comparative Analysis". Paper presented at the COCTA Panel of the 1991 IPSA World Congress of Buenos Aires.

Converse, Philip, 1964. "The Nature of Belief System in Mass Publics", in David Apter (ed.) *Ideology and Discontent.* New York: Free Press of Glencoe.

Friedrich, C. J. and Z. K. Brzezinski, 1965 2nd edn. *Totalitarian Dictatorship and Autocracy.* New York: Praeger (2nd edn).

Hempel, Carl, 1965. *Aspects of Scientific Explanation.* New York: Free Press.

Hough, J. F., 1969. *The Soviet Prefects: The Local Party Organs in Industrial Decision-Making*. MA: Harvard University Press.

Hough, J. F., 1977. "The Soviet System: Petrification or Pluralism?" in Hough (ed.) *The Soviet Union and Social Science Theory*. MA: Harvard University Press.

Johnson, Chalmers (ed.), 1970. *Change in Communist Systems*. CA: Stanford University Press.

Kautsky, John H., 1973. "Comparative Communism Versus Comparative Politics", *Studies in Comparative Communism* 6.

Linz, Juan, 1975. "Totalitarian and Authoritarian Regimes", in Greenstein and Polsby (eds.) *Handbook of Political Science*, vol. III. New York: Addison-Wesley.

Meyer, Alfred G., 1965. *The Soviet Political System*. New York: Random House.

Meyer, Alfred G., 1969. "The Comparative Study of Communist Political Systems", in F. J. Fleron (ed.) 1969, *Communist Studies and the Social Sciences*. IL: Chicago University Press.

Moe, Terry M., 1979. "On the Scientific Status of Rational Models", *American Journal of Political Science* 23 (1) February.

Motyl, Alexander J., 1992. "The End of Sovietology: From Soviet Studies to Post-Soviet Studies", in Motyl (ed.) *The Post-Soviet Nations: Perspectives on the Demise of the USSR*. New York: Columbia University Press.

Neumann, Franz, 1957. *The Democratic and the Authoritarian State*. New York: Free Press.

Rigby, T. H., 1964. "Traditional, Market and Organization Societies", *World Politcs* 16 (6) July.

Sartori, Giovanni, 1970. "Concept Misformation in Comparative Politics", *American Political Science Review* 64 (4) December.

Sartori, Giovanni, 1984. "Guidelines for Concept Analysis", in G. Sartori (ed.) *Social Science Concepts*. Beverly Hills, CA: Sage.

Sartori, Giovanni, 1987. *The Theory of Democracy Revisited*. NJ: Chatham House.

Sartori, Giovanni, 1991. "Comparing and Miscomparing", *Journal of Theoretical Politics* 3 (3): 243 –257.

Skilling, H. Gordon, 1966. "Interest Groups and Communist Politics", *World Politics* 18 (3) April.

Skilling, H. Gordon and franklin Griffiths (eds) 1971. *Interest Groups in Soviet Politics*. NJ: Princeton University Press.

Spiro, H. J. and B. R. Barber, 1970. "Counter-Ideological Uses of 'Totalitarianism'", *Politics and Society* 1 (1) November.

Tucker, Robert C., 1961. "The Question of Totalitarianism", *Slavic Review* 20 (3) October.

Zwick, Peter, 1991. "Perestroika and Soviet Studies", *PS* 24 (3) September.

概念延展新论：比较研究范畴之调整[*]

［美］戴维·科利尔（David Collier）
［美］小詹姆斯·玛宏（James E. Mahon, Jr）　著
邢瑞磊　编译

研究者在分析额外案例时，一般会对其分析模型与假设展开延伸。通常情况下，在新场景中，研究者必须调整分析范畴。乔万尼·萨托利（Giovanni Sartori）对概念"移植"（travelling）与概念"延展"的相关研究，曾指导了比较分析的这一基本任务。然而，萨托利的分析框架所依据的乃是古典分类（Classical categorization）的方法，即根据分类层次（taxonomic hierarchy）确定各种概念之间的关系。依据此类方法，每种范畴都有明晰的边界，其成员具有相同的界定属性。我们通过家族相似性（family resemblance）范畴和辐射型范畴（radial category）两种非传统的范畴类型，检测了萨托利框架所面临的挑战与问题。通过这两种范畴类型的应用，我们发现严格遵循古典范畴类型，研究者可能会过早地舍弃一些概念，或出现调整不当等问题。本文以研究者对民主和威权主义这一相对概念的调整方法为例，讨论解决上述问题的方法。

---

[*] 原文出处：David Collier and James E. Mahon, Jr., "Conceptual 'Stretching' Revisited: Adapting Categories in Comparative Analysis", *The American Political Science Review*, Volume 87, Issue 4 (Dec., 1993), pp. 845–855.

概念延展新论：比较研究范畴之调整

一般而言，稳定的概念和对范畴的共识①，是建立研究共同体的基础。然而，在社会科学领域，范畴通常是模糊的、混乱的，充满了争议性。这一问题主要源自研究者需要不断进行概化（generalization）。也就是说，研究者为了获得更多的知识，一般会把其模型与假设应用于更多的案例，这需要研究者不断调整其范畴，以适用于新的情境。乔万尼·萨托利对概念移植（概念应用在新案例中）和概念延展（当概念不适用于新案例时，导致的意义曲解）问题的研究，正是针对这一问题颇具启发性的工作之一。

看似新的分析和统计方法已经解决了有关概念化的问题。然而，事实并非如此。当下研究者已习惯使用"变量"等相关语言，似乎通过案例研究确立观察与测量有效性的方法，就能够解决该问题。当然，过分强调在不同分析场景中确立等价性的困难，会导致比较研究无法进行下去。萨托利方法的价值就在于提醒了研究者必须注意场景变化所带来的问题，同时也告诉我们不要放弃更广泛意义上的比较分析。

近些年来，随着比较政治学中比较历史分析学派的兴起②，20世纪70年代对威权主义和法团主义的关注，以及80、90年代对民主化问题的研究③，在不同场景中应用范畴的问题再次引发了新的研究兴趣。显然，对这些研究者而言，在广泛的比较研究中那些对场景变化保持敏感性的范畴具有重要的意义。进一步而言，上述一些研究涉及到的历史深度问题再次提醒我们，概念延展问题不仅随着空间的切换（不同案例）

---

① 本文认为概念（concepts）与范畴（categories）的作用相似。这里使用范畴一词，是因为它更直接地指出了边界的问题（本文分析的核心问题），同样也符合莱考夫（Lakoff, 1987）的用法，他的研究是本文的基础。本文多次引用的萨托利的用法则指的是概念，而非范畴。本文并非旨在与萨托利划清界限，仅是因为以此能够更好地达到目的。当然，本文也保留了萨托利的一些特殊用法。例如，概念移植和概念延展。

② 这一学派的创始者包括：本迪克斯（1956,1964），李普塞特与罗坎（1976）和摩尔（1966）。

③ 有关威权主义和法团主义的研究，可参见：Anderson, 1970; Berger, 1981; Collier, 1979; Lembruch and Schmitter, 1982; Linz, 1975; Linz and Stepan, 1978; Malloy, 1977; O'Donnell, 1973; Schmitter, 1971, 1974; Schmitter and Lembruch, 1979; Stepan, 1973, 1978. 有关民主化的研究，可参见：Di Palma 1990; Huntington 1991; O'Donnell, Schimitter and Whitehead 1986; Pastor 1989, 以及新杂志《民主期刊》。

而出现,也会随着时间的推移而出现在案例本身之内。因此,理解概念移植问题的实质,而不是讨论概念延展的缺点,就显得更为重要。

本文将探讨当用于新案例时范畴变化的方式,以及是否应该发生变化的问题。萨托利的原初框架是建立在古典分类法的假设基础之上的,即:依据范畴的普遍化顺序的分类等级方式,理解概念范畴之间的关系(1970,1038)。每个范畴都拥有清晰的边界和界定的属性,并以此定位其在等级中的位置。然而,20世纪的语言哲学和当代认知科学认为,许多概念范畴并不具备上述属性(Lakoff,1987)。这从根本上挑战了上述观点,并似乎破坏了萨托利方法的基石。然而,我们发现这些类型的概念范畴虽然迥异于萨托利的方法,然而却完全可以作为萨托利方法的一种补充。

为了能够为评估这些备选分类方式提供一个基准,我们首先回顾萨托利用于调整范畴的程序。接着,我们会探讨那些有别于传统方式——即萨托利方法——不同范畴类型所遇到的独特问题。首先,我们会检测"家族相似性"范畴本身的问题。这意味着萨托利的方法应用过于严苛,研究者在发现某一概念看似并不适用于新案例时,就过早地放弃了这一概念。接着,我们会讨论认知科学家所称的"辐射型"范畴[①],阐述在适用于新场景时,以不同方式修正不同类型范畴(如民主和威权主义)的原则。我们认为在比较分析过程中,概念范畴的调整应以新的方法加以指导。

避免概念延展:萨托利的框架

古典范畴的一个中心要素在于对外延与内涵的理解(Sartori,1970:1041;idem.1984:24)。概念的外延是指对世界中实体的指称,而内涵

[①] 为不同类型的范畴发展出一个适当,并适用于这三种类型(古典式、家族相似性和辐射型)的类型学任务已经超出了本文的目标。本文旨在探究这三种范畴类型之间的对比,以此展示研究者在把他们的范畴扩展至更多案例时所可能遇到的一些窘境。有关不同类型范畴化的研究,可参见莱考夫1987年的著作,有关家族相似性与辐射型范畴理想类型之间的简要讨论,可参见该书第八页。

则是概念所指涉对象的含义或界定概念与决定身份的特有属性。

还有两种表达方式可以补充概念的外延与内涵之间的关系：（1）具有有限外延和丰富内涵的具体性概念；（2）具有丰富外延和有限内涵的一般性概念。有些哲学家认为这两种方式反映了概念外延与内涵的一种"反向变化法则"（law of inverse variation）（Angeles, 1981: 141），在一个分类等级中，包括下位概念（subordinate）与上位概念（superordinate）两种，下位概念的外延涵括了上位概念。按照萨托利的说法，这种等级关系就是所谓的"概括阶梯"（ladder of generality）。①

例如，在韦伯著名的类型学分析中，世袭权威是传统权威的一种，传统权威又是划分的三种权威或合法性支配类型的一种，而这种支配类型又是更广泛意义上支配类型的一种（1978: 212 – 215, 226, 231）。在此范畴的每两个连续概念中，第一个概念就是下位概念，第二个则是上位概念。相对于下位概念而言，上位概念的具体意义更少，但涵括了更多的案例。因此，下位概念的外延更多，内涵则较少。

这种古典式理解有助于阐明概念延展的问题。当学者们为一组案例创建出一个概念，并将其扩展至其他案例时，这些新案例也许大不相同，该概念的最初结构也不再适合。如果出现了这种问题，研究者就可以沿着"概括阶梯"，依据反向变化法则调整范畴。若要扩大概念的外延，就可以缩小概念的内涵至适应新场景所需的程度。例如，进行世袭权威比较研究的学者们，可能会在研究中追加一些位于该概念范畴边界的案例。为了避免概念延展问题，学者们可以沿着概括阶梯，把更大范围的案例作为传统权威的例子。表1为我们展示了在概括阶梯中外延与内涵的互动关系。由于范畴变化服从反向变化法则，所以概括阶梯看起来就像一条负斜率的直线。②

---

① 萨托利指的是一种"抽象"阶梯（1970, 1040; 1984, 44 – 46）。然而，因为抽象一词通常是相对于具体一词理解的，所以这一称谓可能会导致混乱。因而，本文发现概括阶梯可以更清楚地表达出我们的意思。

② 我们很清楚反变关系法则的更完整表述应该是，外延的增加或意味着内涵减少，或内涵未增加（Angeles 1981, 141）。在这一表述中，该斜率要么为负的，要么为零（如，水平的）然而，我们采用了萨托利的用法，在此更为合适地体现了变体型态的特点。

表1　概括阶梯

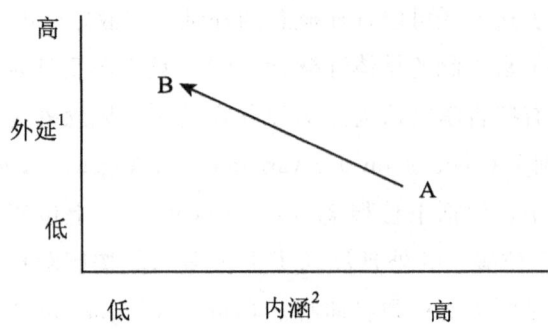

A = 原初范畴
B = 调整适用于更多案例的范畴
1. 案例的范围
2. 定义属性的数量

总之，这一框架有助于研究者更慎重地对待基本的比较研究工作。通过分析更大范围的案例，获取更多知识。信奉"诠释主义"的研究者们，则不相信能够建立切实可行的比较社会科学（Geertz，1973，1983；Rabinow and Sullivan，1987；Taylor，1971；Winch，1959）。就这种观点而言，该框架就尤为重要。萨托利的框架阐明了诠释主义提出的一些重要问题，即：广泛的比较研究是困难的，客观的政治和社会现实是多种多样的，在给定背景中应用某一概念时需要了解背景的细节，容易误用概念。概括阶梯提供了分析此类问题的具体方法。对受困于概念扩展至新案例的研究者而言，这一方法当然应该作为重要的参考标准。

家族相似性范畴

概括阶梯的应用需要假定古典范畴具有清晰的边界与定义属性。然而，一项关于家庭相关性范畴的研究表明，这一假定不应过于严苛。路德维希·维特根斯坦（Lndwig Wittgenstein）曾规定了家族相似性范畴成员区别于古典范畴成员的原则，认为没有哪个属性是所有范畴成员都具

科利尔等人的延伸讨论
概念延展新论：比较研究范畴之调整

有的。家族相似性范畴这一称谓源于这样的事实，即我们通过观察人类基因家族成员的某些共有属性，就可以与不具备此类属性的非家族成员区别开来。即使不存在所有家族成员都共有的属性，家族成员之间的共通性也是十分明显的（Wittgenstein，1968：65-75；也可参见 Canfield，1986 和 Hallett，1977：140-141，147-148）[①]。

社会科学中经常会出现类似的情况。一个以特定方式界定了的概念，也许可以适用于许多案例。然而，在仔细观察之后人们便会发现，对大多数案例而言，这种适应性显然是不完美的。尽管如此，此类概念仍具有重要的分析上的共同属性。例如，在法团主义的相关研究中就存在这种情况。这些研究者普遍提出了一系列的定义属性，但每个例子一般不会具备所有的属性（Malloy，1977；Schmitter，1974）。因此，在20世纪的几十年里，研究者可以合理地认为阿根廷、巴西、智利和墨西哥的劳动关系都符合法团主义，尽管这四个国家在社团组织、补助金和集团控制等特征上各不相同（Collier and Collier，1991）。

如果用萨托利的方法处理家族相似性范畴会出现什么情况呢？让我们思考比较分析中的一个假设情况。假设（1）研究者从个案研究中产生了一个具有理论意义的新范畴，起初该范畴有五个定义属性，（2）原初个案是六个共享家族相似性范畴案例的一个，（3）该家族相似性范畴有六个共享属性，（4）每个个案只是其中五个属性的不同组合。没有一个属性为所有案例共享。

以此为例（见表2），我们来检测研究者严格遵循概括阶梯所带来的后果。

如果原初的个案研究是案例 A，则原初概念的内涵包含属性 1-5。当把案例 B 加入分析后，一些研究者可能发现缺失了属性5。为了避免概念延伸，他们通过概括阶梯向上找到一个同时包含了案例 A 与 B 的概念，而这个概念的内涵只有属性 1-4。增加案例 C 则会导致概括阶梯的进一步上

[①] 就当下讨论的目的而言，我们没有考虑维特根斯坦赋予的此类型范畴的额外特征，即案例可能会在范畴内具有不同程度的趋中性。

升，出现一个仅包含属性1－3的更为一般化的概念。如表所示，当这个迭代程序最终到达案例F的时候，在概括阶梯的最高点，最后一个特征就会消失，只留下一个没有任何属性的概念。因此，研究者就可能会永久放弃这个范畴。表2的例子警告我们，在把一个范畴用于额外案例时，不断减少该范畴不为所有案例共享的属性，可能无法达到预期目的。

表2　迭代式的一般化过程：家庭相似性的例子

案例	属性的真实分布*						一般化过程中包含的案例（外延）						一般化过程中包含的属性（内涵）					
A	1	2	3	4	5		A						1	2	3	4	5	
B	1	2	3	4		6	A	B					1	2	3	4		
C	1	2	3		5	6	A	B	C				1	2	3			
D	1	2		4	5	6	A	B	C	D			1	2				
E	1		3	4	5	6	A	B	C	D	E		1					
F		2	3	4	5	6	A	B	C	D	E	F	1					

*所有案例都具备六个属性中的五个，每个案例都缺少一个不同的属性。

同时观察更多数量的案例，是避免该问题的一个方法。如此，就可以认知到表2中的明显共性。然而，由于每个案例都至少缺失了一个属性，惯于以古典范畴方法思考的研究者仍可能认为这是一个应当抛弃的脆弱范畴。对此，有观点认为，范畴实际上是一种分析性"建构物"，研究者不应期待每个案例都能展开完美描述。理想类型就是这样一种众所周知的"建构物"，其中每个具体的案例都只是局部接近于理想类型①。

在比较政治学领域，提炼范畴的一些创造性方法，也体现了研究者在分析家族相似性范畴方面的努力。普沃斯基和图纳（Przeworski and Teune）认为，在比较研究中有时需要"系统特有"（system-specific）方法进行概念化和测量工作。从效果上讲，他们是在建议把各种背景下

---

① 在伯格（Buger）诠释韦伯的概念形成理论的著作中（1976：115－116，156－157），家族相似性（和辐射型范畴）与韦伯式理想类型之间的共通性十分清晰。

概念的不同属性,看成一个范畴的各种定义属性①。聂、鲍威尔和普莱维特(Nie, Powell, and Prewitt, 1969: 377)在比较美国与其他四个国家的政治参与度时,采纳了类似的方法。他们集中分析了所有国家的四个标准的参与度属性。然而,在分析第五个属性——政党成员资格——的时候,他们发现该属性在另外四个国家中具有大致相同的含义,但在美国却具有明显不同的形式和含义。聂等人最终认为,在美国参与选举运动反映了政治参与度的等价形式。因此,对于美国而言,他们分析的是政治运动参与度而非政党的成员资格。

从上述最后的例子中,我们发现通过识别某些属性在具体案例中体现的不同程度(而非简单的存在或不存在),可以用来评判家族相似性范畴。对此,我们可以通过采取某种形式的多维度量法(multidimensional scaling),确定比较分析的基本维度。但是要切记多维标度法并不能消除概念形成的基本问题。按萨托利(1970: 1038)的话"概念成形于量化之前",实际上就是在提醒我们在进行标度之前,必须先确定是在为何物进行标度②。

当研究者遇到家族相似性范畴时,有两点必须引起高度重视:第一,在经验性评价概念属性时,我们必须避免过于严格地遵循概括阶梯的要求,否则可能会不当地排除掉一些潜在的有用概念;第二,我们必须探究家族相似性范畴构成属性之间基本的分析性关系,从而确定保留该范畴的合理依据。下面我们将针对辐射型范畴集中讨论此类分析性关系。

辐射型范畴

另一种不适用于传统方法的范畴为辐射型范畴,莱考夫(Lakoff

---

① 他们是通过测量语言来表述的;他们使用的是指标而非属性。然而,他们对测量作为"经验观察表述",此处则理解为概念形成,"有序语言"的作用有着广泛的理解(普沃茨基和图纳,1970: 11)。

② 例如,研究者尝试区分一组高度相关的属性,这些属性一些是概念的要素,一些则是概念的原因或结果。此时,形成概念就是极为关键的。

1987）等认知科学家曾分析过此类范畴。与家族相似性范畴一样，辐射型范畴的两个成员也可能不具备定义属性的所有特征。不同在于，辐射型范畴的所有含义都体现在"核心子范畴"（central subcategory）上，这个子范畴对应于该范畴的"最佳"个案或原型（prototype）[1]。在认知过程中，核心子范畴发挥着完全形态（gestalt）的功能，是由共同获知、共同理解以及最快被认知的一组属性构成。"非核心子范畴"是核心子范畴的各种变体，彼此之间不必具有共同的定义属性，只需与核心子范畴共享相同的定义属性即可——辐射型一词所指代的正是这种内部结构。

莱考夫以普通语言中的"母亲"一词为例，说明了辐射型范畴的特点（1987：83-84）。在这个例子中，核心子范畴所对应的是一个在美国的性别关系中被称为"真正"母亲的个体，其具备以下几个特点：(1) 是个女人，(2) 提供了孩子一半的基因构成，(3) 生孩子，(4) 是孩子父亲的妻子，(5) 抚养孩子。当上述组成元素逐一出现，或两个及两个以上同时出现，就会出现非核心子范畴。这个例子中，若特征逐一出现时，就出现了相似的概念类型："基因母亲""生母""继母"和"养母"。

我们需要关注这些辐射型范畴，因为它们在社会科学的语言中扮演着重要的角色。例如，根据奥斯蒂盖（Ostiguy, 1993）的观点，我们可以把"民主"看成一个辐射型范畴。显然，如何识别民主的构成要素是一个争论已久的问题。出于当前的演示目的，我们给出以下部分定义就足够了[2]。我们认为"民主"这一核心子范畴的构成要素有：(1) 广泛有效地参与统治过程；(2) 限制国家权力，保护个人权利；(3) 基于某种方式的平等主义（或至少是相对平等的）的经济社会关系。具备第一个要素即可构成非核心子范畴"参与型民主"，同时具备第一、二个要素就构成了"自由型民主"，同时具备第一、三个要素则构成所谓的"大众型民主"。

---

[1] 参见注释8中，有关辐射型范畴与理想类型关系的讨论。
[2] 在此，我们不再复述民主概念与其要素和维度之间关系的大量研究。

（一） 辐射型范畴与古典式范畴之间的比较

辐射型范畴的内部结构与古典式范畴不同。由"母亲"或"民主"之类的辐射型结构内部衍生出来的各种变体，可以看作是整体范畴（overall category）的子集。然而，这些变体不会像古典式范畴那样，具备用以识别整体范畴的全部属性。相反，这些变体各不相同。这一差异对比较分析中如何应用这两类范畴具有重要的启示意义。

在进一步比较辐射型范畴与古典式范畴之前，我们应该先澄清一个称谓的问题。我们在前文中，把古典式范畴的构成要素称作上位范畴和下位范畴，把辐射型范畴的构成要素称作核心子范畴和非核心子范畴。为了便于比较，我们使用更为通用的称谓（参见表3）：主要范畴（primary category）用来指代整体范畴，次级范畴（secondary category）用来指代含义源于主要范畴的范畴。因此，"母亲"与"民主"都是主要范畴，而"生母"与"自由型民主"则是相应的次级范畴。在古典范畴中，"威权主义"就是一个主要范畴，而"官僚型威权主义"则是相应的次级范畴。

表3 比较古典范畴与辐射型范畴的通用称谓

古典式	辐射型	通用称谓
上位范畴 →	核心子范畴 →	主要范畴
下位范畴 →	非核心子范畴 →	次级范畴

这样就可以进行古典范畴与辐射型范畴之间的比较了。首先，比较莱考夫列举的以古典范畴划分的"狗"和以辐射型范畴划分的"母亲"（1987：46，74-76）。在表4中可见，作为古典范畴的"狗"，次级范畴的差异化属性，都是在其主要范畴属性的基础上额外增加的。相反，

作为辐射型范畴的"母亲",次级范畴的差异化属性,则都是包含在其主要范畴属性之内的。

表 4 古典范畴与辐射型范畴的差异

古典范畴:狗

范畴		要素					
主要范畴	狗	A	B	C			
次级范畴	寻回犬	A	B	C	D		
	牧羊犬	A	B	C		E	
	西班牙猎犬	A	B	C			F

注:次级范畴的差异化特征,为主要范畴的额外特征
A,B和C=假设的狗的一般性属性群
D,E和F=区分不同种类狗的假设属性

辐射型范畴:母亲

范畴		要素				
主要范畴	母亲	A	B	C	D	E
次级范畴	基因母亲	A	B			
	生母	A		C		
	养母	A			D	
	继母	A				E

注:次级范畴的差异化特征,包含在主要范畴特征之内。
A=女性
B=提供50%的基因组成
C=生孩子
D=养育孩子
E=与孩子的父亲结婚

作为古典式范畴的"威权主义"[①] 与作为辐射式范畴的"民主"之间的比较,也产生了同样的对比结果(见表5)。对"威权主义"而言,作为次级范畴的"民粹型"和"官僚型"威权主义的差异化属性,都是在其主要范畴属性的基础上额外增加的。对"民主"而言,"参与型"

---

① 对威权主义更为完整的分析,能够揭示出其区别于古典模型的某些方面。然而,似乎其更多用于古典类型。

"自由型"和"大众型"民主的差异化属性,则都是包含在其主要范畴属性之内的。

表 5　古典范畴与辐射型范畴的差异:以政体分析为例

古典范畴:威权主义

	范畴	要素			
主要范畴	威权主义	A	B		
次级范畴	民粹型威权主义	A	B	C	
	官僚型威权主义	A	B		D

注:次级范畴的差异化特征,为主要范畴的额外特征。
A=有限的多元主义*
B=不指导意识形态的特殊心态*
C=劳动阶级与中产阶级的实质性流动
D=压迫流动的大众阶层的军事联盟,技术官僚和跨国资本

辐射型范畴:民主

	范畴	要素		
主要范畴	民主	A	B	C
次级范畴	参与型民主	A		
	自由型民主	A	B	
	大众型民主	A		C

注:次级范畴的差异化特征,包含在主要范畴特征之内。
A=有效的政治参与
B=限制国家权力
C=社会与经济产出的相对平等
*威权主义的定义采用于林茨(1975)所用定义的两个要素。

就如何分析概念的延伸问题,这两类范畴对比的实际意义主要在于:在进行辐射型范畴化时,次级范畴的外延,可超出主要范畴的外延。例如,通常而言,一个作为孩子"生母"的女人,可能并不符合

"真正"母亲的全部范畴①。也就是说，所有符合主要范畴（例如，"真正"母亲）的母亲都是"生母"；反之则不然。因此，"生母"永远比"真正"母亲要多。

"民主"范畴也同样如此。在一个给定国家中，如果"民主"只体现出广泛的政治参与，而无法保护少数人群的权利，那么许多观察者会认为，这并非他们所说的"真正的"民主。这里，次级范畴的外延再次超出了主要范畴的外延，且再次出现了前文所讨论的外延与内涵之间的反变关系。

（二）威权主义与民主：范畴类型变化的对比

让我们用这些观点来分析有关概念移植的两个例子。在早些时期，研究者对官僚威权主义具有广泛的兴趣，该范畴有时就被扩展至一些只在边际上适合其最初含义的案例（Collier，1979，1993）。通过利用概括阶梯，学者们有时会转向更广泛的威权主义范畴，从而避免概念的延展。

在人们最近用"民主"的范畴分析中美洲、东欧和前苏联的新政体时，也出现了类似的问题。在一些案例中，领袖通过竞争性选举产生，却缺少与民主相关的制度和实践。这时，概念延展问题体现在一些更为温和的观点。例如，称之为"选举型民主"，而非"真正"民主的实施。

要避免比较研究中的概念延展问题，学者们就必须牢记这里的对比。对官僚型威权主义而言，通过沿着概括阶梯从次级范畴过渡至主要范畴，避免概念延展问题。对于民主而言，则可以通过远离主要范畴采用次级范畴的方法，避免概念延展问题。

表6像表1一样，在内涵与外延关系这一框架下，总结了古典范畴与辐射型范畴的对比。如在表6中所示，对古典范畴而言，要避免概念延展，研究者可以如表1中那样，沿着一条负斜率直线向上，从次级范

---

① 我们认为这一用法是有争论的（见，Gallie，1956）。随着性别关系和他们所处的法律框架发生变化，其用法也会发生变化。在此，不论结果如何，次级范畴通常比主要范畴具有更多的外延。

畴 S 移向主要范畴 P。对辐射型范畴而言，研究者可沿着一条平行线，但从主要范畴 P，移向次级范畴 S，以避免概念延展问题。

表6 用古典式范畴与辐射型范畴避免概念的延展

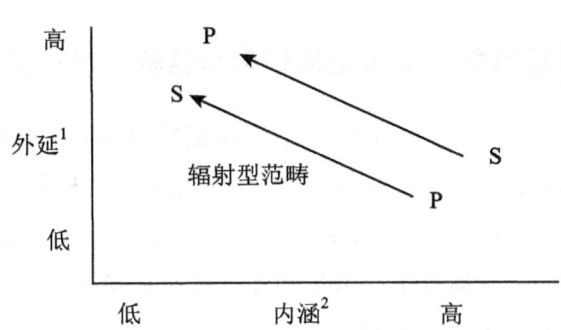

P = 主要范畴
S = 次级范畴
1. 案例的范围
2. 定义属性的数量

此处，还要注意辐射型范畴与古典范畴之间更深入的两个对比。

第一，当我们从某个普遍化层次移至另一个普遍化层次时，如何调整形式称谓，明显存在着重要的区别。这两类范畴通常都会（尽管不总是）通过增添形容词的方法，把主要范畴变为次级范畴。因此，"官僚威权主义"是"威权主义"的一个次要范畴；"选举型民主"是"民主"的一个次要范畴。这种相似性有助于强调古典范畴与辐射型范畴之间的一个关键对比。对"官僚威权主义"这一古典范畴而言，减少一个形容词就可扩展到更广泛的案例组。相反，对"民主"这一辐射型范畴而言，则需要增加一个形容词以扩展到更广泛的案例组。因此，为了避免概念延展问题，研究者用于增减形容词的选择，取决于研究问题中范畴的类型。

第二，对辐射型范畴而言，研究者可通过精心构造次级范畴以涵盖更多的案例。如此，范畴的含义和应用性都富有弹性。尽管这一弹性通常是合理的，但也是许多学术争辩的根源。例如，当学者们试图区分民主的新子类型（subtypes）时，就很容易引起争论：把适合这些子类型的案例当作"真正"民主的例子是否恰当①。相反，当我们分析"官僚威权主义"这样的古典式范畴时，官僚型独裁主义是否属于"真正"威权主义的案例②，则通常不会产生类似的争论。

（三）最近有关民主讨论的辐射型结构：进一步说明

近年来，特里·卡尔和菲利普·施密特（Terry Karl and Philippe Schmitter）对民主的分析，阐明了该范畴辐射型结构的一些相关问题（Karl，1990：2；Schmitter and Karl，1991：76 - 82；1992：52）。在上文所讨论民主的三个属性中，卡尔和施密特有意抛开了平等性问题，而集中讨论参与型民主和自由型民主。根据前文所示，他们关注了四个要素：（1）政策及政府部门的政治竞争；（2）公民通过党派、协会及其他形式的集体行动实现参与；（3）统治者通过代表机制和法治实现对被统治者的责任（Karl，1990：2）；（4）对竞争、参与和负责有重要意义的权利保护③。

卡尔明确解释了该范畴辐射型结构的基本属性。在讨论民主的子类型（我们称之为次级范畴）时，她说此类子类型的特征是"民主的主要维度（即竞争、参与和责任）不同程度的不同组合"（1990：2）。因此，她认识到了表4和表5中体现的要点：次级范畴意在分割主要范畴的构成要素，且可能因与核心子范畴的相似程度不同，而彼此间大不相同。

在施密特和卡尔共同发展的民主子类型中，也存在这种形式（1992：56 - 58）。他们部分地利用国家为权力中心这一共有属性，区分

---

① 有关民主作为一个"争议性概念"的讨论，可参见，（Gallie，1956）。
② 在对1964年之后巴西的评估中，林茨将注意力放在主要政治制度的弱制度化水平上，指出这些特征构成了"威权主义状况"，而非"威权主义政体"（1973：235）。然而，它们的威权主义特征则不在此列。
③ 我们发现卡尔的第四个要素，即平民对军事的控制，作为责任性的一方面是有帮助益的。在此，我们增加了另一个第四种要素，权利的保护，以获得施密特和卡尔讨论的其他相关问题。（1991，1992）

了"法团型"民主和"大众型"民主。显然,这一属性削弱了他们的民主含义中其他构成要素(如公民参与和统治者责任)的重要性。因此,在他们的框架中,这些子类型的民主程度小于所谓"真正"民主。施密特和卡尔对24个最近的民主化案例进行了经验分析,发现这些子类型明显更不民主。他们认为有8个国家属于"大众型"和"选举型"民主子类型,并且其中6个只能作为边际案例,因为这6个国家"还没有跨过民主的最低门槛"或"尚未巩固为一个可认知的民主类型"(p.68)。

施密特和卡尔的分析再次把我们带入概念移植问题的争论中。看似两位作者是想把更多的经验案例引入带民主化的相关争论之中,而不是为了延展这一概念。沿着我们所讨论的思路,他们试图通过创造次级范畴(如"法团型"民主和"大众型"民主)指代研究者不愿称之为"真正"民主的那些案例。这些次级范畴可以增加整体范畴的外延,而不会产生意义扭曲。这样,施密特和卡尔便把这些案例纳入到分析民主的一般框架之内,而不必宣称全部都是真正的民主。

通过与之前罗伯特·达尔(Dahl,1956,1963,1971)所做的有关民主研究的创新进行比较,我们就可以正确评价施密特和卡尔对民主范畴的精心构造。达尔认为,从具体案例分析方面看,多头政体(polyarchy)一词比民主更具启发性。他用民主指代"一个没有实现、或许无法实现的理念"。多元政体则指代"相对(但不完全)民主化了的"既有政治体系(Dahl,1963:73;1973:8)。为了避免概念延展,达尔为民主范畴的应然版本和实然版本戴上了截然不同的称谓。施密特与卡尔在以下两个方面与达尔的方法有所不同:(1)在前者的用法中,民主一词至少参照了一些案例,而不是一个假定的理念;(2)为避免概念延展,前者不是用独立的称谓把该范畴扩展至更多案例,而是在现有称谓上添加了形容词。当然,这两类分析也有相似之处。他们都创造了一个次级范畴(即一个非核心子范畴),采取了辐射型结构。相对于民主这一主要范畴,达尔的多元政体可看做是一个"包罗万象的"次级范畴,也就是说,以多元政体指代相对民主化的政治体系,在功能上相当于添加了一个形容词,创造了"局部的"民主或"不完善的"民主之类的次级范畴，以便涵盖更多数量的局部案例。

总之，"民主"这一辐射型范畴具有这样一个结构，即：通过精心设计次级范畴，在意见基本一致的讨论领域，该结构允许民主范畴在含义和应用方面出现更为广泛的变体。然而，这些变体是否会为学术共同体所接受则会是一场持久的争论。

结 论

本文的相关讨论旨在为关心概念移植与概念延展问题的比较分析者提供新的指导。萨托利的分析框架仍可作为比较政治学者的参考，只是有些地方需要注意和进一步提炼。

过于严格地遵循传统的概念化原则会使我们过早舍弃一些潜在的概念。因此我们应该根据理想类型展开自觉性思考。

在处理辐射型范畴时，也需要避免概念延展，但采取的方式稍有不同。事实上，对辐射型范畴而言，次级范畴是主要范畴构成属性的一部分。相反，对于古典式范畴而言，次级范畴则在主要范畴构成属性的基础上增加了额外属性。因此，对辐射型范畴而言，次级范畴的外延更大；而对于古典范畴而言，主要范畴的外延更大。相应地，对古典式范畴，我们通常可以去掉某个形容词，以避免概念的延展；而对于辐射型范畴，我们则可以通过添加形容词，避免概念的延展。

最后，我想说的是：探究概念的结构并不能让研究者掌握概念的实际应用，这依赖于大量的、有关案例的专门知识。在这种意义上，本文集中分析的几种范畴观点，有助于研究者重新理解其所研究的政治场景。

（译者单位：武汉大学政治与公共管理学院）

民主与二分法：一个概念选择的实用主义路径*

［美］戴维·科利尔
［美］罗伯特·艾德科克（Robert Adcock） 著　李辉　编译

引　言

对于从事民主研究的学者来说，应该把民主和非民主的区别看成是判然二分的（dichotomy）还是一个渐变的等级序列？这个长期充满争议的问题对于如何组织研究、搜集和分析数据、乃至推断民主的原因和后果都至关重要。同时，它也提醒我们，在政治科学对研究设计的讨论中应该更多地关注概念问题。

在那些基于等级序列研究路径的学者中，博伦和杰克曼（Bollen & Jackman）认为"民主一直是一个程度问题"，用二分法来对待民主是"有缺陷"的做法（1989：618，612）。这种基于分级法的研究似乎也被达尔通过使用多头政体（polyarchy）这一概念（1971：2，8，231-235；1989：241，316-317）所接受，后来柯培吉和雷尼克（Coppedge & Reinicke）也遵照此法。而与之相反的是，萨托利发现用等级化的概

＊ 原文出处：David Collier and Robert Adcock, "Democracy And Dichotomies: A Pragmatic Approach to Choices about Concepts," *Annual Review of Political Science*, 1999.2: 537–565.

念来对待民主与非民主的区别是在分析和操作上犯了"程度主义"（degreeism）的错误，因为忽视了政治系统是一个"绑定的整体"（bounded wholes）（1987：184；1991：248）。其他采用二分法路径的学者还包括林茨（1975：184-185）、亨廷顿（1991：11-12）和格迪斯（Geddes, 1999）。普沃斯基和他的合作者们特别拒斥博伦和杰克曼的看法，认为他们的观点令人"迷惑不解"，而且没有认识到一个政体"是无法被视为半民主的"（Alvarez et al, 1996：21）。他们显然会持有这一立场，因为其更大的计划（Przeworski et al, 1996；Przeworski & Limongi, 1997）是基于定量数据精密的统计分析。于是当涉及到对民主和非民主的测量问题时，他们选择了二分法。

在这里我们发现了一个很有趣的谜团：当选择二分法时，实际上是从一个传统的角度来看待民主与非民主的区分，那就是二者之间的区别有一个最低程度的测量标准（Stevens, 1946；Roberts, 1976：492-493）。于是萨托利和普沃斯基及其合作者们认为在概念术语上奉行一个最低测量标准是更为有效的。这个谜团带来了一个问题：什么是判断一个有效二分法而不是"错误二分法"的确实基础？

这是一个非常重要的问题。首先，与那些围绕这一选择展开辩论的学者不同，实际上大部分的学者包括定性研究者（在一边）和定量研究者（在另一边）在这个问题的立场选择上，并没有深入思考这一问题。其次，这一选择是重要的还因为它会影响学者对民主研究的实质发现。虽然二分法和分级法之间是高度相关的（Alvarez et al, 1996：21），埃尔金斯（Elkins, 1999）指出，在评估政体类型对发动战争的影响上，分级法可以揭示二分法所无法发现的增量效应。他同时也指出，在研究政体类型对政治稳定的影响上，使用单一分割点的方法更为有效，因为只有在使用不同的分割点时二者的关系才会浮现出来。类似地，考佩吉（Coppedge, 1997：181, 189-197）发现，在使用跨国数据检验多头政体（polyarchy）程度的解释力时，在使用不同的分割点来对多头政体进行二分的时候会出现不同的结果。

本文考查了那些引导学者选择二分法或者分级法路径的判断依据。

科利尔等人的延伸讨论
民主与二分法：一个概念选择的实用主义路径

文章第一部分集中介绍了关于概念形成、二分法和分级法的一般方法论讨论。第二部分回顾了一些著名学者关于民主研究的文献中的一般判断标准。第三部分讨论了一种更为具体的判断标准，我们认为这可以为大家提供一个选择二分法还是分级法的更好的方法。

一、概念形成与论证的负担

这一部分考察了两个主张二分法的观点：(a) 二分法是基础性的，因为概念的形成从根本上来说是基于类型化的推断；(b) 二分法可以通过对目标概念（object concepts）和绑定整体（bounded wholes）的讨论来加以证明。我们还考察了在判断使用二分法还是分级法路径中论证负担的作用。在最近的三十多年中，萨托利一直是在这一问题讨论上的核心人物①。审视他的观点会使我们获益良多，尤其是因为他的立场依然在对关于民主的概念形成问题上是至关重要的（例如 O'Kane，1993：170，191；Vanhanen，1997：40），还因为在很多方面，他与我们下面将要讨论的普沃斯基及其合作者们的观点是相似的。

1. 概念形成的本源是类型化推断吗

正如在他关于"概念误构"的经典论文（1970）中所构想的，萨托利的核心观点是：概念形成从根本上来说要以类型化为基础，因此二分法在对概念的推断上来说是非常基本的。我们将集中讨论萨托利的两个观点：首先，他认为在作为概念形成基础的人类理性中就包含了对分类

---

① 萨托利的讨论并不是唯一相关的文献。例如，Kalleberg（1996）同样维护类型化推断的重要性。然而，DeFelice（1980：120-123）和 Jackman（1985：167-169）非常有效地指出，Kalleberg 的观点被逻辑性错误瓦解了，而且似乎这里也不特别需要处理他的观点。正如 DeFelice（1980：122-123）所指出的，这一有缺陷的实际上是对萨托利 1970 年那篇文章的回应。因此 Kalleberg 的观点实际上是萨托利支持类型化的诸多观点中的一支；我们聚焦在那些直接由 DeFelice 提出，并且在 DeFelice 和 Jackman 的文章发表之后，又被萨托利在 1987 年做了进一步发展的观点。

和分割点的思考。因此,"人类的理解力——即我们思维的工作方式——需要一个分割点,这个分割点是对被分割成不同部分的自然或质性语言的基本回应。"(Sartori,1970:1038)。其次,萨托利把这一理论同样用于对学术研究规范的讨论上来。他指出:"不论其局限性有多大,对任何科学话语来说,分类都是必不可少的初步条件(1970:1040)。"

对于第一个观点,自从萨托利在1970年抛出他的立场以来,大量源于语言学、认知心理学和认知科学的研究提供了强有力的经验证据证明人类的认知行为是非常多面性的。即便分类对于人类认知来说是非常基本的,做分级法的推断也同样基本。语言学家使用类似渐变群、等级和实用等级等术语来描述基于分级法的理解方式,甚至在今天的认知语言学领域获得充分发展之前,拉科夫(Lakoff,1973)对于"界限"的研究就指出了分级法的复杂性,这种复杂性使得分级法不同于那种以一些核心事例为基础并且使用带修饰语的名词所建立起来的概念。罗什(Rosch,1978)提供了一个在概念推断中以实证论证为核心的原型(案例被理解为是对一个概念的例证),以及分级法推断与原型之间的关系(参见 Lakoff,1987)。进一步说,一个以分级法观念为核心而组织起来的思维体系,并不是为人类认知提供了一个不确定和不可靠的基础,反而在不断变化的实证事实面前是更加稳定、灵活和可靠的(Taylor,1995:53-54)。综上,将人类的理解力建立在分类化的基础上并不能涵盖问题的全部,而且没有抓到人类在将不同的分级法模式和现象呈现出来的不同部分形态加以概念化的能力。

萨托利的第二个观点讨论的是社会科学的研究。我们这里将重申,求同法和求异法并不只是作为在尖锐对立和有分割点的情况下形成概念的基础,它们同时也是不同形式的等级和序列观念的基础。对于在正式的测量理论下的概念工作来说,二者都是非常基本的。公理与概念式的推断为测量提供了逻辑支撑,既包括像平等与不平等的这样的观念,可以为其提供类型化的基础,同时也包括处理更多或更少这样的情况,可以为其提供等级推断的基础(Roberts,1976:476-478;Michell,1990:166-170)。二者对于不那么正式的概念化和操作化推断来说也是非常基本的。对于类型化还是分级法路径的选择，实际上包含了用来简化你所关注的案例中可获得信息的复杂过程。尽管这种选择的"输出"结果可以表现为分割点或者分级法之类的术语，但在选择过程中"输入"的实际上包含的是对尖锐对立或者分级法的观察和直觉。

2. 客体概念与绑定的整体

萨托利（1987：182－185，1993：118－120）后来又发展出一套对于二分法的更为灵活的讨论，主要集中在"客体概念"和"绑定的整体"上。他首先区分了"相反"（contraries）和"矛盾"（contradictories），并使用这一区分来与一种路径相联系，这种路径可以通过考察对立面来发现概念的意义。萨托利指出，在"相反"的对立概念中，是存在中间状态的。比如大和小，冷和热，穷和富。不同的是，在"矛盾"的情况下，是不存在中间状态的。相互对立的概念"不仅是相互排斥的，而且是全面排斥的"（1987：182）。萨托利的观点回应了传统哲学逻辑中的"被排斥的中间态"（excluded middle）观念（Honderich，1995：256－257）。他指出生与死、已婚与单身、双足动物与四足动物作为"矛盾"的例证，并且认为民主和非民主应该被视作一对相互矛盾的概念（1987：182－184）。萨托利的划分提供了一个更具弹性的路径，因为他赋予了以分级法来对待相反概念的有效性，但同时也强调了在矛盾概念中使用二分法的必要性。

在对相反和矛盾的讨论中，萨托利（Sartori，1987：182－185）使用了一对相互关联的划分："客体概念"（object concepts）与"属性概念"（property concepts）。这一划分实际上为使用二分法来处理某些相互矛盾的概念提供了基本原理。如果一个概念被解释为客体概念的话，那么它指的是萨托利所说的作为一个类型或客体的东西，如果在经验案例中要诉诸这一概念的话就需要"对一个客体做界定"（1987：183）。这里所谈论的类型可能是一个非常复杂的现象，比如一种给定形式的政治系统。萨托利认为既然这些系统是由多种不同属性构成的，那么所有的属性都应该被看作是对概念的某种表现。因此，它可以被视为一个绑定的整体。当一个客体概念被用在某个特定案例中时，你必须使用二分法来界定清楚这一案例是否符合这个概念。萨托利对比了客体概念和属性概念，后者可以被看作是在不同程度上反映一个案例的特点，因此可以使用分级法的方法来处理（1987：183 – 184；1975：28 – 29）。

我们希望强调这一路径的两大贡献。首先，萨托利非常清晰地呈现了一个具有弹性的洞见，可以允许使用其它的方法来对概念进行逻辑处理。概念形成就是"在针对不同的目的时决定使用那种逻辑处理更为合适"（1987：185）。其次，萨托利对目标概念的讨论是大有前途的，因为它聚焦在民主的不同组成部分之间的互动关系上。

与此同时，这里也有必要做一些提醒。我们非常生动地刻画了那种夸大事物属性，把事物看成是一个客体，以寻求从整体上进行概念化的方法的错误——这一错误就是"具象化"。我们认为在将一个绑定的整体具体化的尝试存在着两个潜在的问题：一个是对于现象的"命名"；另外一个是经验知识的变迁和学术惯例的演变。

3. 转移论证负担

考虑到社会现实的变迁和理论理解的演化，我们推荐一种实用主义的路径，可以为萨托利对目标概念和客体概念的区分提供更为坚实的基础。我们将更为深入讨论萨托利的观点，就是前面提到的"在针对不同的目的时决定使用何种逻辑处理更为合适"。萨托利的划分为描述一个特定的构建和定义概念的路径的特征提供了有用的方法。

确实，概念争论经常只有在这种情况下才会深化，即卷入争论的群体和学者所各自使用的路径似乎可以对概念的所有特征都是有效的。在一个颇有影响的研究中，皮特金（Pitkin）论证了识别关于一个概念的多个竞争性的观点是如何"只见树木不见森林"的，这可以帮助我们理解和克服概念上的混乱（1967：10 – 11）。大量强调概念复杂性的研究支持了这一结论，其中包括加列（Gallie, 1956）对许多重要概念的多面结构的讨论。因此，学者在得出对一个概念含义的绝对解释时要特别小心谨慎。

这一灵活、实用的路径把论证的负担转移到对概念的判断和选择上了。不用将客体概念与属性概念的区分看作是恒久不变的，我们认为，这一区分要取决于特定作者在不同研究背景和目标下所赋予概念的内涵和定义。

二、路径选择的一般理由

我们现在要来看一下，在关于民主与民主化中重要的比较研究文献里对分级法或者二分法的论断。这些作者把他们的讨论聚焦在一个一般结论上，即民主的概念从本质上来说只能在两种路径中二选一。从这些例证中可以发现，在一般结论的层面上这个争议是很难解决的，这更激励我们将论断的焦点转移到更为特殊的讨论上来。

1. 主张分级法的理由

博伦和他的合作者们非常坚定地认为民主和非民主是一个分级法的划分。在一系列公开发表的文章中，博伦（Bollen, 1980, 1993; Bollen & Grandjean, 1981; Bollen & Jackman, 1989; Bollen & Paxton, 2000）发展出了一套分级测量民主的办法，即把政治民主看作是政体在不同程度上表现出来的一种属性。他把分级法和他的定义相结合，把民主定义为"精英最小化政治权力和非精英最大化政治权力的程度"（1980：372；1993：1208）。

博伦通过坚称分级法是出自民主概念本身的要求来维护他采取分级法路径的立场。博伦和杰克曼认为二分法是"难以找到依据"的，因为从结果来测量无法反映"政治民主概念所固有的连续性本质"（1989：617，612）。同时，博伦坚持认为"政治民主的概念是连续的"，因此我们"没有必要向将其看作二分现象的观点妥协"（1990：13）。

达尔在其关于民主的卓越研究中，也将分级法的路径与其概念化和定义的工作相结合。他指出"国家在满足民主过程标准的程度上是千差万别的"(1989：233)。在《多头政体》中，他首先把民主定义为一种理想类型，这样为其分级法路径奠定了基础。然后，作为"一个范畴的一端，或者对事务的有限表达，它可以（类似一个完美的真空）为评估不同系统趋向这一理论底限的程度提供基础"(1971：2)。

达尔非常清楚，类别化路径是不够充分的。他对多头政体的概念化聚焦在"政府与其反对者之间的反对、对抗或者竞争上"(1971：1)，使用这一概念是因为他认为存在着"一个潜在的、假设的连续统，这一连续统的范围覆盖了从最小到最大的反对机会"(1971：231)。如此看来，类别化的处理方式一种是令人讨厌的简单化。于是，在设定了他所考虑的两个主要维度之后，达尔提出"在理论上，既然一个政体可能处于由两个维度构成的空间的任意位置，那么非常明显，我们关于政体类型的术语学是远远不够的，因为它是基于类型化而非分级法的僵化术语学"(1971：6)。

众所周知，达尔与博伦都对民主的研究做出了卓越贡献。他们结合分级法的路径为民主提供了谨慎的定义，而且他们对概念的使用恰当地遵循了他们的定义。然而，在分级法的基础上建立概念，并不能排除其他学者使用二分法来概念化的可能性，而且这也不能为解决民主和二分法的问题提供判别的依据。

2. 二分法的判断依据

萨托利认为民主与非民主的区分应该使用二分法来对待（1960：150-152；1987：156，182-85，205-207；1991：248-249；1993：118-120）。因此，最根本的任务是要在民主与非民主之间建立起周延且相互排斥的类型（1987：182-185）。在萨托利看来，那种采取分级路径来对待民主和非民主区别的做法是从根本上有缺陷的。"程度主义或者连续主义者所忽略的是：政治系统是一些系统。这意味着绑定的整体的特征取决于基本的机制和原则，这些机制和原则要么存在（即使不完美），要么不存在（即使不完美）"(1987：184)。

尽管萨托利反对基于分级法的分析路径，但是他并不排斥使用分级法，只是认为这种处理方式只能用于根据初始的二分法被确定视为民主的国家之中。于是，"什么使得民主是可能的不应与什么使得民主政体更加民主相混淆"（Sartori，1987：156）。萨托利认为这两个问题可以使用一个单一的、整合的框架来处理，只要分析者遵循一个特别的两步法程序。首先，政体必须被分类为民主或者非民主的。然后，在第二步中才能对这些根据初始的二分法被确定视为民主的国家设定进一步的标准。也只有在这些案例中，我们才可以研究他们到底有多民主（1987：182－183）。萨托利坚持认为"除非依此方式来处理这两个问题，否则就会把手推车摧毁而不是恭顺地拉着它走"（1987：156）。

萨托利并没有预设他的两步法程序可以适用于所有的概念，而是专门针对绑定整体的概念化。因此他断言需要这个两步法程序，其实就是预先假定他之前的论断，即民主必须被看成是一个绑定的整体。为了使其看起来更为可信，这个两步法程序需要针对绑定整体的概念更加完整细致的工作，以及维护其对于民主的特殊概念的适用性。在第三部分，我们将展现这个细致的工作是怎样的，以及如何维护适用性。

普沃斯基等人（Przeworsk，Alvarez，Cheibub 和 Limongi）关于二分法的讨论，是基于针对民主应该如何被概念化的一些一般的主张，以及更多针对测量和案例经验分布（参见第三部分）的一些特别的主张。关于前一个主张，他们所定义的民主要求对行政首脑和立法机关挑选要经过竞争性的选举，拥有超过一个政党，以及在一个合理的间歇过后在任者会产生实际的轮替（Alvarez et al，1996：19）。他们认为分级法是有缺陷的，因为他们无法辨认那些没有竞争性选举行政和立法人员的政体是在任何程度上都不能被称为民主的（Przeworski et al，1996：52；Alvarez et al，1996：21）。在他们看来，那些认为处于边缘的案例需要使用分级法的论调是"荒谬的"，在一个细致的政体分类中，一个案例的模糊身份只能反映"糟糕的分类规则"或者"不充分的信息"（Alvarez et al，1996：21－22）。如果在处理政体时无法清晰地区分民主与非民主，这并不表明诉诸二分法是错误的，而是说明对程序的赋值是需要调整的，以便去除模糊不清的地方。

三、迈向更为特殊的判断依据

现在我们将转向为二分法辩护的一些例证，这些例子会更加特别地与研究中的理论和分析目标相联系，也与更为特殊的研究背景相关。我们不追求能涵盖所有可能的判断依据，而是呈现为提供更为特殊的判断依据中所涌现的议题。一个重要的对立观点始终围绕着这一讨论。尽管所有这些判断依据的初衷都是为了维护二分法，但是我们发现，每一个判断依据都有一个对比物支持我们使用分级法。

1. 研究事件和亚类型

事件 近来关于民主化研究的一个重要部分经常被称为"转型文献"，因为他们所关注的是被称为转型的事件。对事件的研究近来已经成为比较社会科学的重要焦点（Abbott，1992；Griffin，1993；Sewell，1996），而且，如 Riker（1957）在他定义事件的经典论文中所声称的，在对事件进行严密分析的过程中，需要使用二分法来建立边界。无独有偶，奥唐奈和施密特（1986：6）把转型定义为"一种政体与另一种政体之间的间歇"（另参见 Huntington，1991：11）。这一定义反过来要求使用二分法来建立分割点或门槛，以使得向民主转型的事件是可以被认定的。

在跨越国家和时间的复杂比较研究中，为民主的起点定一个有意义的界限以作为划分门槛，这种做法会产生重要问题。博伦和杰克曼指出如此使用二分法会产生两个问题。首先，他们指出，为在不同历史情境下发生的民主化案例建立概念上的等价关系是非常困难的。这一关于等价关系的考虑集中在这一事实上："政治民主（尤其宽泛含义上的）的本质在过去的几十年中已经发生了翻天覆地的变化"（1989：619；另参见 Markoff，1996：4，116-117）。其次，针对许多案例，他们质疑使用二分法建立民主的时间起点的可行性。他们认为"在一个既定国家中声称民主在某个时期开始是毫无意义的",而且"在二元概念下为民主在日期上选择一个起始点是一个充满歧义的工作……实际上,是一个不可能的任务"(1989:618,619)。

尽管这种关于一个有意义的起始点的思考是非常重要的,我们还是要拒绝这种认为分级法对于民主化的研究是放之四海而皆准的观点。虽然博伦和杰克曼正确指出了对于许多案例来说,把民主化作为一个单独事件来研究是有缺陷的,但是这并不意味着对所有案例都不适用。对于有些案例来说,民主化是一个突然闯入的事件,而不是日久绵长的,在这种情况下使用二分法来把民主化看成是一个单一的、有清晰边界的事件来分析就是合适的。

民主的亚类型 在有些研究中,作者用了更多的篇幅是在讨论或许可以被称为"经典"民主亚类型的原因与后果(Collier & Levitsky, 1997:435)。这些亚类型被认为对应于一些明确为民主的但又有着更多不同属性的国家。对于亚类型的关注,前提是已经为民主划定了界限,在这之中不同的亚类型又是有所区别的。

关注亚类型的杰出案例是对议会民主制和总统民主制的政体稳定性的研究(Stepan & Skach, 1993; Linz & Valenzuela, 1994; Satori, 1994)。在这些比较研究中所包含的案例里面,非常强烈地暗示了用二分法的标准来判断哪些国家是民主的,从而可以作为议会或者总统民主制的亚类型来研究。

根据民主的亚类型而衍生出来的研究问题可能看起来需要选择二分法路径,然而,对于事件来说还是可以选择其他的路径。例如,这些研究可能会问,总统制和议会制下的立法—行政关系是否随着民主的程度不同而变化,是否在完全满足民主条件和徘徊在界限边缘的案例中存在不同的模式。这是一个相互区分但又高度相关的问题。对委任式民主(delegative democracy)可以使用同样的方法来分析。这一分级法路径实际上可以遵循舒哥特(Shugart)一项新的研究,他希望对议会制和总统制的出现进行解释。在他的分析中寻求一个因素对以下两种情况下不同国家的解释:(1)可以是民主或者半民主的国家,(2)明确地是民主的国家（Shugart，1999：表格5）。舒哥特于是远离了那种把民主作为绑定整体的潜在概念，而是用分级法来将其概念化。

2. 潜在的概念选择依据

我们认为这些关于事件和亚类型研究的选择经常建立在一个潜在的假设基础之上，即考虑到案例的经验分布和规范性判断。通过认可和捍卫这些假设，学者们可以为做出概念选择提供更好的依据。

案例的经验分布 研究背景对概念选择影响的一个重要方式就包括了被研究案例的经验分布。在一个既定的情境下，学者可能通过对不同国家或者一个国家内不同时段的研究来观察民主与非民主的差距，也可以通过对民主已经进入政治过程或者依然缺乏大部分民主属性的案例来观察这种差距。在存在这种差距的情况下，二分法路径可以为不同案例的经验对比提供充分的概括。在这种情形下使用二分法，就不会断言分级法存在固有缺陷而加以拒绝。与此相反，认为政体确实通过这种方式来分类的经验假设，必须通过分级法路径来检验，以确认是否这种差距确实存在。因此，通过分级法的视角，学者可以评判在一个既定的情境下二分法是否足够好。

在民主与非民主政体之间存在经验差距的观念对目前关于民主化的研究是尤为重要的，后者经常考虑的只是在相对较短的时间跨度里政体的属性发生改变的相对戏剧化的转变。相应地，这些文献广泛应用了民主/非民主的二分法概念以及作为整体事件的政体转型。

规范性判断 规范性的思考在对民主的比较研究中扮演了很重要的角色（Dahl，1971：第二章；Sartori，1987：7-8），这些思考可以为选择二分法还是分级法提供另外一个判断依据。确实，看起来规范性思考潜伏在许多二分法分析的背后，尽管他们没有非常清晰地提出来。尽管事实—价值的划分对于许多社会科学家来说是非常熟悉的，但是我们还是要承认对研究主题的一般选择，以及关于要解释的后果和如何概念化的更为特殊的选择，经常会有规范性思考的部分。如果一个研究寻求解释人类活动的重要后果会被认为是更为重要的，但包含人类活动重要后果的研究就需要规范性的评价。

一个详细阐述了规范性标准,以作为二分法路径选择基础的研究实例,是奥唐奈和施密特(1986)编著的一套名为《威权统治的转型》的系列丛书。他们的起点很明确是规范性的(1986:5,11,13),并且是根据一些政治与社会参数构筑的,主要来自1980年代他们所考察的拉美和南欧国家。给定这些参数,作者相信可以作为宣告政体转型的一个可能标准就是"最低程序要求"的民主版本,包括自由公正的选举,普选权,对政治和公民自由的广泛保护。他们把这群国家贴上"政治民主"的标签(1986:8,13)①,而且他们使用二分法来建立民主的目标。在建立目标的过程中,他们小心翼翼地使得他们的立场与倾向较低或较高标准的学者和政治行动者们发生关联。

3. 概念选择依据中更为深入的议题

发展绑定整体的概念 在第一和第二部分讨论了概念选择中绑定整体的重要性之后,有些令人吃惊的是,我们还没有对这一潜在的判断依据用于二分法的、类型化为基础的民主概念进行详尽地阐述。我们这里希望能够通过聚焦不同民主属性的概念互动来发展绑定整体的概念。尤其是,我们将深入探讨这个问题,即是否每一个在定义中被认为有意义的、可以反映某个民主侧面的部分属性出现,则其他属性也必须出现。

尽管我们没有遇到完全按照这一线索进行概念选择的例子,但是我们发现有些作者确实考虑到了民主的某些属性之间的某种互动。特别是他们声称如果一个附加属性没有出现的话,那么一些被定义下来的民主的其他属性的意义也会发生变化。因此,一个关键属性取"负值"将会取消其他属性的"民主得分"。在这里绑定整体的标准使得大家期望所有的属性是以这种方式相互关联的,这种更为有局限性的理论坚持认为一个属性的分值将会影响到其他属性的意义。

---

① 原作者注:奥唐奈和施密特(1986:8)在他们的初始定义中也包含了横向责任,但是在他们接下来的分析中并不那么重要。

更尖锐的区分　在这一部分，我们通过结合分级法和二分法，开发了两种追求更为尖锐区分的策略。

首先，在基于有限类型的定序范围内，可以为不同的类型加以命名。一个例证就是达尔对于考佩吉—瑞尼克（Coppedge-Reinicke）多头政体指数的改造。达尔在这一量表中的一些边缘的民主类型，例如"优势党政体"和"多党非民主政体"（Dahl, 1989：241）。戴蒙德（1996：57）基于自由之家数据提供了一个类似的定序量表，其中一些类型被命名为"部分非自由民主"和"半竞争化威权"。在一定范围内，这些名称在确认不同类型间重要的经验区别上是有意义的，这种形式的量表可以比没有名称的量表传递更多的信息。例如，达尔的标签"多党非民主政体"，就比那些关于这些案例只单纯给出一个数值的量表传递了更多的信息。

第二个追求更尖锐区分的综合策略以类型化为起点，但结合了分级法的观念。正如科利尔和列维斯基（Collier & Levitsky, 1997：437－442）所指出的，在"缩减的亚类型"下，例如半民主，修饰语用以取消民主的部分含义，以创造出一个比完全民主更次一级但依然拥有民主部分属性的类型，不论作者对完全民主如何定义。因此亚类型其实表达了一种对于民主的分级法观念。

结　论

我们已经指出，对于使用二分法还是分级法路径的选择，如果能够聚焦在对于研究目标和情境上更为特别的讨论，将会更有意义。我们也已经阐明，决定使用二分法或者分级法，主要取决于如何构筑你的研究框架。聚焦于作为整体事件的民主研究以及对民主的经典亚类型研究，适合使用二分法路径。然而，对于事件和亚类型的其他研究视角包括分级法概念的视角也是可行的。关于这些概念选择，我们坚持认为，尽管在特定情境下分级法是必要的，但在另外情境中案例的经验分布或者规范性思考可能为二分法提供了依据。我们的实用主义路径,承认概念、定义以及操作化可能随着研究目标和情境的变化而改变,但不能认为我们忽视对标准化和精确性的根本思考。我们当然拒绝那种"什么都可以做"的"认识论无政府主义"(Feyerabend,1973)。

(译者单位:复旦大学国际关系与公共事务学院)

参考文献(摘选)

Abbott A. 1992. From Causes to Events: Notes on Narrative Positivism. *Sociological Methods Research*, 20: 428 – 455.

Alvarez M, Cheibub JA, Limongi F, Przeworski P. 1996. Classifying Political Regimes. *Study of Comparative International Development*, 31: 3 – 36.

Bollen KA, Grandjean B. 1981. TheDimensions of Democracy: Further Issues in the Measurement and Effects of Political Democracy. *American Sociological Review*. 46: 651 – 659.

Bollen KA, Jackman RW. 1989. Democracy, Stability, and Dichotomies. *American Sociological Review*. 54: 612 – 621.

Bollen KA, Paxton P. 2000. SubjectiveMeasures of Liberal Democracy. *Comparative Political Study*, In press.

Bollen KA. 1980. Issues in the Comparative Measurement of Political Democracy. *American Sociological Review*, 45 (June): 370 – 390.

Bollen KA. 1990. PoliticalDemocracy: Conceptual and Measurement Traps. *Study of Comparative International Development*, 25: 7 – 24.

Bollen KA. 1993. LiberalDemocracy: Validity and Method Factors in Cross – national Measures. *American Journal of Political Science*, 37: 1207 – 1230.

Brady HE. 1995. Doing good

Collier D, Levitsky S. 1997. Democracy with Adjectives: Conceptual Innovation in Comparative Research. *World Politics*, 49: 430 – 451.

Coppedge M. 1997. Modernization and Thresholds of Democracy: Evidence for a Common Path and Process. In *Inequality, Democracy, and Economic Development*, ed. MMidlarsky, pp. 177 – 201. New York: Cambridge University Press.

Dahl RA. 1971. *Polyarchy: Participation and Opposition.* New Haven, CT: Yale University Press.

Dahl RA. 1989. *Democracy and Its Critics.* New Haven, CT: Yale University Press.

Elkins Z. 1999. *Gradations of Democracy: Empirical Tests of Alternative Conceptualizations. Presented at Seminar on Democratization*, Inst. Int. Stud., Stanford Univ., Jan. 21, Stanford, CA.

Feyerabend P. 1973. *Against Method: Outline of an Anarchistic Theory of Knowledge.* London: Verso.

Gallie WB. 1956. Essentially Contested Concepts. *Proc. Aristotelian Soc.* 51: 167 – 198.

Geddes B. 1999. What do We Know About Democratization after Twenty Years? *Annual Review of Political Science*, 2: 115 – 144.

Griffin LJ. 1993. Narrative, Event – structure Aalysis, and Causal Interpretation in Historical Sociology. *American Journal of Sociology*, 98: 1094 – 1133.

Honderich T. 1995. *The Oxford Companion to Philosophy.* Oxford, UK: Oxford University Press.

Huntington SP. 1991. *The Third Wave: Democratization in the Late Twentieth Century.* Norman: University of Oklahoma Press.

Lakoff G. 1973. Hedges: A Study of Meaning Criteria and the Logic of Fuzzy Concepts. *Journal of Philosophy Logic*, 2: 458 – 508.

Lakoff G. 1987. *Women, Fire, and Dangerous Things: What Categories Reveal About the Mind.* Chicago: University of Chicago Press.

Linz JJ, Valenzuela A, eds. 1994. *The Failure of Presidential Democracy.* Baltimore, MD: Johns Hopkins University Press.

Linz JJ. 1975. Totalitarian and Authoritarian Regimes. In *Handbook of Political*

Science, ed. FI Greenstein, NW Polsby, 3: 175 – 353. Reading, MA: Addison-Wesley.

Markoff J. 1996. *Waves of Democracy: Social Movements and Political Change*. Thousand Oaks, CA: Pine Forge.

Michell J. 1990. *An Introduction to the Logic of Psychological Measurement*. Hillsdale, NJ: Erlbaum.

O'Kane RHT. 1993. The Ladder of Abstraction: the Purpose of Comparison and the Practice Of Comparing African Coups détat. *Journal of Theoretical Politics*, 5: 169 – 193.

Pitkin HF. 1967. *The Concept of Representation*. Berkeley, CA: University of California Press.

Przeworski A, Alvarez M, Cheibub JA, Limongi F. 1996. What Makes Democracies Endure? *Journal of Democracy*, 7: 39 – 55.

Przeworski A, Limongi F. 1997. Modernization: Theories and Facts. *World Politics*, 49: 155 – 183.

Riker WH. 1957. Events and Situations. *Journal of Philosophy*, 54: 57 – 70.

Roberts FS. 1976. *Discrete Mathematical Models, with Applications to Social, Biological, and Environmental Problems*. EngleCcategorization. In *Cognition and Categorization*, ed. E Rosch, BB Lloyd, pp. 27 – 48. Hillsdale, NJ: Erlbaum.

Sartori G, ed. 1984a. *Social Science Concepts: A Systematic Analysis*. Beverly Hills, CA: Sage.

Sartori G. 1962. *Democratic Theory*. Detroit, MI: Wayne State Univ. Press.

Sartori G. 1970. ConceptMisformation in Comparative Politics. *American Political Science Review*, 64: 1033 – 1053.

Sartori G. 1975. TheTower of Babel. In T*ower of Babel: On the Definition and Analysis of Concepts in the Social Sciences*, ed. G Sartori, FW Riggs, H Teune, pp. 7 – 38. Occas. Pap. No. 6, Int. Stud. Assoc., Univ. Pittsburgh.

Sartori G. 1984b. *Guidelines for Concept Analysis*. See Sartori 1984a, pp. 15 – 85.

Sartori G. 1987. *The Theory of Democracy Revisited.* Chatham, NJ: Chatham House.

Sartori G. 1991. Comparing andMiscomparing. *Journal of Theoretical Politics*, 3: 243-257.

Sartori G. 1993. *Democrazia, cosa è.* Milan: RCS Rizzoli Libri, SPA.

Sartori G. 1994. *Comparative Constitutional Engineering: An Inquiry into Structures, Incentives, and Outcomes.* New York: New York University Press.

Sewell WH. 1996. Three Temporalities: toward an Eventful Sociology. In *The Historical Turn in the Human Sciences*, ed. TJ McDonald. Ann Arbor: Univ. Mich. Press.

Shugart MS. 1999. Presidentialism, Parliamentarism and the Provision of Collective Goods in Less-developed Countries. *Const. Polit. Econ.* 10: 53-88.

Stepan A, Skach C. 1993. Constitutional Frameworks and Democratic Consolidation: Parliamentarianism versus Presidentialism. *World Politics*, 46: 1-22.

Stevens SS. 1946. On the Theory of Scales of Measurement. *Science*, 103 (2684): 677-680.

Taylor J. 1995. *Linguistic Categorization: Prototypes in Linguistic Theory.* Oxford, UK: Oxford University Press.

Vanhanen T. 1997. *Prospects of Democracy: A Study of 172 Countries.* London: Routledge.

比较研究中的民主概念等级[*]

[美] 戴维·科利尔
[美] 史蒂文·列维茨基（Steven Levitsky） 著
阮家栋、陈尧 编译

20世纪最后数十年全球民主化浪潮向研究者们提出了针对一大批后威权主义政体进行概念化的挑战。肇端于第三波民主化浪潮（Huntington, 1991）中的拉丁美洲、非洲、亚洲和前共产主义世界的诸多民族国家政体已经展示出了民主的一些重要属性。但是，这些政体互相之间极为不同，与发达工业化国家的民主政体也相去甚远。实际上，研究者认为其中许多并非属于充分的民主政体。①

本文认为，研究者往往通过追求两个潜在冲突的目标来应对上述挑战。一方面，他们试图提高分析性差别（analytic differentiation）来把握各种新兴政体。另一方面，他们试图避免概念延展（conceptual stretching），防止根据他们的标准不相关的案例被纳入（Collier and Mahon, 1993; Sartori, 1970）。追求这两个目标的结果导致可供选择的概念迅速

---

* 原文出处：David Collier and Steven Levitsky, "Democracy Conceptual Hierarchies in Comparative Research", in David Collier and John Gerring eds. Concept & method in the Social Science: The Tradition of Giovanni. London: Routledge, 2009, pp. 269 – 288.

① 参见 Schedler 于 2002 年关于政体类型的论文"模糊区域（foggy zone）"。亦可参见载于 Journal of Democracy 2002 年 4 月刊中关于混合政体的其他论文。

增加,包括大量涉及"带形容词的民主"的亚类型①,如"新世袭制民主"(neo-patrimonial democracy)"非自由主义民主"(illiberal democracy)"委任式民主"(delegative democracy)"受控制的民主"(managed democracy)和"低度民主"(low-intensity democracy)。

尽管主要的分析家们在民主的程序定义的基础上对术语使用的标准化做出了不懈努力,但随着持续的民主化及聚焦于日益多样的案例,研究者引入了更多的亚类型和额外的概念创新,由此导致了概念的混淆。通过聚焦于国家政体层面上的各种民主概念,特别是针对拉丁美洲的研究,我们试图提炼出一些概念分析的有效工具,目的在于考察业已出现的各种概念创新的策略,并探究如何权衡这些策略的使用。

本文首先介绍一个新的框架来分析对于上述策略极为重要的概念等级的两种形式——与民主的"经典的亚类型"(classical subtypes)相关联的"种类等级"(kind hierarchy),以及与民主的"缩减的亚类型"(diminished subtypes)相关联的"局部—整体等级"(part-whole hierarchy)。然后,我们将专注于本文中民主的根概念(root concept),并进而考察概念创新的具体形式:向上和向下移动某个"种类等级"、向下移动某个"局部—整体等级"、转化某个"种类等级"中的统御性概念(overarching concept),以及"精确化"(precising)民主的定义,以便厘清可能被视为理所当然的民主特征。

本文的核心目标在于促进更为严谨的定义与概念使用。我们希望本文的讨论能够进一步推动(概念)含义的连贯一致与清晰明确,反过来也可以为我们提供一个更恰当地用以分析因果关系的基准。

"种类等级"与"局部—整体等级"

概念等级在比较研究中发挥着关键作用。通过构想"抽象阶梯"

---

① 一个对应的表述"不带形容词的民主",出现于观察家们在拉丁美洲范围内对完整的民主与不完整的民主进行的持续讨论中(例如可参考 Krauze, 1986)。

(ladder of abstraction) 的理念①，乔万尼·萨托利（Giovanni Sartori）的经典著作重塑了我们关于比较的思考。假设一个概念纵向排列的"阶梯"，或称之为"等级"，对于追求提高差别化和避免概念延展这个双重目标而言是至关重要的（Collier, 1995; Collier and Mahon, 1993; Sartori, 1970）。

本文的分析聚焦于"种类等级"和"局部—整体等级"。

种类等级

种类等级是下级概念或亚类型属于上级概念的一个"种类"（a kind of）的一个嵌套集合（nested set）概念。一个实例就是萨托利在比较行政学领域中关于概念选择的探讨（Sartori, 1970: 1042），他借鉴了韦伯（Weber）的研究。

以行政（administration）的概念作为出发点，我们可以认为官僚制（bureaucracy）是行政的一个种类，而文官机构（civil service）是官僚制的一个种类。沿着这个等级向上，行政反过来是职员（staff）的一个具体种类②（图示10.1）。科利尔和玛宏（Collier and Mahon, 1993: 846）同样从韦伯那里引申了一个例子：以权威（authority）概念作为出发点，他们注意到传统权威（traditional authority）是权威的一个种类，而世袭权威（patrimonial authority）是传统权威的一个种类。再一次，沿着这个等级向上，权威即合法统治（legitimate domination），又是统治（domination）的一个特定种类。

---

① 萨托利（Sartori）的"抽象阶梯"（ladder of abstraction）与科利尔（Collier）和玛宏（Mahon）于1993年提出的"普遍性阶梯"（ladder of generality）的理念之间的区别在此值得我们注意。在萨托利"抽象阶梯"中，越是位于上层的概念拥有越少的界定属性。运用这些概念，在进行经验观察时需要使用较少的区分标准。抽象概念的极端情况是一个理论系统中的概念完全没有对应的经验性指示物。科利尔和玛宏随后通过"普遍性阶梯"进一步阐释了萨托利的这一集中讨论。更普遍的特征是更高程度抽象的一个伴生物，即概念进一步普遍化，就具有更少的界定属性。

② 在韦伯（Weber）的理论中，"职员"（staff）是支撑某个既定领导者或管理者工作的所有直接雇员。

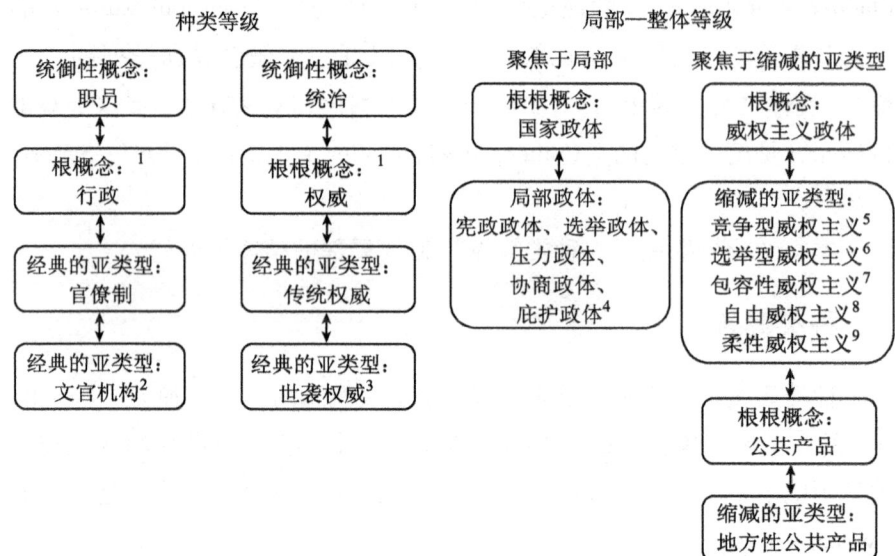

注：[1] 权威和行政在此作为根概念。参见随后文中的讨论。

[2] Sartori（1970：1042） [3] Weber（1978：212-254）

[4] Schmitter（1992：426-430） [5] Levitsky and Way（2002）

[6] Schedler（2006） [7] Bagley（1984：125）

[8] Jowitt（1999：225） [9] Means（1996）

图1 "种类等级"与"局部—整体等级"

在讨论种类等级的过程中，区分根概念（root concept）、统御性概念（overarching concept）和亚类型（subtypes）是有所助益的。根概念是在概念等级中特定研究或分析的起始参照点。[①] 例如，有关法团主义的文献中，根概念就是法团主义。相对于该根概念而言，利益调停的系统是统御性概念，在这组关系中，法团主义就是统御性概念的一个种

---

① Goertz（2006：文中各处）的文章中使用了"基本层级"（basic level），而未提及使用"根概念"（root concept）。我们偏向于"根概念"的理念是因为使用这一概念对于我们而言更直接地表明了根概念所位于的层级（level）随着分析语境的变化而变化。这种对于意义语境的关注——以及相对地对合适等级的对比层级的关注——类似于 Cruse 于1977年对"词汇特异性"（lexical specificity）的论述（参见 Cruse, 2004：368）。

类。至于法团主义的特定亚类型,例如自由法团主义(liberal corporatism),则相对于法团主义这一根概念而言是其下属的一个种类。

与"萨托利阶梯"(Sartori's ladder)的标准理解相对应,关于"种类等级"的三个要点应予以强调:(1)位于等级较低层级(levels)的次级概念通常被理解为"经典的亚类型"(Lakoff,1987:书中各处;Taylor,2003:第二章)。这是每一个次级概念都具有其上级概念的属性之外加上区别于后者的特性,即"属种差异"(genus et differentia)的另一种表述方式。例如,在韦伯的划分中,权威是凭借进一步表明其差异的"合法性"(legitimacy)特性才从统治的概念中被区别出来的。(2)层级之间关系的特点属于一种逆变模式(inverse variation)。① 越是沿着等级向下,概念就具有越多的界定属性,即内涵更丰富,且覆盖的实例越少,即更有限的外延。与之相反,越是沿着等级向上,概念就具有越少的属性,而覆盖的实例越多,即更有限的内涵和更丰富的外延。(3)相应地,在避免"概念延展"和实现更为细微的"差别化"这两者之间,我们发现了与上述相类似的权衡做法。例如,把某一特定形式的治理(rule)界定为统治(domination)可以避免因不恰当地称之为"权威体系"(a system of authority)(即"合法统治")(legitimate domination)而可能引发的"概念延展"。同时,与将其界定为"权威体系"相比,界定为"统治体系"(a system of domination)具有更少的差别化。

局部—整体等级

局部—整体等级建立在我们能够富有意义地识别出许多现象与实体的各个局部(parts)的基础上,就像一棵大树拥有树枝作为它的组成部分一样。在施密特(Schmitter,1992)对局部政体的分析中,一国的政体分为五个部分:宪政政体、选举政体、压力政体、协商政体以及庇护政体(图1)。

---

① 这种逆变模式是概念结构的标准特征,就本文而言,它是一个基础的、有价值的参考点。然而,在某些背景下,这种逆变模式并不一定有效(Copi and Cohen,2002:116)。

局部—整体等级的观念在本文分析中是至关重要的，因为它是用来理解我们所谓的"缩减的亚类型"的基础。此处，我们关注的焦点并不在于一个特定现象被分解后的局部，而是集中于这些局部中的一个（或某些）被遗漏或仅被部分展示，但其余局部的所有部分（或大多数）已被展示的那些案例。这里我们可以再一次运用根概念和亚类型的理论来说明。在这个例子中，亚类型涵盖了根概念的许多特征，但有一些特征却被遗漏了。例如，我们发现了威权主义的许多"缩减的亚类型"，比如竞争型威权主义（competitive authoritarianism）、选举型威权主义（electoral authoritarianism）、包容性威权主义（inclusionary authoritarianism）、自由威权主义（liberal authoritarianism）和柔性威权主义（soft authoritarianism）。另一个例子是德斯帕萨图（Desposato，2001：126）对公共产品，即具备"非竞争性"和"非排他性"界定属性的产品的分析。德斯帕萨图集中研究了他称之为"地方性公共产品"（local public goods），其特有的地方性特征减弱——但绝没有消除——"非排他性"属性。因此，"地方性公共产品"就是一个公共产品的缩减的亚类型。①

接下来，我们将开始分析上述两种概念等级在针对第三波民主化的文献中是如何被使用的。我们将首先介绍本文的出发点——民主的根概念。

界定民主的根概念

在第三波民主化的文献中，民主的根概念建立在"程序最小化"（procedural minimum）定义之上。这一定义关注于民主的程序（procedures），而非实质性的政策或其他被视为民主的结果。"最小化"（mini-

---

① 缩减的亚类型并不必然地采取根概念加上某个形容词的形式。在 Skocpol 的研究中（Skocpol，1979：4），她的关注点在于社会革命，在她的分析覆盖了社会结构和政治结构两者的变化。相比之下，在她的研究中，政治革命仅涉及政治转型。因此，在她看来，政治革命对于社会革命的整体概念而言就是一个缩减的亚类型：其中一个要素被遗漏了。

mal）则是指有意地集中于一组数量最少，但依然能够构成一个切实可行的民主标准的界定属性。毫不奇怪，关于哪些属性是这个恰当的定义所必要的问题依然存在着分歧。例如，这些学者中的大多数（但并非全部）都把他们认为在政体中更具有政治性的特征从社会和经济特征中区别开来，把后者作为民主的潜在原因或结果，而不是民主特征的本身来加以分析，将更为合适（Karl，1990）。

本文中被最广泛使用的"程序最小化定义"假定，民主应当具备充分选举投票权的，且不存在大规模舞弊的，结合公民自由权（包括言论自由、集会自由、结社自由）有效保障的真正的竞争性选举。[①] 然而，在此定义基础上的一些概念变化也是十分重要的。例如，某些学者通过增加（某种意义上是明确指出）民选政府必须在合理程度上拥有控制军队及其他强大的、非选举产生的行为者的有效权力这一标准，提出了一个"扩展了的最小化程序定义"（expanded procedural minimum definition）。

概念创新的策略

现在我们着手于本文中提出的各种具体的概念创新策略。这些策略使用了种类等级和经典的亚类型；局部—整体等级和缩减的亚类型；改变某个种类等级中的统御性概念；以及提炼（或精确化）民主的定义以便涵盖在特定定义中并未被明确规定、但对民主的更广泛理解又极其重要的那些特征。

使用种类等级中经典的亚类型的手段

正如导言中所讲的，第三波民主化文献中的主要目标是在业已出现的众多民主形式中实现差别化，并同时避免在分析这些政体时出现概念延展。

[①] Diamond 等（1989：xvi）、Di Palma（1990：16）以及 O'Donnell 和 Schmitter（1986：8）；亦可参见 Linz（1978：5）。

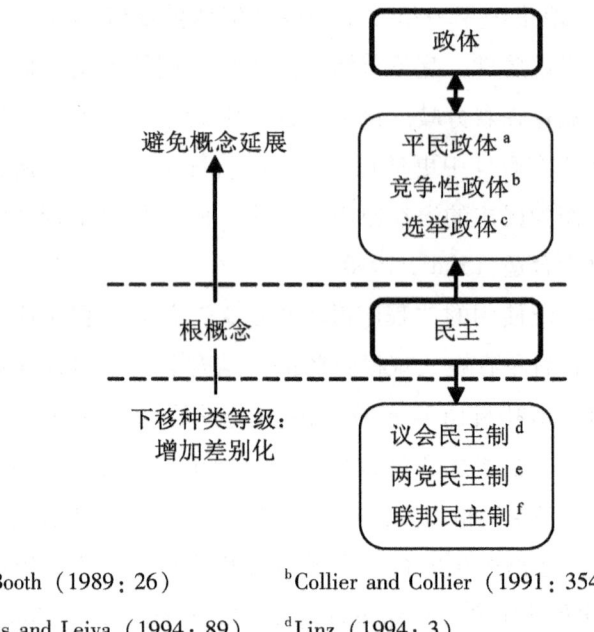

注：[a] Booth (1989: 26)　　　　　[b] Collier and Collier (1991: 354)
[c] Petras and Leiva (1994: 89)　[d] Linz (1994: 3)
[e] Gasiorowski (1990: 113)　　　[f] Gastil (1990: 35)

图2　种类等级：提高差别化 vs. 避免概念延展

在萨托利的传统中，理解这些不同民主形式的进一步差别化可以通过将一个种类等级下移至具有更多界定属性且适合于更少案例的经典的亚类型的办法来加以实现。这些亚类型提供了对于研究者来说非常重要的更细微区分。一个标准的例子是"议会民主制"(parliamentary democracy)（图2）。

然而，这种方式所形成的亚类型可能使研究者更容易遭到概念延展的批评。他们假定所讨论的案例是民主政体，并且，正如图中所示，这些亚类型可能进一步包含了并不适合当前所分析的案例的不同属性。一个避免这一问题的标准方法就是把种类等级上移至具有更少界定属性和相应地适合更多案例的概念。在目前情况下，这可以通过使用位于种类等级中民主根概念之上的概念的方法来加以实现。相对于政体这一统御性概念，学者们通常将民主视作一个特定类型。因此，如果他们担心某个特定的案例是否属于民主政体的话,他们可以上移等级并简单称之为政体即可。

此处出现了一个明显的权衡问题(trade-off)。转化为像政体这样普遍性的概念势必造成差别化的丧失。因此,学者们通常选择转移至中间层级(图2),即为政体这一术语增加形容词从而产生经典的亚类型以区分政体的特定类型。由此产生的这些亚类型比民主概念更具有普遍性,其所覆盖的不仅是民主政体,还有非民主政体。这类例子包括了平民政体(civilian regime)、竞争性政体(competitive regime)和选举政体(electoral regime)。尽管学者们由此针对政体而言的确实现了一定的差别化,但他们自己不再坚持宣称所分析的案例属于民主国家。

虽然以这种方式上移等级的确有助于避免概念延展,但它却存在一个重大缺陷,即造成差别化的明显丧失。上移和降低种类等级的策略只能实现两个目标中的一个或另一个,但却不可能同时实现两个目标。

使用局部—整体等级中缩减的亚类型的手段

本书中广泛加以使用的另一个可供选择的概念创新策略是在局部—整体等级中使用缩减的亚类型。这一方法同时具有避免概念延展并提高差别化的优点。其例子包括受限的选举民主(limited suffrage democracy)和监护式民主(tutelary democracy)。与种类等级中经典的亚类型不同,缩减的亚类型同时实现了这里所讨论的两个目标。首先,因为这些亚类型被用于界定局部民主的国家,分析者由于在对民主化的程度上做出了更为适当的评价,所以他们不易受到概念延展的影响。其次,涉及差别化。缩减的亚类型的独特性在于,它们通常认同那些被遗漏的特定民主属性,由此确立亚类型的缩减特征。同时,它们又具有仍然存在的其他民主属性。鉴于其集中于不同属性的特定结合,这些亚类型提高了差别化程度。

表1展示了前述提及的民主根概念中形成的众多缩减的亚类型的例子。为了进一步说明,我们将聚焦于遗漏某个属性的例子。

第一组(1a)中的亚类型涉及遗漏属性为充分普选权(full suffrage)的例子。此处,我们发现了用于将现代案例从普选权出现之前的历史案例中区分开来的术语，诸如男性民主（male democracy）或寡头民主（oligarchical democracy）。在充分竞争（full contestation）属性被遗漏的例子（1b）中，如当重要政党被禁止参加选举竞争时，我们提出了受控的民主（controlled democracy）和有限民主（restrictive democracy）的术语。当公民自由权（civil liberties）不完备时（1c），学者们使用诸如选举民主（electoral democracy）和非自由主义民主（illiberal democracy）的术语。

第二组（2）中的亚类型是那些由创造出"扩展的最小化程序定义"，例如前述提及的把民选政府拥有有效统治权加入到属性中的学者们所引入的。根据这一出发点，这些学者提出了这一属性被遗漏的缩减的亚类型。上述案例中军队拥有不受节制的政治权力的国家，包括了受保护式民主（protected democracy）和监护式民主（tutelary democracy）。

表1　局部—整体等级：缩减的亚类型的例子

1. 基于"最小化程序定义"的缩减		
（1a）	（1b）	（1c）
遗漏的属性：充分普选权	遗漏的属性：充分竞争	遗漏的属性：公民自由权
有限的民主[a]	受控的民主[d]	选举民主[g]
男性民主[b]	实质上的一党民主[e]	硬性民主[h]
寡头民主[c]	受限民主[f]	非自由主义民主[i]
2. 基于"扩展的最小化程序定义"的缩减		
	遗漏的属性：民选政府拥有有效统治权	
	看守式民主[j]	
	受保护式民主[k]	
	监护式民主[l]	

注：[a]Archer（1995：166）　[b]Sorensen（1993：20）　[c]Hartlyn and Valenzuela（1994：99）　[d]Bagley（1984：125）　[e]Leftwich（1993：613）　[f]Waisman（1989：69）　[g]Hadenius（1994：69）　[h]O'Donnell and Schmitter（1986：9）　[i]Emmerson（1995）　[j]Torres Rivas（1994：27）　[k]Loveman（1994：108–111）　[l]Przeworski（1988：60–61）

这样，缩减的亚类型是在分析非充分民主的案例时避免概念延展的一项有效工具,它也提供了新的差别化手段。许多学者均已指出了超越"威权—民主"概念二分化的必要,并识别出了许多后威权主义政体的混合(hybrid)特征。① 缩减的亚类型能够聚焦于这些混合政体的各种特征。

然而,对于那些被认为属于非充分民主的国家,所遇到的问题是能否避免将他们看作是民主的亚类型——例如,在对公民自由权严重侵犯以及/或者对选举竞争严格限制的案例中。一个例子是布鲁斯·巴格利(Bruce Bagley)反对将大量民主缩减的亚类型运用于哥伦比亚国民阵线时期(1958-1974),这些亚类型包括了受限的(restricted)民主、受控的(controlled)民主、有限的(limited)民主、寡头(oligarchical)民主、精英主义(elitist)民主和精英—多元主义(elitist-pluralist)民主。巴格利地将哥伦比亚描述为一个威权主义的亚类型:包容性威权主义政体(inclusionary authoritarian regime)(Bagley, 1984: 125-127)。类似的例子是列维托斯基(Levitsky)和韦(Way)对普京(Putin)执政时期的俄罗斯和藤森(Fujimori)执政时期的秘鲁的描述(Levitsky, 2002: 52-58)。这些国家都不应被看作是局部民主,而是被视为竞争性威权主义政体。

转化统御性概念的手段

概念创新的进一步策略涉及修改种类等级的一个不同方法。在这一方法中,学者转化使民主被视为特定例子的统御性概念。这一统御性概念的转化也改变了民主这一根概念的涵义。从这一角度来说,相较于前面讨论过的两种策略,它可以被视为是一种更激进的调整。

本文中的学者们最普遍地从统御性概念即政体的角度来理解民主,前面讨论的民主的程序标准就是政体的特征。然而,一些分析家们开始将民主视作相对于其他统御性概念的根概念,例如民主政府(democratic

---

① Conaghan 和 Espinal(1990: 555)、Hartlyn(1994: 93-96)、Karl(1995)、Malloy(1987: 256-257)、Weffort(1992b: 89-90)以及 Levitsky 和 Way(即将出版)。

government）或民主国家（democratic state）。因此，当一个特定的国家被标记为"民主"（democratic）时，其含义根据不同的统御性概念而有所变化。

学者们使用转化统御性概念的策略是为了创造出一个更宽松或更严格的标准来区分不同的民主国家。这些替代性策略可以通过对巴西进行分析来加以解释（表2）。一些学者发现在1985年后，巴西政治是如此的缺乏制度化以致于使用政体这一总体性标签显得并不恰当，但他们认为宣称当时的巴西不是民主国家也是不合理的。由此，他们通过参照民主形势（democratic situation）以降低标准而将其归为民主政体。① 另一些学者通过使用民主政府（democratic government）或民主时刻（democratic moment）这些术语，来转化统御性概念。② 例如，民主政府的理念旨在表明，尽管某一届政府③由民主选举产生，但是民主程序的可持续性依然存疑。

表2　转化统御性概念：1985年后的巴西

	降低标准		出发点	提高标准
作者	民主形势	民主政府	民主政体	民主国家
邓肯·贝雷塔和马科夫[a]	是		否	
哈格皮恩和梅因沃林[b]		是	否	
奥唐奈[c]		是	否	
奥唐奈[d]			是	否

注：[a] Duncan Baretta and Markoff（1987：62）　[b] Hagopian and Mainwaring（1987：485）　[c] O'Donnell（1988：281）　[d] O'Donnell（1993：1360）

---

① 这一区别遵从了胡安·林茨（Juan Linz）于1973年对于1964年后早期威权主义时期巴西的分析：林茨引入了民主形势（democratic situation）的概念以分析国家政治结构中较弱制度化的情况。
② Malloy（1987：236）使用了民主时刻（democratic moment）的词语以表达与民主政府（democratic government）基本相同的概念。
③ 政府在此处被理解为国家之首脑及围绕于国家之首脑的直接政治领导。

此外，通过将统御性概念从政体转化为国家，奥唐奈（O'Donnell）建立了一个将特定国家归为民主的更为严格的标准。1989 年巴西的总统大选导致了先前对巴西民主怀疑的一些学者接受了巴西属于民主政体的观念。在此背景下，奥唐奈继续就巴西这一国家的民主特征提出质疑。他观察到，在这个国家的一些地区广泛存在新封建化（neofeudalized）和有时苏丹式（sultanistic）政治关系的背景下，巴西并没有实现在法律框架内保护公民的基本权利（O'Donnell, 1993: 1359 以及文中各处, 2001）。在影响作为民主政体程序定义的核心特征的选举和公民自由权的意义上，这一缺失可能不会直接影响政体的运行。然而，奥唐奈认为国家的法律制度和官僚制度的缺失是巴西政治以及其他几个拉丁美洲国家政治的关键特征。虽然他承认巴西拥有民主政体，但他不认为巴西是一个民主国家。

总之，在种类等级中转化统御性概念是为了引入更加细密的区分。当这一策略降低了宣称一个特定国家为民主国家的标准时，它也有助于避免概念扩大化。当这一策略提高了标准时，人们通常就会认为相关的案例国家实际上就属于民主政体。[①]

使用精确化定义的手段

最后一种策略由通过增加属性来精确化民主自身的定义所构成。[②] 显然，这种方法改变了种类等级和局部—整体等级这两者被构造时所依据的根概念。随着民主的概念被扩展到新的背景下，研究者们有时会遭遇一个根据普遍被接受的定义被归为民主政体的特定案例。然而，根据一项对（民主）概念更广泛的理解，这一案例可能被视为非充分民主。[③] 这种案例与正式定义之间的不相配有时会引导分析家们去阐明那些被含

[①] 例如，奥唐奈（O'Donnell, 1993: 1355）在分析民主国家时就十分明确地提出其所讨论的国家已拥有民主政体。

[②] Copi 和 Cohen（2002: 106-109）以及 Sartori（1984: 81）。

[③] 普遍被接受的民主概念与被更普遍理解的民主概念之间的区别类似于 Adcock 和 Collier 于 2001 年间讨论的系统化概念（systematized concept）与背景概念（background concept）之间的对比。

蓄地理解为民主所有涵义中一部分的、但又未被包括在先前定义内的一个或多个标准。结果是产生一个意欲改变某个特定案例归类情况的新定义。这个新定义通过微调民主与非民主之间的分割点（cut-point），提高了差别化。同时，精确化定义通过排除不适用于民主新概念的案例，也有效避免了概念延展。

精确化定义的一个例子是前文提到的"扩展的最小化程序定义"的出现。在一些中美洲以及南美洲国家中，比如智利和巴拉圭，威权主义统治的一个遗产就是民选政府基本无权过问军队的保留领域（Valenzuela, 1992: 70）。因此，虽有自由或相对自由的选举，这些国家的平民政府依旧被一些分析家视为缺乏有效的统治权。

考虑到这些威权主义的遗产，以及通常作为对"因为这些国家举行自由选举，所以它们是民主的"说法的回应，一些学者通过明确规定民选政府必须在合理程度内具有有效统治权，修改了最小化程序定义。根据这个修改后的定义，即便业已举行了相对自由的选举的国家——诸如智利、萨尔瓦多和巴拉圭——依然被一些学者从民主国家的行列中排除了出去。① 这些学者通过纳入一个在研究发达工业化民主国家时习以为常的，但在这些特定的拉丁美洲国家中缺少的属性，由此修改了民主的定义。虽然在关于一些特定案例的分类方面依旧存有异议，但这个修改后的定义已经被广泛接受。②

在此情况中，精确化定义通过微调民主与非民主之间的分割点，加深了差别化。它也从排除不适用于这一更宽泛民主概念的案例的角度避免了概念的扩大化。然而，因为精确化定义引入了对有关民主整个涵义的变化，所以它是本文讨论中最激进的策略。

相应地，其他精确化定义的倡议不太容易被接受，仅仅暴露了这一

---

① Karl（1990: 2）、Loveman（1994）以及 Valenzuela（1992）；亦可参见 Rubin（1990）。
② 例如，在分析1990年之后的智利时，Rhoda Rabkin 将研究者引入"扩展的最小化程序定义"时所采用的方法看作例外。她认为，文官对于军队的控制问题并不能充分挑战民选政府，为将智利称之为"边缘型民主"而辩护（borderline democracy）（Rabkin, 1992 - 1993: 165）。

策略的缺陷。第二个例子揭示了被称之为"托克维尔式"定义（Tocquevillean definition）的问题。在分析后威权主义巴西的过程中，弗朗西斯科·维弗特（Francisco Weffort）和吉列尔莫·奥唐奈（Guillermo O'Donnell）等学者被公民权利遭到该国某些地区遍布的半封建和威权主义社会关系侵蚀的严重程度所困扰。针对这一问题，他们使用精确化民主定义以排除巴西。这样，维弗特增加了"一定水平的社会平等"这一使一个国家被认为是民主的界定条件，而奥唐奈也引入了一个类似的条件。① 通过采用托克维尔式的观点，这些作者依然将自己保留在程序性的界定之内。然而，引入社会关系问题却代表了对先前程序定义的重大偏离，这种方法也未被广泛使用。②

同样也未被广泛接受的第三种尝试即精确化策略产生于对以下问题的关注：在拉丁美洲的新兴民主国家和前共产主义世界的国家中，一些民选总统广泛使用着命令权力、规避着诸如立法机构和政党等民主机构，形式上采取平民表决而实际上带有强烈威权主义的方式统治着国家。在拉丁美洲，这种横向问责机制（horizontal accountability）失灵③的突出例子包括阿根廷的卡洛斯·梅内姆（Carlos Menem）、巴西的费尔南多·科洛尔·德梅洛（Fernando Collor de Mello）以及最为极端的秘鲁的阿尔韦托·藤森（Alberto Fujimori）。对于这些威权主义趋势的关注导致了一些作者将对行政权力的制约纳入到民主的程序标准之中，从而排除了这种不受限制的总统制。④ 然而，这种创新也同样未得到广泛采纳。

精确化定义能够同时满足引入更细微的差别化和避免概念延展两者的需要，但它也需要谨慎使用。在本文中所考察的概念创新的策略中，

---

① 奥唐奈（O'Donnell, 1988: 297–298, 1992: 48–49）以及 Weffort（1992a: 18, 1992b: 100–101）。

② 正如前述所见，奥唐奈（O'Donnell）随后选择了转化统御性概念作为分析这些所关注问题的一个手段。

③ 在定义中使用横向问责机制的作者包括 Ball（1994: 45–46）以及 Schmitter 和 Karl（1991: 76, 87）。O'Donnell 和 Schmitter（1986: 8）将其纳入了他们的正式定义，但横向问责机制似乎在他们后来的分析中并未起到作用。

④ Fish（2001: 54）后来论述过"超级总统制"（superpresidentialism）。

精确化策略通过修改民主定义本身而产生了最为激进的变化。更一般地来说，如果一个基于精确化策略的概念创新被广泛接受，那么它就改变了所有其它定义策略的出发点，从而扰乱了语义场（semantic field）。[①]相比之下，一种新的亚类型的引入并不会招致这一问题。对于一直受到概念混淆所困扰的研究来说，运用精确化定义这一策略必然利大于弊。

总结性评论

我们已经分析了，当学者们概括出现于第三波民主化中的各种政体而遇到双重挑战（即增加差别化同时避免概念延展）时所运用的概念创新策略。

应对这些挑战时可运用的策略总结于图3。概念创新可发生于三个层次：民主的根概念、亚类型和统御性概念。我们可以看到，（1）将种类等级下移至民主的经典的亚类型和（2）将这一等级上移至政体的经典的亚类型的策略能够有效地提高差别化或避免概念延展，但无法同时实现这两个目标。相比之下，上述两个目标可以通过（3）在局部—整体框架内创造出缩减的亚类型和（4a）转化统御性概念作为降低民主标准的策略而同时得到实现。相比之下，（4b）转化统御性概念以提高民主标准的策略能够产生更细微的差别化，但却无法避免概念延展。

第五个策略，即（5）通过增加属性来精确化民主的定义，有着同时避免概念延展（相对于对民主更为广泛的理解而言）和实现更细微的差别化的优点。然而，随着统御性概念发生转化，就其同时改变了这一等级中其他概念的涵义而言，这种策略是一种更为激进的方法。

我们也强调了从特定策略中产生的特殊问题。缩减的亚类型在描述混合政体时是十分有用的，但也引发了这些混合政体是否应该被视作民主的亚类型，而非威权主义或其他政体的亚类型的问题。以提高民主标

---

① 关于扰乱语义场（semantic field）的问题，可参见萨托利（Sartori, 1984: 51–54）。

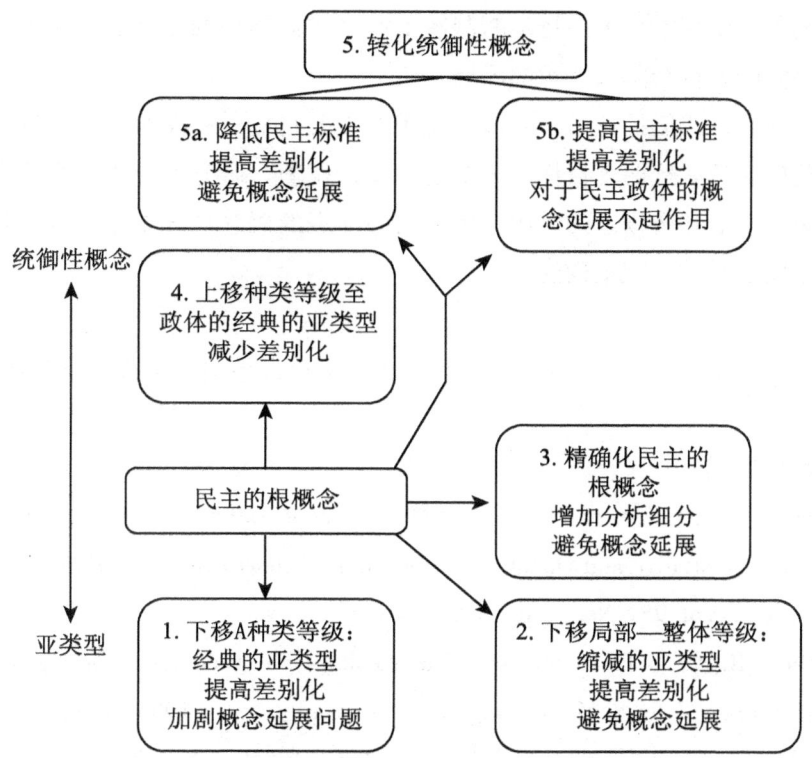

图 3　策略评价：提高差别化与避免概念延展

准为目的而转化统御性概念的策略虽然不涉及概念延展的问题，却在客观上允许研究者在不放弃民主程序定义的情况下引入新的分析议题。最后，精确化定义的策略经常受到研究者围绕民主定义争论的长期困扰。

在图 3 中总结的不同策略也指向一个更宽泛的问题。与社会科学的许多领域一样，第三波民主化研究的文献中也面临着数以百计的亚类型迅速增加、且其中许多意味着同样事物的重大困境。这一结果可能导致学术混淆并损害理论构建事业。在针对国家政体的更多文献中，重要的研究创新往往与概念的创造和/或概念的系统化一起被定期地引入，例如，威权主义（authoritarianism）、多头政治（polyarchy）、官僚威权主义（bureaucratic authoritarianism）、法团主义/统合主义（corporatism）、协和式民主（consociational democracy）。然而，如果对诸如民主这类政治现象的研究蜕化为一场不断制造出概念或亚类型的竞赛的话,那么比较政体研究将会陷入严重的困境。

因此,我们提议另一个概念使用的重要目标——面对实现差别化和避免概念延展这两个目标时需要进一步的权衡。研究者应当力争简化并避免新术语和新概念的滥用。围绕精心界定的概念展开学术研究,将促进建设性对话与理论构建。

(译者单位:上海交通大学国际与公共事务学院)

【参考文献】

Adcock, R., Collier, D., 2001. "Measurement Validity: A Shared Standard for Qualitative and Quantitative Research," *American Political Science Review*, Vol. 95, No. 3, pp. 529 – 546.

Archer, R. P., "Party Strength and Weakness in Colombia's Besieged Democracy," in S. Mainwaring and T. R. Scully, eds, 1995. *Building Democratic Institutions: Party Systems in Latin America*, Stanford: Stanford University Press.

Bagley, B. M., "Colombia: National Front and Economic Development," in R. Wesson, ed., 1984. *Politics, Policies, and Economic Development in Latin America*, Stanford: Hoover Institution Press.

Booth, J. A., "Framework for Analysis," in J. A. Booth and M. A. Seligson, eds, 1989. *Elections and Democracy in Central America*, Chapel Hill: University of North Carolina Press.

Collier, D., "Trajectory of a Concept: 'Corporatism' in the Study of Latin American Politics," in P. H. Smith, ed., 1995. *Latin America in Comparative Perspective: New Approaches to Method and Analysis*, Boulder, CO: Westview Press.

Collier, D., Levitsky, S., 1997. "Democracy with Adjectives: Conceptual Innovation in Comparative Research," *World Politics*, Vol. 49, No. 3, pp. 430 – 451.

Collier, D., Mahon, J. E., Jr., 1993. "Conceptual 'Stretching' Revisited: Adapting Categories in Comparative Analysis," *American Political Science Review*, Vol. 87, No. 4, pp. 845 – 855.

Collier, R. B., Collier, D., 1991. *Shaping the Political Arena: Critical Junctures, the Labor Movement, and Regime Dynamics in Latin America*, Princeton: Princeton University Press.

Conaghan, C. M., Espinal, R., 1990. "Unlikely Transitions to Uncertain Regimes? Democracy without Compromise in the Dominican Republic and Ecuador," *Journal of Latin American Studies*, Vol. 22, No. 3, pp. 553 – 574.

Copi, I. M., Cohen, C., 2002. *Introduction to Logic*, 11th edn., Upper Saddle River, NJ: Prentice Hall.

Cruse, D. A., 2004. *Meaning and Language: An Introduction to Semantics and Pragmatics*, Oxford: Oxford University Press.

Desposato, S., 2001. "Institutional Theories, Social Realities, and Party Politics in Brazil," Doctoral Dissertation, Department of Political Science, University of California, Los Angeles.

Diamond, L., Linz, J. J., Lipset, S. M., "Preface," in J. J. Linz, L. Diamond, and S. M. Lipset,' eds, 1989. *Democracy in Developing Countries: Latin America*, Boulder, CO: Lynne Rienner.

Di Palma, G., 1990. *To Craft Democracies: An Essay on Democratic Transitions*, Berkeley: University of California Press.

Duncan Baretta, S., Markoff, J., "Brazil's Abertura: Transition to What?," in J. M. Malloy and M. A. Seligson, eds, 1987. *Authoritarians and Democrats: Regime Transition in Latin America*, Pittsburgh: University of Pittsburgh Press.

Emmerson, D., 1995. "Region and Recalcitrance: Rethinking Democracy through Southeast Asia," *Pacific Review*, Vol. 8, No. 2, pp. 223 – 248.

Fish, M. S., "The Dynamics of Democratic Erosion," in R. Anderson, Jr., M. S. Fish, S. E. Hanson, and P. G. Roeder, eds, 2001. *Postcommunism and the Theory of Democracy*, Princeton: Princeton University Press, Chapter 3.

Gasiorowski, M. J., 1990. "The Political Regimes Project," *Studies in Comparative International Development*, Vol. 25, No. 1, pp. 109 – 125.

Gastil, R. D., 1990. "The Comparative Survey of Freedom: Experiences and Suggestions," *Studies in Comparative International Development*, Vol. 25, No. 1, pp. 25 – 50.

Hadenius, A., "The Duration of Democracy: Institutional vs. Socio-economic Factors," in D. Beetham, ed., 1994. *Defining and Measuring Democracy*, London: Sage.

Hagopian, F., Mainwaring, S., 1987. "Democracy in Brazil: Problems and Prospects," *World Policy Journal*, Vol. 4, pp. 485 – 514.

Hartlyn, J., 1994. "Crisis-ridden Elections (Again) in the Dominican Republic: Neopatrimonialism, Presidentialism, and Weak Electoral Oversight," *Journal of Interamerican Studies and World Affairs*, Vol. 36, No. 4, pp. 91 – 144.

Hartlyn, J., Valenzuela, A., "Democracy in Latin America Since 1930," in L. Bethell, ed., 1994. *The Cambridge History of Latin America*, Vol. 6, Cambridge: Cambridge University Press.

Jowitt, K., "The Leninist Legacy," in V. Tismaneanu, ed., 1999. *The Revolutions of* 1989, New York: Routledge, Chapter 11.

Karl, T. L., 1990. "Dilemmas of Democratization in Latin America," *Comparative Politics*, Vol. 23, No. 1, pp. 1 – 21.

Karl, T. L., 1995. "The Hybrid Regimes of Central America," *Journal of Democracy*, Vol. 6, pp. 72 – 86.

Krauze, E., 1986. *Por una Democracia sin Adjetivos*, Mexico City: Joaquín Mortiz/Planeta.

Lakoff, G. , 1987. *Women, Fire, and Dangerous Things: What Categories Reveal about the Mind*, Chicago: University of Chicago Press.

Leftwich, A. , 1993. "Governance, Democracy, and Development in the Third World," *Third World Quarterly*, Vol. 14, No. 3, pp. 605 – 624.

Levitsky, Steven, 1998. "Institutionalization and Peronism: The Concept, the Case, and the Case for Unpacking the Concept," *Party Politics*, Vol. 4, No. 1, pp. 77 – 92.

Levitsky, S. , Way, L. , 2002. "The Rise of Competitive Authoritarianism," *Journal of Democracy*, Vol. 13, pp. 51 – 66.

Levitsky, S. , Way, L. , *Competitive Authoritarianism: International Linkage, Organizational Power, and the Fate of Hybrid Regimes*, New York: Cambridge University Press, forthcoming.

Linz, J. J. , "The Future of an Authoritarian Situation or the Institutionalization of an Authoritarian Regime: The Case of Brazil," in A. Stepan, ed. , 1973. *Authoritarian Brazil: Origins, Policies, Future*, New Haven, CT: Yale University Press.

Linz, J. J. , "Presidential or Parliamentary Democracy: Does It Make a Difference?" in J. J. Linz and A. Valenzuela, eds, 1994. *The Failure of Presidential Democracy*, Baltimore, MD: Johns Hopkins University Press.

Loveman, B. , 1994. " 'Protected Democracies' and Military Guardianship: Political Transitions in Latin America, 1978 – 1993," *Journal of Interamerican Studies and World Affairs*, Vol. 36, No. 2, pp. 105 – 189.

Means, G. , 1996. "Soft Authoritarianism in Malaysia and Singapore," *Journal of Democracy*, Vol. 7, No. 4, pp. 103 – 117.

Malloy, J. M. , "The Politics of Transition in Latin America," in J. M. Malloy and M. A. Seligson, eds. , 1987. *Authoritarians and Democrats: Regime Transition in Latin America*, Pittsburgh: University of Pittsburgh Press.

O'Donnell, G. , 1988. "Challenges to Democratization in Brazil," *World Policy Journal*, Vol. 5, pp. 281 – 300.

O'Donnell, G., "Transitions, Continuities, and Paradoxes," in S. Mainwaring, G. O'Donnell, and J. S. Valenzuela, eds, 1992. *Issues in Democratic Consolidation: The New South American Democracies in Comparative Perspective*, Notre Dame, IN: University of Notre Dame Press.

O'Donnell, G., 1993, "On the State, Democratization and Some Conceptual Problems: A Latin American View with Glances at Some Postcommunist Countries," *World Development*, Vol. 21, No. 8, pp. 1355 – 1369.

O'Donnell, G., Schmitter, P. C., 1986. *Transitions from Authoritarian Rule: Tentative Conclusions about Uncertain Democracies*, Baltimore, MD: Johns Hopkins University Press.

Petras, J. and Leiva, F. I., 1994. *Democracy and Poverty in Chile: The Limits to Electoral Politics*, Boulder, CO: Westview Press.

Przeworski, A., "Democracy as a Contingent Outcome of Conflicts," in J. Elster and R. Slagstad, eds, 1988. *Constitutionalism and Democracy*, Cambridge: Cambridge University Press.

Rabkin, R., 1992 – 1993. "The Aylwin Government and 'Tutelary' Democracy: A Concept in Search of a Case?" *Journal of Interamerican Studies and World Affairs*, Vol. 34, No. 4, pp. 119 – 194.

Sartori, G., 1970. "Concept Misformation in Comparative Politics," *American Political Science Review*, Vol. 64, No. 4, pp. 1033 – 1053.

Sartori, G., "Guidelines for Concept Analysis," in G. Sartori, ed., 1984. *Social Science Concepts: A Systematic Analysis*, Beverly Hills, CA: Sage.

Schedler, A., 2002. "The Menu of Manipulation," *Journal of Democracy*, Vol. 13, No. 2, pp. 36 – 50.

Schmitter, P. C., Karl, T. L., 1991. "What Democracy Is and Is Not," *Journal of Democracy*, Vol. 2, No. 3, pp. 75 – 88.

Skocpol, T., 1979. *States and Social Revolutions*, New York: Cambridge University Press.

Sorensen, G., 1993. *Democracy and Democratization: Process and Prospects in a Changing World*, Boulder, CO: Westview Press.

Taylor, J. R., 2003. *Linguistic Categorization*, 3rd edn., Oxford: Oxford University Press.

Torres Rivas, E., 1994. "La Gobernabilidad Centroamericana en los Noventa," *América Latina Hoy*, Vol. 2, pp. 27 – 34.

Valenzuela, J. S., "Democratic Consolidation in Post – transitional Settings: Notion, Process, and Facilitating Conditions," in S. Mainwaring, G. O'Donnell, and J. S. Valenzuela, eds, 1992. *Issues in Democratic Consolidation: The New South American Democracies in Comparative Perspective*, Notre Dame, IN: University of Notre Dame Press.

Waisman, C. H., 1989. "Argentina: Autarkic Industrialization and Illegitimacy," in L. Diamond, J. J. Linz, and S. M. Lipset, eds, *Democracy in Developing Countries: Latin America*, Boulder, CO: Lynne Rienner.

Weber, M. 1978. "The Types of Legitimate Domination," in G. Roth and C. Wittich, eds, *Economy and Society*, Berkeley: University of California Press.

Weffort, F., 1992a. "New Democracies, Which Democracies?" Working Paper No. 198, *Latin American Program*, Washington, DC: Woodrow Wilson International Center for Scholars.

Weffort, F. 1992b. *Qual democracia?* São Paulo: Companhia das Letras.

使类型学更有效：概念形成、测量与精确分析*

［美］戴维·科利尔、［美］乔迪·拉波特（Jody Laporte）
［美］詹森·西奈特（Jason Seawright） 著
汪仕凯 编译

摘要： 类型学是社会科学中成熟的分析工具，在概念形成、完善测量、拓展维度、组织解释性要求等方面能够发挥作用。但是建立在定量标准基础上的批评性意见，则认为类型学不够精细、已经过时了。这种批评在方法论上是站不住脚的，建立在类型学基础上的研究能够而且应当向着更加准确的分析和细致的测量发展，其标准可以概括为类型学研究的指南、说明性的目录和简要的难点表。

关键词： 类型学 概念形成 测量 测量层次 类型等级 定性方法 多方法研究

---

* 原文出处：David Collier, Jody Laporte, and Jason Seawright, "Putting Typologies to Work: Concept Formation, Measurement, and Analytic Rigor", *Political Research Quarterly*, Vol. 65, No. 1, 2012.

一、导言

类型学——类型的组织化体系——是社会科学中成熟的研究工具，在概念形成和提炼、发掘潜在的维度、创造分级和测量的类别、整理案例等多种分析中做出了关键性贡献。

在当前的研究中，类型学被应用于广泛的研究领域，这包括工会-政府互动模式、国家回应女权运动的模式、比较政治经济学、后共产主义政体、社会政策、时间视野中的因果关系模式、跨国联盟、国家的经济干预、政治动员、国家统一、个人独裁、抗争政治、投票寻租和民族国家的类型等。

本文讨论两个问题，第一个是对类型学的质疑。一些建立在定量研究方法基础上的意见，认为类型学乃至类型学得以建构的类别变量是粗糙的，已经过时了。第二个问题是检验类型学在重振概念形成和测量方面的贡献。借鉴文章第一部分所论及的关于类别变量和测量的思想，我们提供了一个能够提升缜密程度的类型学的基本样板。

在进行我们的讨论之前，必须强调几个关键的差别：

首先是概念化的类型，假定这里关注的是概念化和测量，那么本文将聚焦于什么可能被叫做概念化的类型。这些类型通过映射出概念的维度来详细阐明其意义，概念的维度对应着类型学中的行和列，单元格类型学（cell typology）就是通过与行和列相关的位置来界定的。①

其次是描述性类型和解释性类型之间的差别，概念化的类型也叫做描述性的类型，概念的维度和单元格类型用于界定和描述要被分析地现象，解释性类型与此相反，行和列是解释性的变量，单元格类型是有待解释的结果。

---

① 一种描述性类型学有时被称作一种"属性空间（property space）"（Barton，1955），因为各单元格的意义是由它们同这种由两种或以上维度所规定的"空间"的关系所界定的。

最后是多维度类型和单维度类型，我们集中关注多维度类型，它具有由多变量的交叉列表来精心构建地多重面向，单维度类型围绕单个变量来组织，例如前面提到的克拉斯纳的制度形成中的制造者、破坏者、接受者就是属于单维度类型，单维度的类型也受到了关注。扎实的类型学研究实际上要两者兼顾。

二、对类别变量和类型学的质疑

类型学及用于建构类型的类别变量，已经遭受了严厉的批评，这些批评和我们对这些批评的回应，都部分建立在类型级别和测量的定义之上，因此我们首先来讨论类型级别和测量定义。

1. 出发点：层级类型和测量

一个众所周知的层级类型是定类、定序、定距、定比，我们增加了两个新类型：偏序，在一些但非全部类别中是有顺序的；绝对尺度，指在一个给定的类别中的所有个体或整体，例如不同选区中的选民数目。

围绕层级类型发生的争论聚焦在评价它的可获得性和有用性的四个替代标准上。首先传统的观念认为高级测量和低级测量之间的差别在于高级测量包含着来自数理统计的高级的信息。这种视角提供了有价值的差别，但是进一步的分析则发现层级类型之间的关系是复杂的，例如下文将要讨论的，高层级的测量依赖于低层级的测量。

其次是统计可能性，这就是说，统计程序能够也应当被用于所有层级的类型。传统的观念认为高层级的测量需要更大范围的程序，于是很多学者就认定类别变量是无用的，然而这些最初的差别都已经被打破了，统计分析的复杂形式现在可以用于定类变量。

再次测量的替代定义在评价层级类型时是关键的，一个经典且有影响的关于测量的定义，至少可以追溯到物理学界的肯贝尔（Campbell），他认为测量就是对物理性质的量化，从这个意义上，测量可以使用码尺来完成。测量对应的是比率刻度的标准理解，意味着优先次序、测量单位和自然零点。

从另一个角度讲，测量可以被定义为依据规则对物体或事件的数字化分配。① 这种分配对应的是高层级测量的标准做法，即通过数字和真实的刻度来表达测量的结果。依据这种定义，如果定类或者定序中一个类别被指定为一个数字，那么也就构成了测量。当然，类别在类型学中并没有被指定为数字，而是使用了相关的概念。我们的观点是测量的含义无需具体化，类别同样能够测量，真正的问题在于区分是依照维度来做还是依照案例来做，而这取决于研究者的目的，我们确信类型学能够服务于这些目标。

第四个标准涉及定性研究与定量研究之间的分界点。一些分析者认为如果测量是在定类层级就是定性研究，如果测量是在定序或者更高层级则是定量研究。与此相反，另一些学者认为定序与定距才是关键的差别，因此焦点在于是否使用了类别，而不在于测量单位。还有一些植根于肯贝尔传统的学者，强烈主张有更多要求的分界点，既要测量单位又要自然零点。

如同我们看到的，围绕这些标准发生的争论正是类型学讨论的中心所在。

2. 批评

最新的评论性文章和过去的方法论家无不尖锐的批评类别变量和类型学，但是诸如此类的批评都反映出他们对类型层级的过时理解。② 格尔（Gill）为政治学家撰写的数学教科书中宣称，测量的各个层级中都不需要类别尺度。泰特苏尼（Teghtsoonian）认为当代的理论家对类别变量毫无兴趣，因为它并没有真正的测量。

---

① Stevens（1946，677；1975，46-47）.另见 Narens（2002，46-50）.

② Although these critiques have been advanced by quantitativemethodologists, many methodologists in the quantitativetradition do not hold these views. 尽管一些定量方法论家推进了这些批评，但是定量传统中的许多方法论家并不秉持这些观点。

来自于早期著名学者的批评尤其严厉。史蒂文斯（Stevens）在其有创意的文章中批评类别变量是粗糙的，布莱洛克（Blalock）认为"社会科学中成功概念化的最重要的障碍，是我们过多的依赖于类别数据和指定类别讨论的趋向。"他批评道：使用类别变量的学者都患有概念化懒惰的毛病，他对学者钟情于类别数据和分类方案十分失望。扬（Young）在心理学会主席就职演讲中也尖锐地批评道："可能阻碍社会、行为、生物科学发展取得快速进步的一个主要原因是无处不在的定性数据"，他所谓的数据就是定类或定序变量，只不过将两者组合在一起了。

邓肯（Duncan）也反对类别变量和定序变量，因为类别变量和定序变量不是测量，而测量的目的就是量化和区分程度。邓肯认为那些相信分类是测量的意见是混乱不清的，而且大多数定序变量的可能形式的定序都是有问题的，如果采用严格的标准，那么具有真实意义的定序变量将比我们习惯接受的少之又少。

对类别变量的怀疑同样来自于类别变量模糊不清的多维度，无法进行单维度的测量，而后者则被视为好的研究的关键。布莱洛克认为充分概念化的关键障碍是没有尽力解决维度测量问题和过于依赖简单的通过名字加以区分的类别变量。西弗利（Shively）强调来自日常语言的术语和概念，被用来给类别变量命名，特别能够掩盖事物的多重特性。

一些批评类别变量的意见也特别批评了类型学。邓肯直斥社会学家沉湎于类型学，金（King）、基欧汉（Keohane）和维巴（Verba）在他们所撰写的那本有名著作中写到："类型学、框架以及所有形式的分类，都可以用来充当收集数据的临时工具"，但是他们"鼓励研究者不要使用这些方法来组织数据"。

三、一个不当的比较：平衡争论

这些对类型学和低层级测量的批评源自一种对定性和定量方法的错误比较和对测量的严重误解。立足于对定量研究的局限、定性研究的力量和定量研究部分依赖于定性研究的更好理解，上述批评意见亟待重新检视。

1. 定量测量的阿基里斯之踵

定距和定比变量通常被认为更有价值，基本的原因在于它们比定类和定序变量包含更多的信息，它们同样被视为符合单维度测量的规范。然而，这些优点依赖于数据之中的经验关系的复杂假设，这些假设并不总是有效。政治与社会的属性并非总是能够量化的，数据诱惑所假定的信息可能并不在那里。当然，类别数据也依赖于假设，但是这些"低"层级的测量更少受制于复杂的经验关系，定性研究中的假设是比较简单的。

关于假设的问题在政治科学中是非常突出的，因为心理学测量在政治学中有着广泛的影响，而且普遍的预设也是认为政治现象是适合量化的。此类问题也出现在潜在变量的结构方程模型（SEM – LV）的讨论中，潜在变量的结构化方程模型是一种用于建立高层级测量和消除测量误差的工具，这种技术的基础是定序或者二分法的类别数据，可以估测未被观察到的定量变量。不幸的是，即使大量不能检验或者难以检验的假设采用了潜在变量的结构化方程模式，但其有用性仍遭到了很多学者的质疑。这些假设包括未被观测到的变量的配置、这些变量的数目和维度、观测到的变量与未观测到的变量之间的测量关系的结构、未观测到的变量之间的因果关系。

项目反应理论是作为替代潜在变量的结构化方程模型而出现的，其目的也在于创造高层次测量的指标和消除测量误差。尽管存在侧重点和程序的差异，但是两种技术还是具有基本一致的假设，因此项目反应理论同样存在定量测量中的假设问题。总而言之，定量研究的学者对这些工具的期望超过了工具实际上能够完成的工作。

2. 高层次的测量在一定程度上以定类变量为基础

一些针对类别变量的批评暗示使用高层次变量的学者摆脱了低层次

测量的固有局限，这是一种错误的见解，在他们赋予高层次测量概念化蕴涵的努力中，使用高层次变量的学者通常以二分类别作为工作基础。

建立一个绝对层级需要一种界定由此层级计算地特定事物的类别二分法，正如前文所提到的，对此二分法的需要可以由计算不同选区的选民数所带来的挑战来诠释。操作这种计算依赖于一种关于每一个选区中选民是否投票的二元理解，也依赖于一种人民中的某个群体是否是选民的二元区分。这个论点是非常关键的：使用高层级测量的学者需要低层级的测量，类别变量是重要的。

寻求建立偏序变量（partial orders）——也包括定序变量、定距变量和定比变量——的学者有时未经仔细的概念构造就简单的创造一个指标，而后就以为这个指标满足了相对应的层级测量的要求。其实，指标的概念化内容必须包括被测量是不存在的现象的意义解释，这就是格尔茨（Goertz）所谓的概念的负极。这是一种与"存在"相对的立场，对于那些使用完整层级的分析者来说，这种关于存在—不存在的二分法为追寻"除此之外还有什么？"一类的问题提供了基础。很明显，存在—不存在是一种类别区分，于是我们看到了简单地类别区分同某一个层次的全范围数值之间的相互作用。

以施耐德曼（Sniderman）的政府支持的定序研究为例，最低层级对此漠不关心，这里一个十分重要的问题就是漠不关心是意味着对政府不支持，还是意味着包括积极进行反对行动，这两者是完全不同的。当讨论此类问题时，支持存在还是不存在的二元理解就是不可或缺的。当然，当学者采用粗糙的测量和指标建构时，是没有进行这种概念化工作的，这些学者紧接着将这些结果视为测量层级中这个层级或者那个层级。指标应当被建构来测量一些东西，而仔细的概念工作则被用来解释这些东西是什么。类别变量对于理性思考来说是不可或缺的，这种关键性贡献恰是证明为什么污蔑类别变量是不正确的另一个原因。

3. 检视"统计可行性"的标准：定量研究中的类别变量

长期以来关于类别变量的一个显著话题是类别变量同回归分析是难

以兼容的，相对于高层级的变量而言，也几乎没有能够处理类别变量的统计工具。然而，这种标准在很多重要的方面已经被取代了，现在类别变量作为一种自变量已经能够通过虚拟变量的形式进行回归分析，在"类别数据分析"的名目之下，将类别变量作为因变量进行分析的一系列工具得到了开发，在这些工具中，对数模型和概率模型是尤其为人所熟知的。类别变量通常是简单地二元区分，但是多类别变量也得到了使用。

当采用对数、概率和虚拟变量进行研究时，学者就无需担心维度的问题，随着二分法进入回归分析，研究者通常无需进行层级分析来检测二分法是否挖掘出了潜在的维度。这看起来完全是合理的。即使政党认同是一个多面向和多维度的概念，但是认识到年龄不相同的群体在政党认同上存在差异仍旧是有价值的，从这个意义上讲，对于单一维度的追求可以放在一边。

其他定量的因果推论的工具也建立在类别变量的基础上，对维度的关注通常也不是一个中心问题。例如匹配方法试图估量两种不同方法处理的观测数据中的因果效应，这些数据是通过对选自一组调节变量尽可能相似的两个组中的案例进行比较获得的。这些技术本质上要求存在因果关系的变量是可以分类的，如果变量是连续的，那么控制变量就是模糊不清的，故而需要施加分类的门槛或分割点。

类别自变量的使用回应了为因果推论而设计的最佳实践即随机试验。这种实验采用随机的方法来给被控制的连续变量分配不同的值，社会科学中最为普通的方法就是对类别变量进行分开处理。如同前文对匹配方法和模型的讨论所揭示的，实验设计中处理配置的维度的讨论，很少引起充分的关注。

4. 将多维度纳入分析视野

对于类型学和类别变量的最初批评就是因为它们忽视了多维度问题，此种批评需要修正。首先，类型的建构和更新对于选择多维度产生了重要的影响，这是一种概念化的工作，这种工作应该变得清晰，细致的类型构建是这项工作的决定性部分,因此,在对维度的细致处理中,类型学远非是一种障碍,而是充当了关键性的角色。

其次,定量研究对维度的处理通常比之前所认识到的更为复杂、模棱两可、不确定。杰克曼所坚称的"变量被预设为单维度的"观点代表了很多分析形式中的一个令人钦佩的目标,但也是通常无法实现的。

再次,单维度在研究中并不是一个得到有效限定的"最终状态",它最好被理解为随着研究进程而出现的一系列重复和趋近。思考民主政治的测量标准,应该包括:(1)自由公平的选举,(2)对政治权利和公民自由的保障,(3)普遍的选举权,(4)当选领导人具有有效的统治的相应权力。一些学者通过创造简单的添加的民主规则从而把这些属性组合在一起,而其他学者则使用一种光谱作为替代性的分析工具。

任何一个要素都是多重维度的,而且一种指标在一个特定的案例中是单维度的,但是在另外一种案例中就并非如此,当然也可能是异质性的案例或者案例的子集。这些问题引发了关于测量效度的情景特殊性的基本观点,这种观点已经被心理学基本接受。[①]

因此,真正的问题远非是多维度的问题,而是存在于测量的所有层次,即使是具有复杂测量技术的高层级的测量也并没有解决问题。定量研究和定性研究的共同挑战是找到最适合研究目标的比较的范围和聚集的层次,这就是指标分割成为其构成元素的程度。

四、模板:概念形成和类型结构

现在我们分析类型在概念形成的作用,提出一个建构缜密类型学的模板。我们关注的是具有多重维度的概念化的类型,尽管模板的很多要素同单维度和解释性类型有关。

---

① 对这种观点的总结见于:Adcock and Collier(2001,534-36)。

1. 概念形成

概念化的类型无论是对定量研究还是定性研究中的概念形成做出了基础性的贡献。提出缜密而又有用的概念需要达到四个相互联系的目标:① 第一，阐明内涵；第二，在概念的内涵和命名概念的术语之间建立能够提供富有成效的信息的联系；第三，定位其在相关概念和术语构成的族群中的位置；第四，廓清概念之间的层级关系，包括类别层级关系。类别层级关系将概念化结构带到讨论的中心，引发了诸如概念延展、当我们使用既有概念时有效组织我们的思考和寻求创造新概念等挑战。

有一个观点必须强调：概念化类型中的单元格类型通过类别层级而与顶层概念相连。理解这种层级有利于回答下述问题：什么形成了单元格类型的内涵，也就是什么形成了对应每一个元素的概念的内涵？答案是双重的：每一个单元格类型实际上都同组织类型学的统御型概念（overarching concept）存在某种联系；类别所形成的横向变量和纵向变量提供了单元格类型的核心属性。

2. 基本模板

以这些思想为基础，现在我们提出一个建构多维度类型学的模板。我们借助尼克特（Nichter）的选举动员中的回报分配类型来解释我们的框架，回报分配类型构成了尼克特庇护主义分析的主要部分。然而我们的模型是直截了当的，缺乏关于模板构件的清晰、教诲式的介绍，很多学者由于未能遵循这个模板故而惯于限制类型学的价值，甚至有时出现严重错误。

建构类型学的要件可以按照以下方式理解：

（1）统御型概念：这是一种由类型学限定的概念，在尼克特那里，

---

① 这一总结依据的是不同的来源，其中包括：Sartori（1970，1984），D. Collier and Mahon（1993），Goertz（2006），and D. Collier and Gerring（2009）。

统御型概念是锁定回报（targeting of rewards）。这个概念应该详细阐述，也应该作为类型学的图标演示的标题。

（2）纵向变量和横向变量：统御型概念可以分解为两个或者更多的维度，而这些维度的类别则构成了类型学的行和列。这些维度抓住了概念中的变量的突出特点，因此与统御型概念相比，维度的合理性和连贯性就很重要。在尼克特那里，纵向变量是潜在的回报接受者是否愿意投票，它由两个类别构成；横向的变量是潜在的回报接受者是否乐于看到政党来提供回报。

（3）矩阵：维度的类别的交叉列表形成了一个矩阵，如同我们所熟知的尼克特使用的 2×2 排列。制造矩阵的挑战能够促使学者更好的组织类型学、强化连贯性、通过不同元素之间的关系来思考。

在提供具有三个或者更多的维度的类型时，学者采取了多种格式：

a. 普通的 2×2 矩阵出现两次是可能的，如同伦纳德（Leonard）对分权和瓦斯克斯（Vasquez）对战争所做的那样，每一个矩阵都是由案例的两个子组合构成，并对应着第三个维度。

b. 纵向变量或者横向变量中的类别也可以进一步分解为子类别，如同科利尔夫妇（R. B. Collier and Collier）对法团时期所做的那样。

c. 纵向变量或者横向变量中的类别可以进一步分解为定距或者定比变量，如同奥唐奈（O'Donnell）和施密特（Schmitter）对民主化所做的那样。

d. 额外的维度能够通过树杈图标加以处理，如同冈瑟（Gunther）和戴蒙德（Diamond）对政党所做的那样。

e. 额外维度也可以通过立方体来表示，即将单元格类型放置到立方体的不同位置上，如同林茨（Linz）对威权政体所做的那样。

（4）单元格类型：这是同元素相关的概念和术语，它与由类型学限定的统御型概念存在某种关系。这些类型的概念化内涵来自他们的位置所具有的同纵向变量和横向变量之间的联系，这应该为建立类型提供持久的标准。在尼克特的类型学中，每一个元素的术语准确的抓住了由纵向变量和横向变量的连接点所限定的属性群，这就是回报性的忠诚、选票的寻租、寻租率和双重说服。

即使类型学建立在定距变量或定比变量的基础上,学者也能够区分初始类型,它们可以是位于矩阵角落的"极类型"(polar types),或者是"中间类型"。① 很多情况下,分析者不会对应单元格类型来构造一个概念,与之相反,对应纵向变量和横向变量的类别的名字会在单元格类型中简单地重复。

五、错误和丢失的机会

结合阐明尼克特的例子而提出的模板,会导致读者产生这样的结论,即认为建构类型学是容易的。但是不遵循这个模板将会导致错误,也会导致丢失改进概念化和测量的机会。

有些错误是简单的,例如混淆了概念化类型和解释性类型,蒂尔阿肯(Tiryakian)和内维特(Nevitte)对民族主义的研究就出现过这种问题,尽管他们声称的目标是对民族主义进行概念化,但是他们的讨论部分是民族主义的概念化类型学,部分是民族主义和类型学不同混合的概念类型学,部分是关注两个概念之间的因果关系的解释性类型学。他们对因果关系的关注在文章的开头就很明显,在文章的开头他们就写到"能够用来支持民族主义是现代性的后果这种论点的案例,同样可以用来支持民族主义是现代性的先决条件的观点"。

另一个明显的错误是混淆了类型学和数值交叉列表,这导致了怀疑类型学作为一种分析工具而存在的错误。在一本被本科生教学广泛使用的社会科学研究方法教材中,芭比(Babbie)对类型学发出了严重的警告,但是他关注的潜在错误是存在于数值交叉列表的计算和百分比读取之中的,芭比的批评远没有打中类型学的关键,仅仅表明他未能清楚的

---

① 罗伯特·达尔(Robert Dahl)的政权类型学对极类型提供了例证;布拉顿与范德瓦勒(Bratton and van de walle, 1997:78)对撒哈拉以南非洲的研究则对中间类型提供了例证。

区分类型学和数值交叉列表。

在塑造单元格类型的过程中使用不对等的标准，也是一个问题。这种错误出现在加布里尔·阿尔蒙德（Gabriel Almond）的著名的政治体制类型的最初版本中，卡尔伯格（Kalleberg）斥之为混乱不清。阿尔蒙德将政治体制区分为盎格鲁—美利坚模式、欧洲大陆模式、前工业化模式、部分工业化模式、极权主义模式。这些类型是建立在不同的标准基础之上的，尽管阿尔蒙德随后重新构造了分类，但是仍然存在相同的问题。①

我们的研究工作遭受多重问题的困扰。蒂尔阿肯和内维特的民族主义概念揭示出在组织和表述统御型概念、建立类型的变量及类型的名称时存在的严重混淆问题。它同样缺乏矩阵来帮助组织和澄清类型和维度。组织和表述的问题同样存在于卡明斯和斯廷森的关于议题投票的杰出研究之中，类型显然是他们分析的中心点所在，但是即使仔细阅读他们的全部讨论，也未能发现详细阐述的矩阵存在，单元格始类型不是相互之间混淆在一起，而是被贯穿在文章之中的一系列步骤混淆在一起了，文章当然也试图努力区分建立单元格类型的维度，尽管统御型层类型能够相当容易的推断出来，但是统御型类型的名称应该以详细阐述的矩阵的标题加以区分。总而言之，他们在类型学的构造元素方面白费了力气。

六、使类型学更有效：概念化与测量

建立类型学的基本模板的目标，即讨论错误和丢失的机会的目标，是为了使学者在形成概念时更为缜密和更有创造力。在这个精神指引下，现在我们讨论两种使类型学更为有效的基本方法。

---

① 例如，参见 Almond and Powell（1966, 308）and Lanning（1974, 372 - 373）。

科利尔等人的延伸讨论
使类型学更有效：概念形成、测量与精确分析

1. 理论和概念的组织

学者使用类型学，有时候也结合多层次调查或者传统分析，进行概念和理论上的创新。比如，公共选择理论中的类型"物品"就综合了一种复杂的分析传统，在这里物品就是指任何能够满足人们需要的物体或者服务。结合一点变量术语，物品一般从两个维度来概念化：竞争性的维度，根据一个个体的消费行为是否同时排斥了其他个体的消费；排除性的维度，根据物品是否能够有选择性的提供给某些个体而非其他个体。按照交叉列表来组织这两个维度就会出现公共物品、私有物品、俱乐部物品和公共池塘资源四种类型。

两种分析传统的结合出现在卡根（Kagan）的"对抗的法制主义"类型中，他结合了对抗的法律体制的观念和存在于法制和非正式治理模式之间的传统区分的传统，前者长期以来被用来界定盎格鲁—美利坚的司法体制模式。他在类型学中整合了两种理论路径从而提出了关于政策贯彻争议解决的四种模式：对抗性的法制主义、官僚法制主义、协商、专家或者政治裁决。

施密特（Schmitter）对利益代表的分析弥合了相互替代的分析传统，同时也阐明了重塑类型学的行进过程。他将法团主义概念的争论同正在进行的多元主义的争论联系起来，也同正在进行的一元论的争论、无政府主义的争论和工团主义的争论联系起来。他证明相对于其他类型来说，法团主义如何在一个分享性的框架之中，作为一种关于利益代表的特定分析类型被采纳。施密特后来进一步阐明，类型学中的统御型概念并不需要是静态的。

2. 概念化和变化的测量

学界对政治转型的理论和政治转型的经验过程的关注，是类型学创新的重要资源。一个典型的例子就是政党体制概念的演进，这种演进是对政党经费来源的历史变迁的部分回应，迪韦尔热（Duverger）最初提出的有影响力的区分是大众型政党和干部型政党，区分的基础是政党经

费来源于范围广泛的额度适当的捐赠,还是范围有限的富裕个人的捐赠。随后基希海默尔(Kirchheimer)在20世纪60年代发现,欧洲的很多政党都从大众型政党转型,他们被一种发展混合的经费来源的全能型政党取代。最近卡茨(Katz)和梅尔(Mair)总结道,政党的经费来源已经摆脱利益集团和个人的束缚,发展成为以政党合作的形式直接从国家获得经费支持的"卡特尔"政党。

政治变迁的影响以类型学中维度选择的形式表现出来,例如,达尔所刻画的现代多头政体的历史路劲,他的包容性维度主要围绕着普选权即从限制性的选举权到普遍的选举权,这就赋予他的分析维度以历史深度。与此相对的是科皮奇(Coppedge)和赖尼克(Reinicke)对1985年数据的分析,他们认为多头政体的单维度和达尔的包容性维度是可以放弃的,因为在1985年争取普选权的运动基本结束了,也不再是区分案例的显著轴线了。①

3. 自由漂流(free floating)的类型学和多重维度

有些富有创造力的类型学可能是单维度的,然而这有可能是掩盖了多维度或者这些维度本身就是模糊不清的。这些自由漂浮的类型学所缺少的就是维度思索中的锚,它们很可能被挖掘出的潜在维度所更新。

例如,赫希曼(Hirschman)的"退出、呼吁和忠诚"已经被证明是分析回应不同类型的组织衰落的诱人框架,组织衰落的话题在之前的经济理论中讨论是不充分的。但是正如赫希曼所指出的,这些并非是相互排斥的类别。抗议,这种表达不满的方式,能够与退出或者忠诚相伴随。赫希曼的类型学能够通过创造两个维度加以修正:(1)退出或者忠诚,(2)抗议或者不抗议。依据变量和类型学的标准准则,这种修正过的类型学可能也存在相互排斥的类别,但能够以一种富有启发性的方式对案例进行区分。

---

① 随后,根据对包容性的一种更为精细的测量,科皮奇等(Coppedge, Alvarez, and Maldonado, 2008)又回到了两种维度的观念

另外一个例子则是埃文斯（Evans）关于国家在工业转型中的替代性角色的概念化工作，埃文斯提供了四个看起来采用了定类尺度的类别：助产术、造物主、农夫和管理人。进一步的观察可以发现两个维度的存在：（1）关键的国家行动者看待企业家贡献于发展的能力是延展性的还是固定性的；（2）相对于企业家而言，国家的角色是支持性还是转化性。埃文斯的四个单元格类型很好的符合了 2×2 的类型学，这是对国家角色强有力的概念化的结果。

4. 类型创造不同测量层次的尺度

类型学同样通过创造测量尺度清晰的类别变量来更新测量。

定类尺度：前面讨论过的尼克特对锁定回报的分析从而创造的单元格类型，即回报忠诚、寻租率、投票寻租、双重说服。这些类型是详细的和相互排斥的，但是并不存在顺序，它们构成了一个定类尺度。

偏序：在达尔的政体类型学中，多头政体与其他三种类型的政体之间有一种清楚的顺序，在封闭的霸权政体与其他三种类型的政体之间也存在一种清楚的顺序，但是在两种中间类型的政体——竞争性的寡头政体和包容性的霸权政体——之间就缺乏一种清楚的顺序，因此达尔的类型是一种偏序。

定序尺度：奥尔德里奇（Aldrich）、沙利文（Sullivan）和博尔吉达（Borgida）在分析议题投票时，将候选人呈现的大议题和小议题的差异、议题本身的可获得性和显著性的高低程度构造成列表。第一个单元格类型对应投票反对议题的低效度，而第二个单元格类型对应投票反对议题的高效度，另外的两个单元格类型被赋予相同的值即"低于某种效度"，这样一种具有三种类型的定序尺度就被创造了出来。

七、使类型学更为有效：原因和效果

类型学也为塑造和估量解释性要求做出了贡献。

1. 作为解释构件的概念化类型

概念化类型构成了解释中自主性的、干预性的、依附性的变量。政治科学家习以为常的认为标准化的量化变量扮演了上述角色,其实概念化类型同样能够如此,概念化类型并没有因此就变成解释性的类型学,相反概念化类型详细阐述了被解释的结果之中的变量,与解释性类型学不同,结果和解释并没有被放置到同一个矩阵中。

类型作为自变量在达尔关于多头政体长期的稳定性和可行性的分析中得到了阐述,这里他的政体类型限定了转向多头政体的替代性路线图。封闭的霸权政体经由竞争性的寡头政体转向多头政体被视为是最有可能性的,但是如果经由包容性的霸权政体转向多头政体则被认为是最危险的。

在关于妇女的社会运动同国家之间的互动研究中,类型充当了因变量和中介变量。梅热(Mazur)从两个维度来概念化作为因变量的国家反应:国家对妇女参与政策过程的接受程度,以及国家的反应是否与运动的目标相一致。四种国家反应出现在类型学中:没有反应、取代、结合、双重反应。双重反应是一种特殊的利益,因为它构成了运动最完整的成就,包括描述性的代表和实质性的代表。

中介变量是妇女运动中的政策代理行为,可以从两个维度进行分析:他们是否以一种性别的方式成功的塑造了政策争论,运动的目标是否以一种特殊的代理方式得到了伸张。将这两个维度制成交叉列表就会出现四种代理行为:象征性的、非女性的、边缘化的、局内人的。"局内人"类型构成了运动目标伸张和性别化的政策争论的最完整的成就。

2. 定量研究中的类型学

对类型学的介绍成为了定量研究中因果推论的一个有价值的步骤,一个类型为定量分析提供了一个概念化的起点,例如前文所讨论的尼克特对选举竞争中的回报锁定所做的研究。类型同样能够为学者提供其所关注的案例子集,克服研究中的僵局,整合研究发现。在其他例子中,研究者通过量化的方式将案例分配到类型学中的每一个类型之中。

描绘案例子集。在瓦斯克斯对战争所做的定量研究中，类型帮助区分案例子集以便于分析，他认为早期的研究因为没有对战争类型进行分类，因此结论缺乏内在一致性，他通过交叉三个维度区分了八种类型：（1）国际权力在交战国之间的分配是否平等，（2）局部的或者是总体的战争，（3）参战国的数量。

克服僵局。引入类型学同样有利于克服定量研究中的僵局。希布斯（Hibbs）对11个发达工业国家的罢工进行研究，当不再能够依靠定量研究方法推进的时候就引入了一个2×2的矩阵。他使用了一个双重变量关系来阐述以劳工为基础的政治权力的增长和左派政党的政治权力的增长，而这种政治权力的增长是与二战之后几十年里罢工的低水平联系在一起的，他的假设是公共部门分配的角色视为中介变量。希布斯认为随着劳工左派政党获得政治权力，分配性冲突的场域从市场转向选举和政策领域，因此使得罢工同工会之间的关系减弱了。

但是在他的变量中存在的多重共线性是如此之高，以致不能得出上述因果联系，特别是在案例如此之少的情况下。希布斯随后将双重变量线性关系调整为2×2的矩阵，这就是将国家对经济干预的水平和干预的替代性目标并置在一起。到了20世纪70年代，他分析的案例证实了对应着类型学中的三个单元格类型的替代性模式：冲着公司和企业的相对高水平的罢工（加拿大、美国），作为向政府施压形式的高水平罢工（法国、意大利），伴随着冲突转向选举领域的萎缩的罢工（丹麦、挪威、瑞典）。

通过概念分析将案例配置到对应的类型中。卡明斯和斯廷森关于议题投票的2×2类型：简单议题投票，建立在对一个特定议题严重的偏好基础上；受限的议题投票，建立在对能够强化投票选择的第二个议题的深度偏好的基础上；困难议题投票，建立在关于议题之间的互动和交换的计算的复杂决定基础之上；无议题投票，建立在更多的政党认同而非议题偏好的基础之上。

整合研究发现。在对外交政策影响美国总统大选得票率的研究中，奥尔德里奇、沙利文和博尔吉达使用了一种类型学来整合他们的研究发现。他们探索何种竞选信息能够与选民产生共鸣，具体言之，就是何种竞选议题在其观点和立场能够被理解的前提下是可以使用的，何种选举议题能够方便得为选民获取。尽管论文花费了大量的篇幅以概念分析的方式去预测什么样的候选人能够取胜，但是作者们仍然寻求在他们的结论中描述更为宽泛的选举类型。为此他们根据候选人的外交政策是否存在小——大差异和选举中出现的外交政策议题的显著性和可获取性的低——高程度，建构了一个用以区分总统选举的 2×2 矩阵。

因此类型学在多个方面为定量研究做出了贡献。

八、结论

概念化的类型学和类别变量都被塑造成了政治和社会科学中的有价值的分析工具，本文在为它们的贡献进行了批判性的检视的同时，也为它们提供了一个使它们能够更为有效的分析框架。

学者们经常对类别变量和类型学进行批评，这些学者一方面夸大定量研究的能力，另一方面夸大定性研究的不足。这种比较在方法论的意义上是极为不恰当的，它将研究者的注意力从类型学对定量研究和定性研究所做的贡献中分离出来，而我们的努力恰在于寻找一种关于概念化类型学和类别变量的更为恰当的评价。至于定量研究的局限，远非是一些学者所认识到的不能满足统计假设和建立单一维度。考虑到定性研究的贡献，高水准的测量实际上部分建立在类别变量的基础上，采用类型学进行研究工作就打开了一条能够发现多维度的富有创造性的研究路径。

总而言之，类型学在很多方面都是有价值的研究工具，它以其概念上的创造性和分析上的缜密性为研究工作提供了便利，这些指南能够有利于提升这两个方面的良好研究。

（译者单位：华东政法大学政治学研究所）

【参考文献】

Achen, Christopher H. 2002. "Toward a New Political Methodology: Microfoundations and ART." *Annual Review of Political Science* 5: 423–450.

Adcock, Robert, and David Collier. 2001. "MeasurementValidity: A Shared Standard for Qualitative and Quantitative Research." *American Political Science Review* 95: 529–546.

Almond, Gabriel, and G. Bingham Powell, Jr. 1966. *Comparative Politics: A Developmental Approach.* Boston: Little, Brown.

Bailey, Kenneth D. 1994. *Typologies and Taxonomies.* Thousand Oaks, CA: SAGE.

Barrett, Paul. 2008. "The Consequence of Sustaining a Pathology: Scientific Stagnation." *Measurement* 6: 78–123.

Bennett, A., and C. Elman. 2006. "Qualitative Research: Recent Developments in Case Study Methods." *Annual Review of Political Science* 9: 455–476.

Borgatta, Edgar F., and George W. Bohrnstedt. 1980. "Level of Measurement: Once Over Again." *Sociological Methodsand Research* 9: 47–60.

Collier, David, and John Gerring (eds.) 2009. *Concepts and Method in Social Science: The Tradition of Giovanni Sartori.* Oxford, UK: Routledge.

Collier, David, and James E. Mahon, Jr. 1993. "Conceptual Stretching Revisited: Adapting Categories in ComparativeAnalysis." *American Political Science Review* 87: 845–855.

Dalton, Russell J. 2006. *Citizen Politics: Public Opinion andPolitical Parties in Advanced Industrial Democracies.* 4th ed. Washington, DC: CQ Press.

Duncan, Otis Dudley. 1984. *Notes on Social Measurement: Historicaland Critical.* New York: Russell Sage.

Elman, Colin. 2005. "Explanatory Typologies in QualitativeStudies of International Politics." *International Organization* 59: 293–326.

Freedman, David A. 1987a. "As Others See Us: A CaseStudy in Path Analysis." *Journal of Educational Statistics* 12: 101 – 128.

Freedman, David A. 1987b. "A Rejoinder on Models, Metaphors, and Fables." *Journal of Educational Statistics* 12: 206 – 223.

Gill, Jeff. 2006. *Essential Mathematics for Political and SocialResearch*. New York: Cambridge University Press.

Goertz, Gary. 2006. *Social Science Concepts: A User's Guide*. Princeton, NJ: Princeton University Press.

Hirschman, Albert O. 1970. *Exit, Voice, and Loyalty: Responsesto Decline in Firms, Organizations, and States*. New York: Cambridge University Press.

Kalleberg, Arthur L. 1966. "The Logic of Comparison: A Methodological Note on the Comparative Study of Political Systems." *World Politics* 19: 69 – 82.

Katz, Richard S., and Peter Mair. 1995. "Changing Models of Party Organization and Party Democracy: The Emergenceof the Cartel Party." *Party Politics* 1: 5 – 28.

King, Gary, Robert O. Keohane, and Sidney Verba. 1994. *Designing Social Inquiry: Scientific Inference in Qualitative Research*. Princeton, NJ: Princeton University Press.

O'Donnell, Guillermo, and Philippe C. Schmitter. 1986. *Transitionsfrom Authoritarian Rule: Tentative Conclusions about Uncertain Democracies*. Baltimore: Johns Hopkins University Press.

Pierson, Paul. 2003. "Big, Slow-Moving, and …… Invisible: Macrosocial Processes in the Study of Comparative Politics." In *Comparative Historical Analysis in the Social Sciences*, edited by James Mahoney and Dietrich Rueschemeyer, 177 – 207. New York: Cambridge University Press.

Sartori, Giovanni. 1970. "Concept Misformation in Comparative Politics." *American Political Science Review* 64: 1033 – 1053.

Sartori, Giovanni (ed.) 1984. *Social Science Concepts: A Systematic Analysis*. Beverly Hills, CA: SAGE.

Schmitter, Philippe C. 1977. "Modes of Interest Intermediationand Models of Societal Change in Western Europe." *Comparative Political Studies.* 10: 7 – 38.

Stevens, Stanley S. 1946. "On the Theory of Scales of Measurement." *Science* 103: 677 – 680.

Stinchcombe, Arthur L. 1968. *Constructing Social Theories.* New York: Harcourt, Brace & World.

Tiryakian, Edward A. 1968. "Typologies." In *InternationalEncyclopedia of the Social Sciences*, Vol. 16, 177 – 186. NewYork: Macmillan.

Young, Forrest. 1981. "Quantitative Analysis of Qualitative Data." *Psychometrika* 46: 357 – 388.

Ziblatt, Daniel. 2006. *Structuring the State: The Formation of Italy and Germany and the Puzzle of Federalism.* Princeton, NJ: Princeton University Press.

政治科学概念的形成过程：
质性方法的一个反自然主义批评[*]

[美] 马克·贝维尔（Mark Bevir）
[美] 阿萨夫·基达（Asaf Kedar） 著
王金良 编译

    质性方法形成过程中的自然主义是由乔万尼·萨托利（Giovanni Sartori）和戴维·科利尔（David Collier）发展起来的，在这篇文章中，两位作者从哲学上批评了自然主义的研究倾向。首先，我们需要明确地阐述自然主义与反自然主义的哲学分歧。也就是说在自然主义的假定中，人类生活与自然现象并无区别，反自然主义突出了社会生活有意义的和偶然性的本质，以及研究者的情境性和社会科学的对话本质。反过来说，这两种哲学方法决定了概念形成的不同策略。自然主义方法指的是具象化（reification）、本质主义（essentialism）及语言的工具主义（instrumentalist）倾向。与此相反，反自然主义方法提出了质疑，认为具象化的概念忽略了事物的意义，本质主义的概念忽略了事物的偶然性，而工具主义的概念忽略了研究者的情境性及社会科学的对话本质。

---

[*] 原文出处：Mark Bevir and Asaf Kedar, "Concept Formation in Political Science: An anti-naturalist critique of qualitative methodology," *in Perspective on Politics*, September 2008, Vol. 6/No. 3, pp. 503–517.

按照这种哲学主张，在质性概念的形成过程中遭受了大量的批评。我们将考察萨托利和科利尔的概念形成策略，即自然主义指导下的具象化、本质主义及工具主义方法。尽管与萨托利相比，科利尔的概念形成策略更为灵活和精细，但仍旧是一种自然主义的方法。

在政治科学的研究方法中，一直存在着证实主义/科学方法与后实证主义/阐释路径之间的争论。遗憾的是，这些争论很少涉及研究方法的哲学基础。"证实主义"和"后实证主义"的概念通常意味着方法论的选择——量化或质性——至少也涉及了哲学倾向——自然主义或反自然主义。在政治科学研究方法的论争中，哲学基础缺失导致了对于重大问题的歪曲解释。譬如说，如果仅仅使用实用性术语来评价这些方法（也就是说，关于具体研究线索的实际效用问题），它似乎在不同研究方法之间进行某种调和，但是从哲学立场来说这实际上是不可能的。我们认为，如果政治科学家把所有质性研究方法混淆在一起，那么他们就忽略了自然主义与反自然主义之间哲学鸿沟，而这两者代表了质性方法和阐释方法（interpretive methods）之间的分歧。

量化与质性方法之间的分歧，最能说明这种歪曲阐释问题。在方法论的争论中，这种分析表现为证实主义和后实证主义之间的差别。但是从哲学意义上来说，实际上质性方法把更多倾向于证实主义的哲学自然主义与其他方法区别开来。[①]

自然主义与反自然主义的分歧，甚至影响到了美国政治科学协会（American Political Science Association）近来"质性研究方法小组"（Organized Section on Qualitative Methods）的成立问题。一方面，许多使用质性方法的研究者忽视了这种哲学基础，同时却使用了隐含的自然主义假设，试图在质性方法与量化方法之间建立某种桥梁。在"质性研究方法小组"的简报中，就使用了方法论的术语："案例研究方法、小样本分析、比较方法、概念分析、调查、比较历史方法以及阐释方法"[②]。另

[①] 同样地，约翰逊（2006，226f）也指出："无论是默认还是公开地，许多采用质性方法的研究者都坚持了一种广泛的证实主义的立场"。

[②] Bennett 2003, 1.

一方面，对于在证实主义与量化研究方法之间建立桥梁的做法，某些使用质性方法的研究者提出了质疑，坚持认为政治科学的本质就是解释。事实上，在这一学科的分支学科如政策分析、国际关系以及女权主义研究中，已经出现了建构主义或解释方法的热潮。① 这样，本哈特·基特尔（Bernhard Kittel）在近期的简报中抱怨道："质性方法公然忽视了自然科学和科学哲学中的许多成果"，原因是"它似乎接受了量化研究方法的太多假设"。② 在较早的简报中，达瓦·亚诺（Dvora Yanow）甚至认为既然解释方法"并非来自于同一哲学源头"，所以它并不是质性方法的一个分支。③

对于使用质性研究方法研究团体的自然主义倾向，我们在这篇文章提出了一种哲学批评。尤其是，我们为反自然主义的哲学进行辩护，并且质疑主要由萨托利和科利尔发展起来的质性的概念形成过程。由于人的行为具有某种有意义的和偶然性的特征，同时由于社会科学家所处的情境性，我们认为自然主义的这些假设并不是合理的。

在第一部分，我们将明确地区分自然主义和反自然主义的哲学分歧。在第二部分中，我们将指出在概念形成的策略方面，自然主义与反自然主义方法之间的差别。最后，在对于质性的概念形成过程进行哲学批评的基础上，我们建立了一种理论框架。我们把焦点集中在两位著名的研究者和实践者乔万尼·萨托利和戴维·科利尔身上，并揭示他们两人持有自然主义的具象化、本质主义、以及工具主义的立场。

首先，我们需要注意的是方法论争论的哲学维度。我们对于质性方法论者提出了质疑，同时也解释了他们是如何应对反自然主义批评的。事实上，我们的主要目的是揭示质性方法脆弱的哲学基础。相对而言，我们并不十分热衷于提供替代的方法论框架。当然，在现代哲学和社会科学中，诸如此类的评论文章也应该占有一席之地。我们希望这篇评论

---

① Dryzek, 2002；Fischer, 1993；Oren, 2006；Patomäkiand Wight, 2000；Schwartz - Shea and Yanow, 2002；Wendt, 1999.

② Kittel, 2005：17.

③ Yanow, 2003：10.

文章将会带领我们自己及读者，发现政治学研究中的新大陆。

自然主义与反自然主义

证实主义与后实证主义之间的哲学鸿沟是，它混淆了哲学的和方法论的关注点。"证实主义"常常把基础主义者的自然主义与使用量化研究方法的自然主义结合在一起，用于反对"后实证主义"的主张，而"后实证主义"很可能是把使用质性研究方法和解释方法的反自然主义与后基础主义结合在了一起。因此，我们需要谨慎地填补证实主义与后实证主义之间的哲学鸿沟。最重要的是，我们需要仔细区分自然主义与反自然主义之间的差别。

自然科学已经取得了许多令人瞩目的成就，这在本体论和认识论方面也给人文科学的发展提出了巨大挑战。自然主义者坚信，在自然世界与社会世界之间具有某种相似性，因此两者在也应该使用相同的研究方法。从一开始，自然主义者的主要反对的是超自然解释。他们认为既然人类是自然界的一部分，那么就应当接受经验研究的检验，同时也应该接受科学方法的严格检验。因此可以这样认为，人文科学中的自然主义就应该致力于建立一种近似于自然科学的具有可预测性和因果关系的解释。根据这种观点，人文科学的研究对象应该是可观测的，至少从某种程度上说具有可测量的属性，即使一般规律常常会产生多种可能的结果，但还是应该经得起这种检验。

然而在过去几十年中，社会科学哲学家越来越青睐反自然主义了。反自然主义带有明显的和一致的解释性传统，这种传统是自20世纪初由威廉·狄尔泰（Wilhelm Dilthey）开始，汉斯—格奥尔格·伽达默尔（Hans-Georg Gadamer）、保罗·利科（Paul Ricoeur）和其他人发展起来的。① 在社会科学中，马克思·韦伯糅合了许多解释性主题（hermeneu-

---

① Dilthey, 1976; Gadamer, 2002; Ricoeur, 1976.

tic themes)。他坚持认为社会科学中的因果解释主要依赖于理解（verstehen），也就是诠释性理解（interpretive understanding）。[1] 而且，韦伯也认为这种因果关系具有异常性（singularity），这是一种探寻特定历史中具体情境性原因的解释。[2] 实际上，韦伯建立了关于概念形成策略的理想类型，在著名的《客观性》（"Objectivity"）一文中，他认为"所有事件的分析都应该适用于通则性解释"，他明确地了批评了自然主义者的学术倾向。[3] 目前，在哲学分析（或后分析）中反自然主义也占据了统治地位。在二十世纪后半叶，路德维希·维特根斯坦（Ludwig Wittgenstein）[4]、阿拉斯代尔·麦金太尔（Alasdair MacIntyre）[5] 及查尔斯·泰勒[6]等人把这种观念发扬光大。此外，现象学[7]和实用主义[8]也推动了反自然主义的兴起，同时在社会科学中民族志方法（ethnomethodology）[9]和文化人类学[10]的研究也起到了推波助澜的作用。

首先，我们从社会生活的意义入手。某些自然主义者坚持证实主义的认识论，即认为因果性解释能够被观察到的结果所检验，如果是不可观察的，那么这种意义就是不相关的。这种立场是显而易见的，譬如说约翰·华生（John B. Watson）和伯尔赫斯·斯金纳（B. F. Skinner）倡导的经典行为主义。[11] 然而，由于目前已经很少有人信奉证实主义的认识论，我们把注意力转移到认为人们可以对于人的行为进行修剪的那些自然主义者身上。人们普遍承认行为体的行为有自己的原因，尽管有时这些原因是不明确的，只是一种潜意识甚至是无意识的行为。自然主义

---

[1] Weber, 1978: 4.
[2] Ringer, 1997.
[3] Weber, 1949: 86.
[4] Bevir, 1999; Pitkin, 1972; Winch, 1958.
[5] MacIntyre, 1969.
[6] Taylor, 1971.
[7] Husserl, 1970; Schutz, 1972.
[8] Dewey, 1960; Rorty, 1980.
[9] Garfinkel, 1967.
[10] Geertz, 1973.
[11] Watson, 1924; Skinner, 1938.

对萨托利和科利尔的批评
政治科学概念的形成过程：质性方法的一个反自然主义批评

者与反自然主义者之间的区分，就在于关于人的行为的意义的解释方面，也就是源自于行为的实践和制度的解释方面。通常情况下，自然主义者试图把意义从这些解释中剥离出来。譬如说，自然主义的哲学拥护者认为一个行为的原因不过是再次描述这一行为。他们认为如果试图解释一个行为，那么我们必须揭示行为体的行为——是否符合社会事实的一般法则。①

反自然主义者拒绝承认，在人文科学中的解释中可以祛除意义或信仰的元素，因为意义源自于人类的行为。因此，正如克利福德·格尔茨（Clifford Geertz）的著名观点，社会科学并不是"一种探求一般法则的经验科学"，而是"一种寻求意义的解释性科学"。② 某些自然主义断言拒绝反自然主义的方法论，他们认为社会科学就是一种关于体系或结构的科学，并不能被看成是单个行为的意向性结果，他们经常援引交通堵塞的例子来说明这一点。③ 但是，交通堵塞以及其他结构性的例子并不能真正反驳反自然主义的观点。大多数人都接受交通堵塞可以归结为意向性的结果。为了解释人们在何时何地会在路上驾车，我们需要知道他们是否有意向性地（有意或无意地）去工作、运动、购物或访友等。从更一般的意义上说，我们或许需要探索关于社会实践的信念网络，在这一过程这种意向性嵌入其中。为什么人们相信驾车要比乘公共交通工具上班更好呢？为什么他们不采取政治行动以争取增加对于交通基础设施的投资呢？如果关于交通堵塞或者其他结构性案例都忽略了意向性的因素，那么所有诸如此类的问题都是如此。它只能从纯物理的角度告诉我们，交通阻塞是由一定数量的汽车行驶在特定路段的结果。除了这种物理性的结果之外，它并不能告诉我们其他东西；也就是说，它并不能告诉我们为什么这些人要选择驾车或者为什么道路系统会变成这种结果？

由于人的行为本身是有意义的，而且这个意义还是整体性的，因此反自然主义者认为在社会科学中意义具有中心性的地位。根据这种观

---

① Ayer, 1967.
② Geertz, 1973: 5.
③ Hawkesworth, 2006: 108.

点，我们就能够在一种宽泛的意义中来理解和解释人们的信念。解释学循环（hermeneutic circle）就体现了这种意义的整体性。正如伽达默尔写到——参考18世纪晚期弗里德里希·施莱尔马赫（Friedrich Schleiermacher）的著作——"就像一个单词属于一个句子的整体语境之中，一篇文章总是属于作者整部著作的整体语境之中"。① 在符号学中，太过热衷于从一系列符号中获取内容或意义了，符号学既源于查尔斯·皮尔斯（Charles Peirce）的实用主义思想，也源于费尔迪南·德·索绪尔（Ferdinand de Saussure）的结构主义思想。② 相同地，许多分析和后分析的哲学家们认为只有在信念网络或语言游戏中，概念才能有意义同时命题才具有真实性。③ 在这种情况下，解释学、符号学及当代的分析哲学不是通过社会阶级或制度的方法，也不是按照自然主义者的形式如"自变量"来解释思想或意义的，而是通过一个更广泛的意义体系来阐释和解释意义的重要性。结果是这些哲学思想都支持反自然主义的观点，这不同于目前政治科学研究的主流。在当代哲学中有必要提高整体主义的重要性——如怀疑论者观察到的那样④——对于政治科学家来说自然主义或许是一种难以维持的原则。

现在我们再来谈谈人类行为的历史性偶然性的本质。自然主义者试图把意义从他们的解释中剥离出来，他们希望不同的案例能够适用于分类、统计或形成一般性规则的过程中。即使放弃这种理想化的一般性理论或法则，他们还是追求超越历史偶然性和具体情境性的某种跨时期及跨文化的规律。举例来说，克雷格·鲁伯特（Greg Luebbert）对于若干离散的国家案例进行了分析，但他的最终目的是还为了发现"能够普遍适用于多数国家的一系列变量及具有逻辑一致性的因果联系"⑤ 自然主义者就是要探求跨越时间和空间的因果联系。他们试图控制所有的变

---

① Gadamer, 2002: 291.
② Peirce, 1998; Saussure, 1966.
③ Quine and Ullian, 1970; Wittgenstein, 2001.
④ Fodor and Le Pore, 1992.
⑤ Luebbert, 1991: 5.

量，从而进行某种甚为牵强的解释。但是，只有通过"冻结历史"（freezing history）才能达到这一目的。①

相反地，反自然主义者认为应该在社会生活中理解意义的作用，而不是寻求规律性的解释。这里我们需要谨慎地进行解释，反自然主义者并不否认可以从不同案例中探寻或建构一般性理论。毋宁说他们反对的是以下两种概括性的方法。第一，反自然主义者认为并不存在唯一适用或有效度的社会知识形式。根据反自然主义者的观点，概括方法常常剥夺了我们对于社会现象最明确最重要的理解。第二，关于具体案例的解释，反自然主义者不认为存在一般性理论。比如说 X、Y 和 Z 都是红色的，那么除此之外这并不能解释其他问题，再比如说 X、Y 和 Z 都是民主国家，这并不能解释它们之间可能存在的其他共同特征。人类生活必然具有偶然性、易变性及具体情境性特征。因此，如果不能充分考虑到这种内在的不确定性及与之相连的具体情境，我们就不能合理地解释社会现象。

也就是说，反自然主义者认为人文科学与自然科学的区别就在于解释是否具有历史性和偶然性特征。维特根斯坦认为不能从一个具体语境中剥离出一个词的意义，这一点可以用来证明知识的历史性偶然性特征。② 事实上，维特根斯坦断言由于永远存在一种无限的具体语境，所以所有的解释都不是最终的。③ 同样地，关于语言的选择和偶然性假设，分析或后分析的哲学家认为人文科学与自然科学完全不同。按照这种观点，关于人类行为本质的解释必须考虑到行为体的因素，这就意味着行为体具有不同的行为方式，同时也是可以进行推理的：行为是偶然性决策的结果，而不是具有某种规律性的必然结果。在许多当代哲学思想中都很重视叙事性解释的重要性，这种方法解释了行为或事件的偶然性和具体条件，而不是通过探寻跨历史的模式进行分类或相关性的分析。概而言之，在我们看来社会科学的研究对象具有意义和偶然性的特征。社

---

① Sewell, 1996: 257.
② Wittgenstein, 2001: 43, 79–88.
③ Ibid., 87.

会科学家认为信念网络可用来挑战偶然性的传统,而通常自然主义者把社会科学家强调的情境性视为是获取知识的一个障碍。相反地,反自然主义者很难把我们自己从信念网络之中抽离出来。他们认为社会科学总是离不开具体的语言、历史和规范的观点。通过已有的信念网络及日常语言,社会科学家们很好地回答上述问题并形成了概念。

一方面,我们需要注意社会科学家所处的情境;另一方面,社会生活的意义也决定了社会科学的对话性特征。自然主义者通常把解释看作是一种单向的主客体关系的结果。他们忽视了意义的基本角色,仅仅把社会科学家看作是唯一的行为体:社会科学的研究对象不过是——研究的被动对象。相对来说,反自然主义者通常把解释当成是社会科学家与他们的研究之间对话的一种结果。社会科学一般指的是一种主客体之间的关系,在这一过程中研究者对于相关社会行为体的解释或意义进行了回答。这就是一种"视域融合"(fusion of horizons)①,换言之,在这种达成共有解释的过程中,社会科学家自己的观点常常发生了改变。

如此说来,我们就可以得出结论,由于研究者具有的情境性和社会科学的对话性,这就决定了人类行为具有有意义的和偶然性的特征。对于反自然主义者而言,人的行为是有意义的,同时这种意义又是偶然性的和易变的,这描述了社会科学家的行为和信念,同时也适用于那些把研究视为一种解释的对话形式的学者。

关于概念形成两种观点

在我们看来,这种反自然主义哲学是社会科学中对于自然主义哲学的一种反应和替代。在社会科学的概念形成过程中,这两种哲学视角有着很大的差别。一方面,在自然主义的概念形成策略中,提倡的是具象化、本质主义和语言的工具主义;另一方面,反自然主义认为具象化的

---

① Gadamer, 2002.

对萨托利和科利尔的批评
政治科学概念的形成过程：质性方法的一个反自然主义批评

概念忽略了意义的重要性，本质主义的概念忽略了偶然性的重要性，而语言的工具主义忽略了研究者的情境性及社会科学的对话本质。下面让我们详细地进行分析。

在概念形成过程中，具象化是争论的焦点问题之一。反自然主义认为在社会科学中，几乎所有描述客体的概念至少都部分地带有意义或意向性的因素。在概念的定义过程中，如果完全忽略相关的意义或者意义的整体性特征，那么就会产生具象化的结果，从而把人类行为完全看成是无意义的"事物"。通常情况下，通过这种具象化的概念自然主义者把意义从社会科学中剥离出去。由于这种具象化的概念忽略了意向性，这样社会科学的研究对象就等同于自然科学的研究对象了。实际上，社会科学的概念如果可以约化为如因果律、概率或固定规范（fixed norms），那么这也是一种具象化的过程。譬如说，"社会阶级"的概念是可以被具象化的，它可以用社会经济的客观标准如生产资料或收入水平来衡量，而不用考虑这一给定的社会阶级是如何理解和体验他们的社会地位的。然而，威廉·斯维尔（William Sewell）对于从旧制度到1848年新政权之间工人阶级的发展状况进行了研究，揭示了工人的经验和意识对于"社会阶级"的概念化的重要性。[1]

社会科学的概念具象化有两种不同的形式。第一种形式是，认为在对人类行为进行概念化定义的过程中，应该把意义从中剥离出来。在这种形式的概念具象化中，包括那些没有意义的社会存在如生产关系等社会现象在内，都没有任何意义的要素作为参照。在较为机械化的马克思理论中，强化了这种形式的概念具象化行为。

第二种形式的概念具象化比较复杂。在社会生活或社会解释中，认为意义具有某种影响，但却否认意义具有整体性和偶然性的本质。在这种形式的概念具象化中，把意义也作为一种参照，但是这种意义从整体语境中剥离出来了，这样做的目的就是让它作为自然主义解释中的"自变量"；相关的意义已经原子化了，从而能够适用于自然主

---

[1] Sewell, 1980.

义的解释。举例来说，谢里·伯曼（Sheri Berman）主张只有能够转化为自然主义的术语，让其成为某种机械的"自变量"时，信念或态度才可以成为解释的要素。① 相同地，社会学家理查德·比尔纳齐（Richard Biernacki）在他的著作《劳动的配置》（The Fabrication of Labour）一书中，试图证明文化只是一种"自变量"，它"很难解释广泛范围内的现象"。②

在概念形成过程中，本质主义是争论的又一个焦点问题。反自然主义暗示所有的意义和行为都是具有历史特殊性的，我们只能在这种特殊语境中来理解它们。如果社会科学的概念可以忽略它们所指向的历史特殊性，那么这就是一种本质主义。自然主义认为应该忽略历史的偶然性，这样才能够形成跨时期和跨文化的一般规律。通过这种本质主义，自然主义者剥离了概念中的特殊性和偶然性要素，建立了更为概括化的具有规律性和相关性的解释。与此相反，反自然主义者强调的是历史特殊性和偶然性，在他们看来具有多样性特征的案例必然是某种形式的综合概念（aggregate concept）。换言之在概念形成过程中，本质主义通常就是自然主义者所忽略的偶然性和特殊性的结果。③ 同样地，社会阶级的概念也能说明这一问题。社会阶级使用了客观的社会经济标准，这一概念忽略了不同的文化或历史环境，也体现了本质主义的哲学取向，正如雷思·斯特德曼·琼斯（Gareth Stedman Jones）和德罗尔·瓦尔曼（Dror Wahrman）分别在著作中对于工人阶级和英国中产阶级的分析那样。④

本质主义又可以分为强和弱两种不同的形式，这是非常有必要的。强本质主义指的是一个社会科学的概念强调某一个或多个核心属性，这些核心属性决定了这一概念的本质。这种强本质主义注重的是逻辑的共

---

① Berman, 1998.
② Biernacki, 1995: 473.
③ 我们赞同维特根斯坦对于本质主义的批评（也见 Pitkin, 1972; Hallett, 1991; Fuchs, 2001）。
④ Stedman Jones, 1983; Wahrman, 1995.

性，所谓概念指的就是所有相关案例中都出现的一系列固定属性。这种共性的逻辑分析，并不是某一种偶然性经验发现，而是社会科学概念的效度的一个前提条件。如下文分析的那样，萨托利的概念形成策略就是一种典型的强本质主义。

弱本质主义是相对于强本质主义而言的，关于在某案例中社会生活的"意义"它认为强本质主义的标准是过去严格了。因此，它承认了"意义"具有某种影响，但却严重地限制了"意义"的空间。然而非常重要的是，从规范性意义上来说这种弱本质主义仍然强调的是共性的逻辑。也就是说，它与强本质主义有着共同的假定，即必须超越那种具有灵活性宽松性的共性逻辑，认为这破坏了社会科学概念的效度。可以说，弱本质主义只是对强本质主义进行了细微的调整，仍旧保留了其核心的标准。如下文的分析，在戴维·科利尔的概念形成策略中就体现了这种弱本质主义。

在概念形成过程中，争论的最后一个问题是语言的工具主义。反自然主义认为在概念形成的过程中，社会科学家不可避免地受到他们所处环境的影响。同时，工具主义还强调概念的形成应该通过研究者与社会行为体之间的某种对话方式来完成。通过以下两种方式，自然主义推动了语言的工具主义倾向。第一，自然主义暗示研究者的情境性威胁了社会科学的效度和信度，就好像使用了未消毒的实验工具给生物学家的研究带来的破坏性影响一样。第二，自然主义认为在进行科学解释时，研究者是唯一的参与主体。总之，自然主义者相信把社会科学家从语言环境中抽离出来是可能的，概念只不过研究社会对象的一个中性工具。

关于概念形成问题，我们已经总结出了自然主义的哲学假定。在这种一般性哲学框架之内，我们将对萨托利和科利尔的质性方法论进行检验。我们将揭示具象化、本质主义及语言工具主义是如何困扰这两位学者的概念形成策略的，同时也证明在很大程度上他们将会继续使用这种值得怀疑的自然主义哲学。我们之所以选择了萨托利和科利尔，是因为在政治科学中这两位研究者建立了关于概念形成的最为精致的质性理论。①

质性的概念形成过程

乔万尼·萨托利

萨托利的自然主义及他的方法论原则，主要体现在他在1991年公开发表的一篇名为《比较和错误比较》（Comparing and Miscomparing）一文中。在这篇文章中，他认为社会科学应该走出某种特定解释，试图"说明比较政治学研究领域中存在的令人失望的情形"。②通过分析比较方法在概念形成过程中的作用，再到概念形成中的失败，萨托利认为这些问题造成了比较政治学发展的停滞。萨托利接受了自然主义者的取向，认为社会科学应当产生"具有解释力的定律般通则"③。他认为比较的作用就是"控制（证明或证伪）通则是否能够适用于所有相关的案例"④，比较就是一种"方法"⑤，据此某种假说性的解释可以被证明是真实的还是虚假的。他认为分类能够建立概念之间相似性和差异性的隔栅，这样倘若我们的分类不合理，那么这实际上就是一种错误比较。⑥最后他得出结论，认为比较政治学发展的停滞状态源于概念形成过程中的失败。他抱怨在比较政治学研究中出现了一些"蹩脚货"，也就是说错误的概念化（misconceptualizations）创造了"完全不存在"的现象，这使得政治科学家误入歧途。⑦

---

① Goertz, 2006: 1.
② Sartori, 1991: 243.
③ Ibid., 250.
④ Ibid., 244.
⑤ Ibid., 243.
⑥ Ibid., 245–247.
⑦ Ibid., 247.

对萨托利和科利尔的批评
政治科学概念的形成过程：质性方法的一个反自然主义批评

萨托利关于概念形成问题的观点，可以在他编撰的《社会科学的概念》（Social Science Concepts）一书发现端倪，在该书中使用了比较政治学研究领域中具有开创性的概念分析，同时也特别注意到了质性的方法。① 在由萨托利撰写的第一章"概念分析的准则"（Guidelines for Concept Analysis）以及其他章节中都涵盖了概念分析的案例研究，这都或多或少地体现了萨托利的理论路线图。至关重要的是，这一路线图可以充当反自然主义的向导——它促使人们支持查尔斯·泰勒的论断："语言是由现实构成的"② ——它从根本上挑战了自然主义的倾向，也就是工具主义、具象化及本质主义的观点。

我们再回到了萨托利的工具主义倾向。在这篇文章的开头，萨托利写到："如果语言是认知必不可少的工具，那么知识探索者最好能够掌握这一工具。"③当然，萨托利主张应该自觉地有目的地使用语言，这样才能与反自然主义者的哲学相兼容，比如说由约翰·奥斯汀（John Austin）和约翰·舍尔（John Searle）倡导的言语行为理论（speech-act theory）就是非常值得怀疑的。④ 这一理论主要研究的是行为体如何有意识地使用普通语言来表达特定的信念。事实上，萨托利关注的问题是如何让社会科学家更好地使用语言，从而能够清楚和精确地表达他们的思想。然而，我们将揭示萨托利的分析还是表现为一种狭隘的工具主义。

萨托利的工具主义还体现在他的一些言论当中。他把概念当做一种工具，认为通过不同的技术策略就可以消除普通语言的缺陷。事实上，他的目标就是克服所谓"自然语言"（natural language）的两大"缺陷"。缺陷之一是由词语的"含糊不清"引起的；缺陷之二产生于概念的意义与它的参照对象之间存在的"模糊性"。⑤ 由于存在上述问题，这就要求社会科学家尽可能不受情境性环境的影响。

---

① Sartori，1984.
② Ibid.，17.
③ Ibid.，15.
④ Austin，1965；Searle，1969.
⑤ Sartori，1984：26 - 28.

再来分析一下概念具象化的问题。萨托利在关于概念参照物的定义中，最能够体现他的这种倾向，概念参照物指的就是"任何心理或语言理解的前或后状态"，是"真实世界对应物（如果存在的话）在我们大脑中的反映"，① 这里"头脑中的世界"指的是概念的内涵，而"真实世界的对应物"则是经验上的社会现象。关于概念参照物的定义，萨托利假定在概念与社会现象之间有着明显的区别。他并没有给行为的意义保留空间，把行为和社会现象看作是脱离"我们的头脑"中的意义、概念和信念之外的内容。这样，萨托利把社会现象看作是类似于物质现象的东西。在我们看来，在萨托利的研究方法中忽略了意义的内容。

有几位参与编撰《社会科学的概念》一书的作者使用的概念分析包含了意义或信念的内容。但是，自然主义的哲学视角还是统治了全书，甚至还影响到了概念具象化的问题：这些概念忽略了意义的整体性本质，目的是为了制造概念以适用于自然主义的解释，即成为一种自变量。比如格伦达·帕特里克（Glenda Patrick）关于政治文化的那一章。一方面，在帕特里克的定义中政治文化是："一系列基本的信念、价值和态度，它们决定了政治体系的本质，同时也调整了成员的政治互动关系"。② 然而另一方面说，她重塑了"政治文化"的概念以适用于自然主义的解释。实际上关于概念形成的问题，她明确地支持卡尔·亨普尔（Carl Hempel）的自然主义分析：它们应该被设计成为"能够建立某种一般性的通则或理论，从而能够解释、预测和科学地理解具体事件"。③ 她呼吁"政治文化应该包含'因果性'的因素——具有解释性和预测性的术语，这样才能够解释和预测政治现象"。④ 尽管在帕特里克所著的章节（包括其他章节）中，并没有使用能够解释经验案例的概念，但似乎在她看来，"政治文化"是一种具有明确边界的"界限"，它与其他如"政治稳定"等现象不同，实际上她检验了阿尔蒙德和维巴作为"因变

---

① Sartori, 1984: 26-28.
② Patrick, 1984: 297.
③ Ibid., 265 (emphasis original).
④ Ibid., 302.

量"的"政治稳定"要素。① 根据萨托利的"规则8"(Rule 8),在同一个"语义场"(semantic field)中帕特里克把政治文化与其他相似概念尤其是"国民性"(national character)、政治风格(political style)、公共舆论及意识形态等区分开来,从而确定"这一概念的关键差异"。② 这一原子化的概念排除了整体性解释可能性,也封锁了社会行动体的信念之网。

最后,我们分析一下萨托利的强本质主义取向。最能够体现这一点就是他的"规则7",据此一个概念的隐含意(connotation)也即(内涵(intension)),指示意(denotation)也即(外延(extension))之间的关系就是反相关的。③ 规则7(也叫做"抽象阶梯"(ladder of abstraction)),指的是如果一个概念的内涵包含越多的属性,那么就有越少的经验案例来支撑,反之亦然。因此,萨托利暗示在一个概念应用于新的案例时,如果在这些案例中并没有出现先前案例中的核心特征,那么这个概念就是失去了有效性。换句话说,萨托利的规则7体现的就是强本质主义的共性逻辑。在概念形成的过程中,它排除了历史的唯一性及独立个案的独特性。在不同概念形成的"初级抽象阶段",萨托利认为我们应当考虑到不同概念的差异性(如果不是特性的话)。④ 由于信奉这种本质主义,所以萨托利的研究方法与自然主义是一致的。

关于权力的那一章,证明了《社会科学概念》强烈的本质主义倾向。⑤ 本章作者认为权力有十种不同的定义,分别可以使用DF1、DF2等来表示。但是作者并没有保留这种定义的多元性,而是把所有定义(除DF10以外)都采用了属加种差(genus proximum et differentia specifica)的模式。⑥ 这种定义模式试图建立一种概念的层级结构,处于层次结构最上层的概念就是DF1,这一定义建立在因果性的基础之上:"只

① Patrick, 1984: 297.
② Ibid., 297.
③ Sartori, 1984: 44.
④ Ibid., 45.
⑤ Lane and Stenlund, 1984.
⑥ Ibid., 380f.

有相对于 Z 来说，Y 与 X 之间存在因果性关系，那么才可以说相对于 Z 来说，Y 与 X 之间存在一种权力关系。"① DF1 处于概念层次结构的最上层，自然而然地被当成是一个核心要素，与其他定义都有共同之处："除非权力行使者与权力主体之间具有某种因果关系，否则任何社会单位之间的关系都不能叫做'权力'"。② 作者认为从 DF2 到 DF9 的定义中，都包含了 DF1 定义的内涵及其因果关系。事实上，作者认为 DF10 并没有与其他定义相同的本质特征："如果在 S 条件下，X 是关键性或决定性的，那么在 S 条件下 X 就是有权力的"，与其说权力是一种非相关的决策，不如说它是一种因果性关系。不过，这种 DF10 的定义方式更加说明了作者的本质主义倾向。尽管他们承认建立在因果性和决策性基础上的定义方式同样是有效的，不过还是无法消除这种"语义难题"（semantic puzzle）带来的多元性问题。③ 他们把定义的不可约性视为一种异常而不是正常状态，在这种情况下，他们遵守的是萨托利"规则7"中的本质主义。

戴维·科利尔

自萨托利开始，人们把概念分析当作是一种质性研究方法，如果说这证明萨托利的自然主义哲学，那么同样这也能证明科利尔的这种取向。当然，科利尔很可能是最早把概念分析与质性方法结合起来的政治学家。在 1991 年，科利尔也写了一篇文章《比较方法：二十年的变化》（The Comparative Method: Two Decades of Change），对于比较研究的发展进行了思考。与萨托利相比，或许科利尔较少拘泥于自然主义，他认为情境性解释方法只不过是小样本比较分析的三个子类别之一。④ 同时，他呼吁应该注意到比较分析中情境的多元性。⑤ 尽管如此，从根本上说

---

① Lane and Stenlund, 1984: 327.
② Ibid., 381.
③ Ibid., 396.
④ Collier, 1991.
⑤ Ibid., 15.

对萨托利和科利尔的批评
政治科学概念的形成过程：质性方法的一个反自然主义批评

科利尔还是使用了自然主义的术语来定义或解释。他使用了比较方法，基于一种系统的质性比较，通常涉及若干国家及若干时期的国家案例的评估。① 同时，他进行比较主要源于"对于系统的测量以及假设的检验"。② 这里科利尔使用这种说法，也隐含着他的自然主义取向。在我们看来，科利尔含蓄地使用了自然科学的假想和模式，这不仅是因为他在进行量化研究中使用了"测量"的术语，而且还因为这种测量是系统的和可重复的。他隐含的假定就是"国家"是一个客体，即使"历经多个时期"它的核心属性仍然是相同的，并不会受到历史偶然性的影响。

在近期的著作中，尤其是和亨利·布雷迪（Henry Brady）合编的《反思社会调查》（*Rethinking Social Inquiry*）一书中，科利尔的自然主义倾向更加明显了。③ 在该书中，把质性——量化方法之间的关系重塑为一种：建立在"具有相似本质的认识论"基础上的"不同的工具，共同的标准"。④ 毫无疑问的是，这种共同的认识论基础就是自然主义。自然主义似乎与科利尔和杰森·西赖特（Jason Seawright）使用的术语"诠释"（Interpretation）和"解释"（explanation）形成了鲜明的对比。⑤ 诠释被定义为"关于人的行为的一种描述……据此可以观察人们的行为"，⑥ 至于解释的定义，它与描述形成了鲜明的对比。⑦ 事实上，这为因变量和自变量的解释创造了条件——除了查尔斯·拉金（Charles Ragin）所著那一章外，其他章节都支持这种观点。据此，在探索一般性解释的过程中把意义和特殊性的内容排除在外了。

尽管还是一种自然主义的哲学，但科利尔的比较分析方法更具有灵活性。我们认为这是一种"折中"的视角。⑧ 他使用了自然主义的前提

---

① Collier, 1991: 15.
② Ibid., 25.
③ Brady and Collier, 2004.
④ Ibid., 7.
⑤ Collier and Seawright, 2004.
⑥ Ibid., 292.
⑦ Ibid., 288.
⑧ Collier, 1991: 25.

进行比较分析，但却以他自己的方式来解释社会科学中的概念。在这一过程中，他似乎想要去除具象化、工具主义以及本质主义的影响，事实上却适得其反。他倾向于承认意义的重要性，也对于概念具象化的危险提出了警告。① 社会事物的历史变迁决定了社会科学概念的意义也将随着改变，因此他承认概念具有偶然性特征。② 他认为概念可以改变我们的研究目标和传统，这样他也接受了研究者具有情境性的本质。③ 然而，我们认为即使科利尔偶然性地偏向了一种反自然主义的和诠释性的政治科学，但他的基本价值取向仍然是自然主义的。从根本上说，他和萨托利都走上了自然主义之路，也不可避免地带有具象化、语言工具主义及本质主义的取向。

我们再回到一开始谈到的概念具象化问题。对于具象化的危险，科利尔和他的合作者罗伯特·爱德考克（Robert Adcock）提出了警告，他们把具象化定义为"错误地夸大了事物属性的程度并对其进行概念化，就好像它们就是一个客体存在"。④ 这相当于说，社会现象就是一种固定的客体存在，而不是历史变迁的产物。与抽离行为的有意义或意向性要素相比，在概念具象化过程中更难以忽视行为的偶然性。在我们看来，这种做法就是一种值得怀疑的自然主义。

科利尔有着非常固执的具象化取向，在他的几篇关于概念形成问题的文章中都有所体现。他与史蒂文·列维茨基（Steven Levitsky）合作的关于比较研究中的民主概念的那篇文章，就非常明显地表现出了这一点。⑤ 在这篇文章中，对于不同历史时期和地理环境中的民主的定义进行了分析。如科利尔和列维茨基认为"程序最简化"（procedural minimum）民主的定义不适用于拉美国家的某些文人政府（civilian government），即使这些国家允许自由选择，但还是缺乏有效的统治权力。他

---

① Collier and Adcock, 1999: 544.
② Ibid., 544f.
③ Ibid., 545f.
④ Ibid., 544.
⑤ Collier and Levitsky, 1997.

对萨托利和科利尔的批评
政治科学概念的形成过程：质性方法的一个反自然主义批评

们认为在这几个国家的案例中，程序最简化民主的定义需要附加有效权力的因素。① 这里，尽管科利尔和列维茨基保持了对于情境的某种敏感性，但他们还是完全忽略行为体的意义。结果是，在关于民主的一系列具象化的概念中，并没有考虑社会生活的意义。

我们再来分析科利尔的语言工具主义。与萨托利不同，他承认社会科学家的情境性。科利尔和爱德考克提出了一种"实用主义的方式"，就是考虑到了情境性的两个方面：一是研究议程或传统能够改变社会科学概念的意义；二是规范性原则改变了对于方法的选择。可以说科利尔关于概念形成的方式表现出了一种自然主义的倾向，我们称之为客观的工具主义。

最后我们分析一下科利尔的本质主义。在科利尔的分析中，存在着比较明显的本质主义倾向。在他与詹姆斯·马洪（James Mahon）合作的一篇文章中，表现出了本质主义的倾向。② 在这篇文章中，主要分析了在不影响解释和分类的前提下，概念如何才能"适用于新的情境"的问题，换言之，在"概念移植"（conceptual traveling）即概念应用于新案例时，如何不受到"概念延展"（conceptual stretching）即一个概念不能适用于新案例时造成的曲解的影响。他们使用了萨托利的策略以避免"概念延展"的问题，从本质主义的角度来说，通过"抽象阶梯"（ladder of abstraction），一个概念的核心就能保留下来。与萨托利一样，他们也信奉这种本质主义的取向。他们认为"强调范畴是一种分析建构，研究者不应该指望存在一种适用于每个案例的完美描述"，或者说"'标识属性'（identifying attributes）只是描述了具体案例不同程度的属性，并不能简单地用有或无来判断"。从这一点上说，科利尔和马洪表现出来的只是一种弱本质主义。

---

① Collier and Levitsky, 1997: 434, 443.
② Collier and Mahon, 1993.

结　论

　　社会科学需要同符合其研究主题的哲学预设保持一致，这一点似乎是合理的。在这篇文章中，我们分析了一种在哲学家看来是非常普遍的观点，即反自然主义是最适合社会科学研究的假定，同时反自然主义突出了社会生活的意义和偶然性本质，以及研究者所处的情境性，也强调了社会科学的对话性本质。我们认为与之形成鲜明对比的是，概念形成的质性方法是一种值得怀疑的自然主义取向，其具体表现就是具象化、本质主义及语言的工具主义。尽管与萨托利相比，科利尔关于概念形成的研究更为灵活和精细，但他同样无法越过自然主义的价值取向。

　　关于概念形成问题，我们的哲学批评解释了政治科学中存在的问题。第一，它突出了量化方法与质性方法使用者之间的复杂关系。它们之间的联系和区别不仅仅存在于哲学层面，还表现在概念形成及解释的比较策略方面。第二，我们认为在绝大多数政治科学中都存在哲学适当性的问题。显然关于社会生活本质的假定，许多政治科学家的哲学取向都是值得怀疑的，很遗憾这种情况可能会持续下去。

　　我们试图举例证明，由于缺乏一种系统的哲学反思，所以质性方法和概念形成分析都处于一种困境之中。同时这也制造一个理论真空，从而为那些强调其至痴迷于法论的人创造了空间。我们希望诸位同仁能够思考这一哲学问题，即某一特定的研究方法是否能够适用于任何特定的研究主题。无论最终答案如何，我们坚信这门学科都能够从中获益。

（译者单位：华东政法大学政治学研究所）

【参考文献】

Almond, Gabriel A., and Sidney Verba, 1963. *The Civic Culture: Political Attitudes and Democracy in Five Nations.* Princeton: Princeton University

Press.

Austin, J. L. 1965. *How to Do Things with Words*. New York: Oxford University Press.

Ayer, A. J. 1967. Man as a Subject for Science. In *Philosophy, Politics and Society*, 3rd Series (ed.) P. Laslett and W. Runciman. Oxford: Basil Blackwell.

Bennett, Andrew. 2003. Letter from the Transitional President. *Qualitative Methods* 1 (1): 1–3.

Berger, Peter, and Stanley Pullberg. 1965. Reification and the Sociological Critique of Consciousness. *History and Theory* 4 (2): 196–211.

Berman, Sheri. 1998. *The Social Democratic Moment: Ideas and Politics in the Making of Interwar Europe*. Cambridge, MA: Harvard University Press.

Bevir, Mark. 1999. *The Logic of the History of Ideas*. Cambridge: Cambridge University Press.

Bevir, Mark. 2005. *New Labour: A Critique*. London: Routledge.

Biernacki, Richard. 1995. *The Fabrication of Labor: Germany and Britain, 1640–1914*. Berkeley: University of California Press.

Brady, Henry E., and David Collier (eds.). 2004. *Rethinking Social Inquiry: Diverse Tools, Shared Standards*. Lanham, MD: Rowman & Littlefield.

Collier, David. 1991. The comparative Method: Two Decades of Change. In *Comparative Political Dynamics: Global Research Perspectives* (ed.) D. A. Rustow and K. P. Erickson. New York: Harper Collins.

Collier, David, and Robert Adcock. 1999. Democracy and Dichotomies: A Pragmatic Approach to Choices about Concepts. *Annual Review of Political Science* 2: 537–565.

Collier, David, and Steven Levitsky. 1997. Democracy with Adjectives: Conceptual Innovation in Comparative Research. *World Politics* 49 (3): 430–451.

Collier, David, and James E. Mahon, Jr. 1993. Conceptual Stretching Revisited: Adapting Categories in Comparative Analysis. *American Political Science Review* 87 (4): 845 – 855.

Collier, David, and Jason Seawright. 2004. *Glossary*: In Rethinking Social Inquiry: Diverse Tools, Shared Standards (ed.) H. E. Brady and D. Collier. Lanham, MD: Rowman & Littlefield.

Dahl, Robert A., Truman F. Bewley, Susanne Hoeber Rudolph, and John Mearsheimer. 2004. *What have We Learned? In Problems and Methods in the Study of Politics*, ed. I. Shapiro et al. Cambridge: Cambridge.

Davidson, Donald. 1980. *Essays on Actions and Events*. Oxford: Clarendon Press.

Dewey, John. 1960. *The Quest for Certainty: A Study of the Relation of Knowledge and Action*. New York: Putnam.

Dilthey, Wilhelm. 1976. *Selected Writings* (ed.) and trans. H. Rickman. Cambridge: Cambridge University Press.

Dryzek, John S. 2002. A Post-positivist Policy-analytic Travelogue. *The Good Society* 11 (1): 32 – 36.

Fischer, Frank. 1993. ReconstructingPolicy Analysis: A Postpositivist Perspective. *Policy Sciences* 25: 333 – 339.

Fodor, Jerry, and Ernest Le Pore. 1992. *Holism: A Shopper's Guide*. Oxford: Blackwell.

Fuchs, Stephan. 2001. *Against Essentialism: A Theory of Culture and Society*. Cambridge, MA: Harvard University Press.

Gadamer, Hans-Georg. 2002. *Truth and Method*. New York: Continuum.

Garfinkel, Harold. 1967. *Studies in Ethnomethodology*. Englewood Cliffs, NJ: Prentice-Hall.

Geertz, Clifford. 1973. *The Interpretation of Cultures: Selected Essays*. New York: Basic Books.

Goertz, Gary. 2006. *Social Science Concepts: A User's Guide*. Princeton: Princeton University Press.

Hallett, Garth L. 1991. *Essentialism: A Wittgenstein Critique.* Albany, NY: State University of New York Press.

Hartsock, Nancy. 1983. *Money, Sex, and Power: Toward a Feminist Historical Materialism.* Boston: Northeastern University Press.

Hawkesworth, Mary. 2006. *Feminist Inquiry: From Political Conviction to Methodological Innovation.* New Brunswick, NJ: Rutgers University Press.

Hempel, Carl. 1942. TheFunction of General Laws in History. *Journal of Philosophy* 39: 35 – 48.

Husserl, Edmund. 1970. *The Crisis of European Sciences and Transcendental Phenomenology: An Introduction to Phenomenological Philosophy*, trans. D. Carr. Evanston, IL: Northwestern University Press.

Johnson, James. 2006. Consequences of Positivism: A Pragmatist Assessment. *Comparative Political Studies* 39 (2): 224 – 252.

Kittel, Bernhard. 2005. The AmericanPolitical Methodological Debate: Where is the Battlefield? *Qualitative Methods* 3 (1): 12 – 18.

Knorr Cetina, Karin. 1999. *Epistemic Cultures: How the Sciences Make Knowledge.* Cambridge, MA: Harvard University Press.

Lane, Jan-Erik, and Hans Stenlund. 1984. *Power. In Social Science Concepts: A Systematic Analysis* (ed.) G. Sartori. Beverly Hills, CA: Sage.

Lin, Ann Chih. 1998. Bridging Positivist and Interpretivist Approaches to Qualitative Methods. *Policy Studies Journal* 26 (1): 162 – 180.

Luebbert, Gregory M. 1991. *Liberalism, Fascism, or Social Democracy: Social Classes and the Political Origins of Regimes in Interwar Europe.* New York: Oxford University Press.

MacIntyre, Alasdair. 1969. A Mistake about Causality in Social Science. In *Philosophy, Politics and Society*, 2d series (ed.) P. Laslett and W. Runciman. Oxford: Basil Blackwell.

Marsh, David, and Heather Savigny. 2004. Political Science as a Broad

Church: The Search for a Pluralist Discipline. *Politics* 24 (3): 155 -168.

Oren, Ido. 2006. CanPolitical Science Emulate the Natural Sciences? The Problem of Self-disconfirming Analysis. *Polity* 38 (1): 72 -100.

Patomäki, Heikki, and Colin Wight. 2000. After postpositivism? The Promises of Critical Realism. *International Studies Quarterly* 44: 213 -237.

Patrick, Glenda M. 1984. *Political Culture. in Social Science Concepts: A Systematic Analysis*, ed. G. Sartori. Beverly Hills, CA: Sage.

Peirce, Charles. 1998. *PragmatismIn Essential Peirce: Selected Philosophical-Writings*, Vol. 2: 1893 -1913. Bloomington: Indiana University Press.

Pitkin, Hannah F. 1972. *Wittgenstein and Justice: On the Significance of Ludwig Wittgenstein for Social and Political Thought*. Berkeley: University of California Press.

Quine, Willard van Orman, and J. Ullian. 1970. *The Web of Belief*. New York: Random House.

Ricoeur, Paul. 1976. *Interpretation Theory: Discourse and the Surplus of Meaning*. Fort Worth: Texas Christian University Press.

Ringer, Fritz. 1997. *Max Weber's Methodology: The Unification of the Cultural and Social Sciences*. Cambridge, MA: Harvard University Press.

Rorty, Richard. 1980. *Philosophy and the Mirror of Nature*. Princeton: Princeton University Press.

Sartori, Giovanni (ed.) 1984. *Social Science Concepts: A Systematic Analysis*. Beverly Hills, CA: Sage.

——. 1991. Comparing andMiscomparing. *Journal of Theoretical Politics* 3 (3): 243 -257.

Saussure, Ferdinand de. 1966. Course in General Linguistics, trans. W. Baskin, ed. C. *Bally and A. Sechehaye*. New York: McGraw-Hill.

Schutz, Alfred. 1972. *The Phenomenology of the Social World*, trans. G. Walsh and F. Lehnert. London: Heinemann Educational Books.

Schwartz-Shea, Peregrine, and Dvora Yanow. 2002. "Reading" "Methods" "Texts": How Research Methods Texts Construct Political Science. *Political Research Quarterly* 55 (2): 457–486.

Searle, John R. 1969. *Speech Acts: An Essay in the Philosophy of Language.* London: Cambridge University Press.

Sewell, William H., Jr. 1980. *Work and Revolution in France: The Language of Labor from the Old Regime to* 1848. Cambridge: Cambridge University Press.

Three temporalities: Toward an Eventful Sociology. In The Historic Turn in the Human Sciences (ed.) Terrence J. McDonald. 1996. Ann Arbor: University of Michigan Press.

Shapiro, Ian, Rogers M. Smith, and Tarek E. Masoud (eds.) 2004. *Problems and Methods in the Study of Politics.* Cambridge: Cambridge University Press.

Skinner, Burrhus F. 1938. *The Behavior of Organisms: An Experimental Analysis.* New York: Appleton-Century.

Stedman Jones, Gareth. 1983. *Languages of Class: Studies in English Working Class History*, 1832–1982. Cambridge: Cambridge University Press.

Taylor, Charles. 1971. Interpretation and the Sciences of Man. *Review of Metaphysics* 25 (1): 3–51.

Tickner, J. Ann. 1998. International Relations: Postpositivist and Feminist Perspectives. In *New Handbook of Political Science* (ed.) R. E. Goodin and H. -D. Klingemann. Oxford: Oxford University Pres.

Wahrman, Dror. 1995. *Imagining the Middle Class: The Political Representation of Class in Britain, c. 1780–1840.* Cambridge: Cambridge University Press.

Watson, John B. 1924. Behaviorism. New York: Norton.

Weber, Max 1949. "Objectivity" in Social Science and Social Policy. *The Methodology of the Social Sciences.* New York: Free Press.

Weber, Max. 1978. *Economy and Society*, 2 vols. (ed.) G. Roth and C. Wittich. Berkeley: University of California Press.

Wendt, Alexander. 1999. *Social Theory of International Politics*. Cambridge: Cambridge University Press.

Winch, Peter. 1958. *The Idea of a Social Science*. London: Routledge & Kegan Paul.

Wittgenstein, Ludwig. 2001. *Philosophical Investigations*. Malden, MA: Blackwell.

Yanow, Dvora. 2003. Interpretive Empirical Political Science: What Makes This not a Subfield of Qualitative Methods. *Qualitative Methods* 1 (2): 9-13.

本质上争议的概念[*]

[英] 沃尔特·布赖斯·加利(Walter Bryce Gallie) 著
花勇 编译

本章讨论的概念和许多有组织的、准组织的人类活动是有关系的。在学术术语上,它们属于美学、政治哲学和社会哲学、宗教哲学的范畴。人们对如何正确使用这些概念是存在歧异的,比如:艺术、民主、基督教教义等概念。当我们考察这些术语的不同用法和特色观点时,会发现没有一种用法是被普遍接受的。不同的用法有助于不同学派功能的发挥,也有助于不同政治团体、政党、宗教社区功能的发挥。一旦多个功能解释开来,围绕上述概念的争论可就此结束。事实情况并非如此。每一个派别继续主张,这些概念满足了他们的利益,代表了他们的阐释的特殊功能,是正确的、合适的、首要的,或者唯一重要的。而且,每

---

[*] 原文出处:W. B. Gallie, "Essentially Contested Concepts", in W. B. Gallie, *Philosophy and the Historical Understanding*, New York: Schocken Books, pp. 157 – 191. 此文1955年第一次发表在 Proceedings of the Aristotelian Society。1956年加利在 The Philosophical Quarterly 发表《艺术是一个本质上争议的概念》(Art as An Essentially Contested Concept)对本质上争议的概念进一步加以讨论。加利的文章发表后,在学界引起持续且广泛的讨论。本译文集其他两篇文章就是对加利观点的分析批判。contested concept, 本译文集全部翻译成争议的概念。contestable 统一翻译成可争议的。台湾学者郭秋永在1995年撰文介绍了加利如何界定争议的概念,以及围绕加利的观点展开的讨论。参见:郭秋永,《解析"本质上可争议概念":三种权力观的鼎立对峙》。——译者注

一个派别一直借助有说服力的观点、证据和其他论证形式来保卫自己的观点。

把上述派别的观点认为是利益、品位或者态度的正面冲突是合理的，因此，不理会这些处于争议中的派别（the contesting parties）的观点也是正当的。另一方面，当这种情形在哲学中持续下去，我们会把它归于深层次的知识趋（intellectual tendency），它的出现是"形而上的"。这种无止境的争论是有心理原因或者形而上苦恼的。但是，有的无止境争论是上述两种解释都解释不了的。这些争论围绕的就是上文提及的概念，这些争论，尽管不是任何一个观点能解决的，但是是由各个观点支撑下去的。这就是我所说的本质上争议的概念，关于这些概念的适当使用不可避免地带来无止境的争论。

为了解释争议的概念的重要性和特殊性，特别是阐明，对争议的概念的充分理解，要关注到这些概念的历史——它们如何逐渐成为现在人们使用的方式。本文用体育运动的例子来详细加以阐述。

以体育比赛中的"冠军"（championship）为例。通常，一个队伍被判定为一个固定期限的冠军，如一年，是凭借它的某种表现击败了其他竞争对手。因此，在一个特定的时期，比如一年，这支队伍当然就是"冠军"，尽管随着岁月流逝，有可能他们不会重复他们先前的成功。但是，现在让我们思考一下具体的冠军称号：（a）在这个锦标赛中，所有的队伍都擅长一种特殊的游戏方法、策略和类型，每个队伍的成员都认为他们自己的能力是最好的。（b）冠军不是根据得分来裁决和授予的，而是根据类型或者水平的层次来决定。简单点说，被裁决为"冠军"的，是被认为"玩这个游戏最好的"。（c）"冠军"不是一个固定时期获得的和承认的荣誉。比赛会不断持续下去，今天的冠军知道明天很有可能会被赶上或超过。（d）因为没有"计分"系统（marking or points system）来决定谁是冠军，因此没有正式的裁判，或者严格的判决规则。取而代之的是，每一个队伍都有自己的忠诚的核心支持团体，另外，在某个特定时间，许多"摇摆"支持者（floating supports）会被征服过来。在某个特定时间，任何一个队伍拥有最大数量的支持者，他们有效欢呼他们自己是"冠军"。（e）每一个队伍的支持者把自己喜欢的队伍作为"冠军"。支持者都承认，某个特定时刻，队伍 T1 是"有效的冠军"，然而，承认队伍 T1 是冠军，不代表普遍承认 T1 玩的类型和水准的优秀性。相反，T2、T3 的支持者还会一直把他们喜欢的队伍看做"冠军"，继续努力争取其他人支持自己的队伍。这不是因为成为多数派别的粗俗愿望，而是因为他们相信他们喜欢的队伍玩这个比赛是最好的。因此，在这些竞争性的队伍之间，一直存在竞争，不单单是竞争被承认为冠军，而且竞争接受冠军称号的恰当标准。

举例来说，在障碍马术比赛中，一匹马被判定为"冠军"是根据多个相对独立的标准：没有踢到任何障碍、没有拒跳、盛装舞步、符合前后跳之间的时间间隔，轻松移动和明显的舒服度、持久性等。以撞柱游戏为例，这个游戏中，要求所有队伍的成员都要击打特定物体。从方法、策略、类型等来看，击打有多个方式：会关注速度、方向、高度、是否使用弹跳、旋转、转弯，每一个队伍都擅长某一种类型。

依据上述想象的比赛模式，使用本质上争议的概念必须遵循的正式条件（逻辑条件），至少包括下面五个必要条件，（Ⅰ）争议的概念是评价性（appraisive）的，在这个意义上，概念表明或认可某种有价值的成就。（Ⅱ）概念表明的成就是一个内在复合体（internally complex character），概念的所有的价值都要归于作为整体的成就。（Ⅲ）对概念价值的任何解释，必须参照组成部分或特征的各自贡献；不过，实验（experimentation）之前，在对概念整体价值的多个竞争性描述中，没有一个是荒谬的或矛盾的，一种描述把组成部分或特征按重要性排序；第二种按另外一种重要性排序，以此类推。总之，被认可的成就，最初，是有多个描述的。（Ⅳ）被认可的成就必须承认由于环境的变化导致的相当大的改变，这种变化事先无法指定，无法预测。方便起见，将之称为"开放的"特征。

这四个条件足够解释这种情形如何以及为什么会出现，这个情形是，不同的旁观者团体会为他们喜欢的队伍欢呼，肯定他们喜欢的队伍的表现。但是这些条件不足以界定什么是一个本质上争议的概念。因此，本文补充到，不同的个人或派别会坚持对概念如何正确使用的不同观点，而且（Ⅴ）每一个派别都承认，他们自身对争议的概念的使用是受到其他派别竞争的，每一个派别必须至少感知和体会到其他标准，这些标准是被其他派别运用到概念当中去的。简单点来说，使用本质上争议的概念意味着，使用它来反对其他的使用方法，同时承认，自身对争议的概念的使用的维持，是要靠其他的使用方法。更为简单点说，使用本质上争议的概念意味着，不但要进攻性（aggressively），还要防御性（defensively）地，使用这个概念。

上述五个条件符合所举的体育比赛的例子。不过，有批评者提出"是否有真正的理由来支撑，争议的概念有一个单一的意义（a single meaning），这个意义是被争论的"。

对这个反对意见的简单回答是，除非人们相信他的队伍胜过同一个比赛中的其他队伍，否则，没有人会想到把一个队伍作为"冠军"。"冠军"代表性使用的情境表明，到目前为止，在不同的使用之间，有单一的意义。对于这个答案，批评者会继续反驳道，"每当人们争论的是完全混淆的概念（confused concept），同样的情形看起来也会出现。你界定的争议的概念的定义，无疑包括了你举的例子所阐释的多个方面，但是，它忽视了这个可能性，在这些不同的使用中，会出现不停妄想的事实，比如，妄想所有不同的队伍竞争的是同一个比赛。"

这个反对意见不是要求进一步提炼争议的概念的定义，而是指明了保护争议的概念持续使用的条件。这是正当的要求，因为驱使竞争性地使用概念的这些派别去全面认真思考，是否他们指涉的是同一个成就。

下面将用所举的体育例子来反击这个反对意见。为了保护对"冠军"概念的持续使用，本文强烈要求，如果每一个队伍的具体方法和比赛类型来自对榜样（exemplar）的模范和改编，那么可以说，每一个队伍是在竞争同一个冠军称号。所有的竞争队伍及其支持者都承认，榜样的竞赛方式是比赛应该进行的方式。不过，因为榜样的竞赛是内部复合体，有着多种描述，榜样方式的不同特征被不同评价者赋予不同权重，因此，不同的队伍会渐渐形成不同观念，这个观念是关于比赛如何进行

本质上争议的概念

的。为此，应该补充，榜样成就的认可或接受必须有"开放的"特征。学习榜样就是发挥个人能力去复活榜样比赛的方式，不单单要达到个人能力的极限，而且要到达环境允许的极限，无论环境是有利的，还是不利的。

下面用 T1 的例子来解释。T1 的成员和支持者，与其他队伍的成员和支持者，都承认榜样的权威，但是在评价榜样的成就时，T1 的成员和支持者首先把他们的注意力放在速度上，在环境允许的情况下，他们有意识地支持，甚至促进榜样比赛的方式。因此，T1 的成员和支持者确信，T1 玩的比赛就是这个比赛应该玩的方式。其他的队伍及其支持者也会如此。

有必要回想前面的"冠军"例子，冠军不是根据定量体系来授予的。我们发现，考虑到本文制定的其他条件，这样的体系发挥作用是很困难的。谁能说 T1 延续和促进榜样的方式就好于 T2？总之，制定普遍的标准来判定哪一个队伍是最好的，看起来是非常不可能的。

因此，本文采取两个步骤来保护对争议的概念的持续使用：（Ⅰ）本文发现，每一个队伍声称自己玩比赛的方式是对榜样的真正继承，是对榜样方式的正确发展。（Ⅱ）本文发现，没有一个普遍的方法或原则来判定不同队伍提出的声明的好坏。确定的是，这些步骤不是要证明任何一个队伍观点的合理性。如果他们这样做，像"冠军"这样的概念就不再是争议的概念了。不过，回想内部复合体、多种描述、"开放"特征，必须承认下面的可能性：除非对冠军称号的持续竞争，否则这些成就不会复活和延续或者发展到实际环境允许的最佳状态。因此，T1 几乎不可能把绝对速度攻击发挥到优秀状态，除非他想改变 T2 队伍支持者。同样，T2 也是如此。持续竞争的结果不是要论证任何一个队伍观点的合理性，而是要论证，联合运用争议的概念的合理性。

联合使用争议的概念可能到达的最优状态，证明了联合使用的合理性。但是保卫争议的概念的运用是有条件的。某些情况下，这些因素会被马上排除的。比如说，两个或多个持续使用争议的概念的不同方式最终会挫伤这个活动和成就，而活动和成就正是争议的概念评价的要点。

甚至在舒服惬意的环境中，不同观点之间的竞争是否会延续或发展榜样成就达到最佳状态，这个问题很难决断。甚至在肯定回答这个问题的地方，根据一般效应，维持和发展榜样的成本也是很高的。

总结一下到目前为止的讨论。条件Ⅰ-Ⅴ充分解释了一个概念被当作本质上争议的概念意味着什么。但是这五个条件不能区分争议的概念和混淆性概念。为了弄清楚这个区分，有必要进一步补充两个条件：（Ⅵ）任何概念的衍生，都是来自最初的榜样，这些榜样的权威被所有争议的概念的使用者所承认。（Ⅶ）在这些术语的合适意义上，这个观点是可能的，或者可信的，这个观点是，争议的概念的竞争性使用使得原初榜样的成就延续和发展到最佳状态。但是这些条件①明显体现了对争议的概念具体特征的历史路径分析。理解这些概念如何发挥功能或者如何被使用，要求察觉到这些概念如何按不同寻常的方式被历史性地使用。历史路径分析（historical approach）的重要性在我们转向活生生的例子时，会显得清楚明白。

下文分别举例阐述本质上争议的概念的五个正式历史条件和两个广泛的历史条件（broad historical conditions）。

首先以基督教为例，本文所考虑的基督教是现实实际中的，类似于"基督教生活"（Christian life），不是纯粹教条上的。

非常清楚的是，对基督教的使用是评价性的：不同的使用承认某种精神成就。同样明显的是，这个成就是内在复合体，有着多种描述。看看基督教教条中那一条最为独特，最为重要的持续不断的争论，就见证了这一点。基督教也是一个"开放的"概念，这个开放性从历史中看得清楚。比如，一开始，基督教废除奴隶制度，但是之后，基督教默许奴隶制。基督教是被不同使用者进攻性和防御性地使用。对基督教概念的正确使用必然符合条件（Ⅵ）——共同承认的榜样——是明显的。基督

---

① 台湾学者将争议的概念的七个条件翻译成：概念是鉴赏性的；概念是由复杂元素组成的；概念是可以做多方面描述的；概念是开放的；概念的各种用法兼具攻击性和防守性；概念从一个众所公认的原初范本衍生而来；概念的不同使用的竞争使得概念获得最佳维护和发展。参见：郭秋永，《解析"本质上可争议概念"：三种权力观的鼎立对峙》。

教概念也符合条件（Ⅶ）——通过竞争性解释达到最佳状态。

艺术，代表一种人类活动，她的历史大约有三百多年。希腊、罗马、中世纪、文艺复兴时期使用的艺术，更为宽泛。作为"美术"（the fine arts）意义上，以及作为哲学的独立分支美学，艺术是17世纪晚期和18世纪早期的产物。艺术，作为类型学术语，是对科学的回应；类似于"美术"是对"有用的知识"挑战的回应。

就第一个条件来说，艺术，正如我们今天通常使用的，主要是一个评价性术语。就第二个条件来说，艺术承认的成就一直都是内部复合体。第三个条件，这种成就有各种各样的描述，这主要是因为，不同的时间，不同的团体（different circles），会把重点放在不同的地方，比如，放在观众的反应上；放在艺术家的目标和抱负上；放在艺术家遵循的传统上；放在艺术家和观众之间的交流上。第四个条件，艺术成就，或者艺术活动的坚持，一直是"开放的"特征，在这个意义上，任何一个历史阶段，没有人能预测，什么样艺术形式的发展会逐渐被认为是拥有正确的艺术价值。第五个条件，艺术家和批评者，都承认艺术这个术语及其衍生物的使用，既是攻击性的，也是防御性的。

必须要承认第六个条件——来自于一个普遍认可的榜样——不能简单和直接的应用。很明显，存在着不同且经常是完全独立的艺术传统。不过，对艺术作品或艺术价值的任何讨论，很容易发现哪些具体的艺术传统被当做"榜样"。最后一个条件，不同艺术立场之间的竞争产生的刺激效应，已经做了一些事情来论证把艺术作为普遍术语或类型术语（a supremely general or categorical term）的持续使用，是有道理的。

下面讨论的民主概念，是最复杂的，受到最多指控的，在实际中容易滥用和混淆的。首先必须明确，通过证明民主是本质上争议的概念，不能清除民主概念使用上的混乱。

条件一，民主概念是评价性的。确实，在过去的一百五十年，民主已经稳步确立了其作为评价性政治概念的地位。除了有效性和安全性之外，任何一个主要决策要解决的问题是：这是民主的吗？

条件二和三，民主概念是内部复合体，任何民主成就都承认民主的多种描述,在这些描述中,民主的不同方面按照不同的重要性被排序。比如:民主首先意味着公民选择政府的权力;民主首先意味着所有公民享有平等的权力竞取领导职位;民主首先意味着公民持续地积极参与各个层次的政治生活。

条件四,民主概念是开放的。政治,是可能性的艺术。随着环境的变化,民主的目标会升高或降低,民主成就的判断一直是依据这些环境变化的。

条件五,民主概念的使用是攻击性和防御性的。这无须讨论,除了对这些人之外,这些人拒绝民主概念的单一的普遍使用。这些人忽视了,单一的普遍使用基本上是由相互竞争和相互质疑的使用(contesting and contested use)所构成。

条件六,民主概念的使用承认榜样的权威,比如,悠久的反不平等的要求传统、抱负传统、革命传统、改革传统。我们会发现,这些传统的模糊性,丝毫不会影响上述传统作为权威的影响力。只需回想有多少政治运动声称是从法国革命或美国革命吸取灵感的,就对此明了了。

条件七,民主概念的持续竞争性使用,是否导致民主传统的模糊目标和混乱成就达到最佳发展?难道不是更有可能促燃冲突的火苗,这些火苗已经由其他原因点燃了?现在的分析工作,或者一般政治哲学的工作,不是去提供具体的预测或建议。现在的分析是要推进此问题的解决,本文尝试用以下概括的方式来回答,比如,如果本质上争议的特征被所有相关者承认,争议的概念的持续竞争和争论的哪些方面受到影响,这些竞争和争论围绕的就是争议的概念的合恰使用①。

最后谈及的是社会公平(social justice),与前面讨论的宗教、艺术、民主不同,对社会公平的认识主要分为两大类。一类是自由主义或个人主义(Liberal or Individualist),一类是社会主义或集体主义(Socialist or Collectivist)。

前者主张,社会公平本质是交换性的(commutative),这个观点建

---

① 加利在这里是回避了符合第七个条件带来的问题。——译者注

立在下列事实基础之上，报酬和价值应该是成比例的。合作的动机在于理性自利。总之，在自由主义者看来，社会公平是由这些（理性）制度安排构成的，通过这些制度安排，个人的价值通过他的产品或服务，获得回报。这个方式是交换式的。

社会主义主张，社会公平基本上是一个分配性概念。围绕的核心问题是：作为社会的成员，个人享有多大的商品和服务？在社会主义者看来，社会公平不是建立在对劳动的公平报酬，而是未来社会的理想。

上述关于社会公平的两个竞争性观点相互斗争了很长时间，这两种观点之间的竞争，可以用自由主义—个人主义的自由概念与社会主义—集体主义的政府概念来比较。这些例子中，本文所论述的本质上争议的概念，都是适用的，但不是完全的成功。关于自由和政府的范围和角色的争论，其部分正当理由在于纯粹的模糊性，这是非常值得怀疑的，对这些术语的正当使用的讨论，是否适合一个共同承认的来源或榜样。关于此方面的困难案例或底线，留待本章末尾讨论。现在要讨论的是两个突出的一般性问题（general questions），这些问题是由这些案例的讨论引起的。使用本质上争议的概念产生的无休止争论是真正的争论吗？真正的争论中，证据、中肯和理性劝服的理念是适用的。所有使用者承认具体概念是本质上争议的，在什么方面，会影响争议的概念导致的冲突和观点的特征和层次？

第一个问题等同于，在宗教领域、美学领域、政治领域、道德领域，存在转换的逻辑（the logic of conversion）吗？在这些被描述为逻辑正当的领域，存在转换吗？或相反，在这些领域，观点的变化存在吗？观点的变化有合恰的方法引动的，可以通过引用相关数据和归纳来进行逻辑性解释。先前的讨论已经确定了一点：如果逻辑论证的概念只能应用到这些主题和讨论，使用争议的概念导致的争论就不是真正的，或者理性的争论。这些主题和讨论被认为，在长远看来，可以获得普遍同意。因此，我们的第一个任务是，符合这个条件——获得普遍同意的可能性——提供了一个必要的标准来判定所讨论和争论的纯正性（genuineness）。现在，对这个问题的肯定答复当然要去具体的保卫：因为可能最终普遍同意的概念是高度复杂的，在理性论证的标准中是不会出现的。而且，本文认为，鼓励大家接受肯定性答复的人，完全忽视了本质上争议的概念的存在，没有自信考察争议的概念导致的观点的具体结构。因此，本文认为，反对意见的第一个可能的形式不会造成太大麻烦。

但是，现在，反对意见被置于更为普遍认可的理由之上。比如，正如我们坦白承认的那样，找到一个普遍的原则来判决争议的概念的两个竞争性使用哪一个最好，是完全不可能的。本文的答案是，找不到普遍的原则来决定哪一个是最好的，却有可能解释或阐明一个具体的单个的持续使用的合理性（rationality），或者在更为剧烈的变化的案例中，转变争议的概念使用的合理性。在这些案例中，理性解释是可能的，这类似于个人改变其社会角色，或者改变对某一社会准则的效忠，是完全能被理解的，或者被效仿的。所有这一切在任何普遍法则或原则下，是不可能的。

下面以上文的例子来详细阐释。在所举的例子中，有三个竞争性对手T1、T2、T3。T2竞赛的类型居于T1和T3之间。在每一个队伍的支持者中，都一直有摇摆者。这些摇摆者比通常，更能意识到其他队伍的优秀特征。以T2的摇摆者为例，T1的具体表现，或者T1支持者的精彩评价性观点突然使T2的支持者认识到，T1是以最好的方式延续和促进比赛的最初榜样。这对T2的摇摆者发挥了决定作用，他们被转变为T1的支持者。现在，我们假定，同样的表现对T2的坚定分子发挥了相当的影响。尽管对坚定分子动摇较小，但至少使他们意识到，T2必须采取相当的改变来保持它的忠诚支持者。而且，尽管T3的支持者因T1的具体表现，较少动摇，但他们至少关注了T1的具体表现（sit up and take notice）。

更为简单来说，本文所表达的是，在一个明显无休止争论中，由一方来提出某一部分证据或观点，甚至被其他人承认是有明确逻辑力量的，但其他人没有被这个观点说服。对摇摆者的转变是合理的——根据心理学法则或社会学法则是不能简单期望发生的——考虑到摇摆者的信息状态，考虑到摇摆者支持一方，反对一方的根据。恰恰是这个理由，我们可以或多或少区别知识上各自的转变与纯粹情感上的转变，或者完全阴险的转变。可以确定的是，对争议的概念的某一使用的摇摆反对者，如果他从任何其他可能的使用中撤出支持，去接受（take up）完全不受约束的态度，转变上述环境中他的忠诚，是不合理的。但是，正如我们所举的例子，生活中也是如此，这种可能性经常是被排除的。生活的紧急状态要求，"不支持我的就是反对我的"，或者犹豫支持哪一方，不单单会被任何一方抛弃，也会被游戏和时代抛弃。从"转换的逻辑"来看，从争议的概念的一种使用转变到另一种，完全类似于每一个独特的决策逻辑。相比较一种持续的使用，一种使用会认为有更多或更少的理性（rationality）。

补充两点来强化这个观点。态度道德主义者（attitude-moralists）通常主张，任何道德争论的唯一重要部分必须关注事实，关注实证上可以检验的事实。将这个观点和本文对 T2 的转变进行比较，是非常重要的。T2 承认的是这个事实，T1 的具体成就复活和实现了重要的表现类型（如原初榜样）的某些已经被认可的特征。T2 更清楚更全面地明白了，为什么他自始至终认可和跟随榜样的表现类型。对他发挥作用不单单是心理原因和偶发事件，还包括他承认的重要的表现类型。

尽管主张任何具体转变的基础中都有客观性，不过本文同意态度道德主义者的观点，态度的基本差异，也是位于我们刚才讨论的情形背景之后。为什么一种比赛类型适合一个队伍的支持者，另外一个类型，适合第二个队伍？在争议的概念使用的任何一个历史阶段，无疑有必要去借助心理学理论或社会学理论来解释他们现在的偏好和坚持。但是承认这个，不代表否认争议的概念的使用，或使用的变化中的评价性因素。

现在讨论第二个问题，首先必须区分高级（higher-order）承认和低级承认（lower-order）。日常的低级承认是进攻性和防御性地使用一个特定概念。二者的区别在于，低级承认认为有，并自以为持续有对手；高级承认认为对手是行为的基本特征。高级承认的优势在于，使得相关方意识到一个重要的真理。这是一个高级的真理，它的重要性最好根据它重要的日常应用来理解。我们寻求的答案必须能使我们回答这些问题：就支配者 X 理智的效忠 X 而言，支配者 X 的基督教如何受到我们所讨论的承认所影响的？相似地，承认不同的批评者团体存在歧异，如何影响艺术研究者？我们关注的结果不是可以预测的，不是可以因果解释的，强调这个也是重要的。承认概念是本质上争议的概念的实际操作和理论操作（the practical and theoretical operation）在逻辑上是可估量的和正当的，对这些结果的检验是本文分析的重要部分。

我们问题的部分答案看起来就在于此。承认概念是本质上竞争性，就意味着承认对概念的竞争性使用不仅逻辑上是可能的，在人力所及的范围内是可能的。不仅如此，还要承认对概念的使用或解释存在永久的潜在的批判价值。反之，把任何竞争性使用看做忤逆，就会置自己于长期的人类理解险境中，或者完全忽视竞争对手观点的价值。任何合适的争议的概念的例子中，必须的承认，带来的结果是，观点质量水平的明显提升。这表明，各种竞争性派别之间对支持和承认的持续竞争是合理的。

这个结果的一个重要的具体形式如下：每一个派别或多或少都有自己的死忠分子。现在，这些人不再是好的论辩者。因此，具体概念的使用或解释越多是由商谈（argument）来推进的——即使商谈不能达成最终抵抗一切的结论（knock-down conclusion）——概念的未来会更多掌握在温和的和有洞察力的主要人物手中。

与上面乐观的观点不同的是，下面的是较为悲观的。如果竞争者相信，他们的使用是唯一可以命令诚实和知情同意（honest and informed approval），他们可能坚持商谈和讨论，希望最终通过逻辑方式，能劝服和转变所有其他的竞争者。一旦希望落空（the truth out of the bag），这个本来无害的愿望会被残忍的决策所取代，这个决策就是停止商谈，打压异己，消灭不需要的。

上述的思虑会促使我们停歇下来，去回想一下，理性的要求在带给我们光明的同时，也带给我们危险。这些反对意见，确实是广泛承认争议的概念，可能导致的因果结果。但不是合理的结果。热爱真理的人会乐于推进争议的概念，无论这个努力多么漫长，多么令人疲倦。真正的宗教徒不会相信"快速的结果"，相反，他们愿意等待和努力工作，直到把他者转变为相信自己的观点。每个人都知道，没有一个错误像这个错误这么致命，这个错误就是消灭了唯一优秀的反对者。

对争议的概念的仔细研究还有更多的实际理由，但就我们现在的目的来说，对这些概念的充分理解包括去了解和体会这些概念的历史。至少，必须接受，这些概念的合适的竞争性使用，可以追溯到共同承认的榜样。在这个基础上，争议的概念是合理的，这个基础就是，人们发现谁是最好地发展榜样的。清楚的是，支持对争议的概念的某一具体解释的人之间，这种历史的了解和体会是显著不同的。

本质上争议的概念到底包括那些？宗教、艺术、民主的任何一个次概念都属于争议的概念。其他的包括：科学、法律、自由与政府。本文不确定所有这些概念都能非常满意地符合上述七个条件，但确定的是，对这些概念的理解，要求体会它们的成长过程，要求观察它们曾经经受的分蘖和统一。总之，在人类活动的这些领域，成就首先是由共同接受的思想传统和工作传统来更新和促进的，恰是在这些领域，概念是本质上争议的。

更大的兴趣在于，历史理解与基本的道德观念和准则的相关性。这可以用下面的困境来解释清楚，多数哲学家同意履行责任，必然参照其他行为体在相似情形下的做法，但是我们很多责任的出现和产生，是因为我们坚持对争议的概念的具体解释。因此问题就来了：这种坚持是相似情形的必要组成部分吗？如果是，所谓的义务的普适标准（universalisability criterion）在逻辑上是不重要的，在实际中是无用的。因为人们在民主和社会公平的意义上的差异不会因"元—伦理学家们"（meta-ethicists）的一笔一划就搁置一旁。如果不是，普适标准究竟如何运用到大量的道德重要性事务中。为解决这个困境，必须去除共同的，最根深蒂固的伦理历史的偏见。

（译者单位：华东政法大学科学研究院）

论社会政治概念的可争议性*

[英] 约翰·N.格雷（John N. Gray） 著
郝诗楠 编译

一些重要的社会政治思想中蕴含着"本质上的争议性"（essentially contested character）①，在讨论这种性质的时候会涉及到一些哲学问题，而这些问题便是本文所要考察的。本文可分为两个部分：第一部分首先简要回顾了"本质上的可争议性"这一概念的起源和意义，然后本文认为：在社会政治理论中，一些主要的概念均是在本质上可争议的，这一命题具备初步的正确性（plausibility）和解释力。在第一部分中，本文还提出了一些推进"本质上的可争议说"（essentially contestability thesis）的不同方法，并指出这些方法各自的困难、模糊性以及弱点。本文的第二部分提出了一种理解"本质上可争议性"的方法，这种方法可以在避免前述概念困难的前提下保留它们的解释力和哲学旨趣。在结论部分，本文将会指出基于上述新理解的哲学研究表明否认政治哲学自主性

---

* 原文出处：John N. Gray, "On the Contestability of Social and Political Concepts," *Political Theory*, Vol. 5, No. 3, 1977, pp. 331–348.

① 文中交替使用 contestable（contestability）与 contested，且并未对其作出明确区分。但译者认为这两个词并指向同一种内涵。前者指的是一种应然的状态，而后者指的是一种实然的结果。因此，在编译过程中，译者将前者译为"可争议（性）"，而将后者译为"争议的"或"争议性"。——译者注

的努力是徒劳的。

什么是"本质上争议的（contested）"概念

本质上争议的概念最早由加利（W. B. Gallie）教授在1956年提出的①。加利认为：所谓在本质上争议的概念指的是那些拥有多重不同用法的概念，这些不同的用法都有充分的论据支持。这些概念的外延是模糊的，且这种模糊性得到了概念使用者的承认。使用"本质上争议的概念"兼具防守性与进攻性：对某概念的某种用法的辩护包含着对其他用法的排斥。

本文认为，只要当一个概念被用于某个特定的社会或政治语境中时，能够引发对于其他一些与之联系且用法也相对不确定的概念的理解，那么我们就可以说前述的概念就是一种"本质上争议的概念"。换句话说，在使用一个"本质上争议的概念"的时候，我们需要同时明确地使用那些所有与之在情境上相关且颇具有争议性的概念。

实例：史蒂文·卢克斯（Steven Lukes）论权力

为了（1）说明"本质上可争议说"的在不同社会政治情境中的多种变体，（2）指出这些变体中所蕴含的特定问题并（3）阐明"本质上可争议性"对于社会政治思想的意义，本文将采用史蒂文·卢克斯对于"权力"这一概念的论述来做例子②。卢克斯想要拓展出一个"三维"或曰"激进"（radical）的权力观。据此，权力是在这样的一种社会情境中行使的：当某一（群）行为者能够显著的影响其他行为者，且这种影响是违背后者真实意志之时。在指出这一论述具备了本质上可争议性

---

① Gallie, W. B. *Proceedings of the Aristotelian Society*（1956）. reprinted as Chapter 8 of W. B. Gallie, ed., 1964, *Philosophy and the Hisrorical Understanding*, New York: Schocken.

② Lukes, Steven, 1975. *Power: A Radical View*, Atlantic Highlands. NJ: Humanities Press.

之后，卢克斯断言他论述中所包含的道德和政治的非中立性是无瑕疵的，他还指出这种争议性绝不会减损其经验上的有用性。不过，我认为现在仍不清楚的是：卢克斯最终在多大程度上仍坚持认为其权力观具有在本质上的争议性。

我认为，在卢克斯的观点中存在着一个关键性的张力。一方面，他声称"权力"是一个在根本上承载着价值判断的概念，而三种权力观①都源自特定的道德与政治视角，所以我们因此便能得出权力是一种本质上争议的概念②。另一方面，卢克斯又指出：从理性的（rational）角度来说，三维权力观比起其他两种权力观来说更佳，因为它不是简单地被既有的价值所牵制。他认为，三维权力观可以更好地囊括其他两种权力观所忽视的社会现实。然而，假使存在一个能够指出前两种观点不足之处的"理性"论点，那么就不能说权力是一个本质上争议的概念。而当我们谈及"三维权力观"（而非三种不同的"权力观"）的时候，上述张力也无法消除。即便我们把三种权力观视为"互补"而非"互斥"的时候，对于卢克斯来说，"三维权力观"仍旧能够包含且在理性上优于另外两种权力观。这样，我们就不能说权力是一个本质上争议的概念。

在卢克斯著作中所采用的道德与政治视角中，还存在着一个矛盾。正如其标题《权力：一个激进的观点》所示，三维权力观便是一个"激进"的观点：它所采用的道德与政治视角源自十九世纪的无政府主义以及社会主义传统，并且可以在当今新左派的作品中找寻到。这一视角极易受到操纵人类的方式所影响，并且斥责那些否认强制与压迫存在的自由主义观点是虚伪的。我假定上述那种政治遇到的视角需要否定一切道德相对主义并且采用某种形式的伦理自然主义（ethical naturalism）。但是如果我们这样做的话，就意味着要否认卢克斯的"本质上争议的"权力概念。

对于"'权力'是一个本质上争议的概念"的判定所基于的政治与道德视角和前述的那种激进权力观所仰赖的视角大相径庭。因为一旦承

---

① 本文并未明确说明卢克斯的论述内容。此处"三种权力观"指的是单维权力观、双维权力观以及三维权力观。具体可参见卢克斯原作。——译者注
② Lukes, *Power*, p. 26. 斜体为本文作者所加。

认一个概念是"本质上争议的",那么我们就必须排除绝对论的观点并接受认识论和道德上的多元主义。假使我们的基本概念的诸种用法中没有一种能够在逻辑上占优,那么我们是否得要通过持续的对话来不断地提升概念内涵的丰富性?对于加利来说,上述对于概念多样性——或者说是对于概念的可争议性——的承认所体现的是自由主义文明所包含的基本价值。他说道:

> 承认一个概念在本质上具有争议性就是承认这个概念的多重用法不仅在逻辑与事实上(humanly)是可能的,而且具有永久重要的价值……对于本质上争议性的承认能够提升争议各方争论的质量。这同时也预示着这些争论会不断持续下去①。

在本质上争议的概念所依赖的那个道德与政治视角中,如下事实被广泛承认:本质上争议的概念会相互交织从而形成多个曼海姆式(Manheimian)的"整体观念形态"(total ideologies)。这种道德与政治视角便是多元自由主义(Pluralist liberalism)。

上述对于本质上争议概念所依赖的那个道德—政治视角所做的论述可以让我得出一些对卢克斯权力观的总体观察。首先,"本质上争议"意味着否认一切限制性、排斥性、描述主义(descriptivist)或本质主义(essentialist)的观点;第二,与第一点有关,"本质上争议"还意味着概念分析的结果并非是中立的;第三,"本质上争议"的概念无法脱离具体的社会学或历史情境等来使用。

所以老实讲,并非所有学科都拥有"本质上争议"的概念:在我们所熟悉的那些原始的、封闭的或传统的社会秩序中,定义主义(definist)与描述主义的论断必然会制造出许多概念。而当一个概念获得本质上的争议性往往伴随的是社会结构的变化。不过很不幸,我们仍无法确知什么样的社会或概念变迁会造就本质上争议的概念。现在我们唯一清

---

① Gallie, *Philosophy and the Historical Understanding*, p. 188.

楚的是：对本质上争议概念的研究无法脱离对社会变迁各方面的探求。

探究本质上争议的概念要关注概念使用者所在的那个社会。只有在社会产生了稳固的多元性以及道德个人主义之后，本质上争议的概念才会随之出现。把社会政治概念定义为"本质上争议的"所反映的是当代西方自由社会所具备的多元主义或政治－道德多元性的特征。但吊诡的是，举例来说，把"权力"视为本质上争议的概念在一个开放社会的情境下很好理解；而在另一方面，"本质上争议概念"这一术语本身的广泛应用暗示着在任何足够多元且复杂的社会中仍旧存在着根深蒂固的权力关系。

本质上可争议性的形式与限度

在发展"本质上可争议说"的过程中，首要的困难就在于明确一个概念被称作"本质上争议的"究竟是什么意思。一个"本质上争议的"概念不仅仅意味着它自身存在着文化与历史的多样性和在其正确用法方面存在着争议。也就是说，"概念使用者们在文化及历史上的差异"并不能作为"本质上争议"概念的一个评判准则。许多有趣且重要的"本质上可争议说"都超越了这种论述，它们认为："本质上可争议说"不能仅仅通过经验的方法（empirical means）来建立，而且"可争议性"（contestability）也不能仅仅通过"争议"（contestedness）来确定。我们要建立一个更为强有力（stronger）的"本质上可争议说"，并且给予"可争议"（contestable）更多的关注。若要如此，我们必须能够证明某个概念在其正确用法方面的争论是无结果的（inconclusiveness）——不存在逻辑上具强制性的理由（coercive reasons）来证明某一个用法优于其他，因此在其用法的适切性方面存在着争议。这是一种哲学上的判断[①]。而若

---

① 这个观点源自 W. L. Weinstein 先生的一篇未刊出的文章："The Variability of the Concept of Freedom，"这篇文章曾提交给 1975 年 1 月在牛津召开政治思想会议（Political Thought Conference）。

本质上争议的概念
论社会政治概念的可争议性

要建立一个最强（strongest）（也就是最为完整的版本）的"本质上可争议说"，我们还必须指出一个概念所指涉的论题（subject matter）本身存在着用法适切性（propriety）方面的争议。

所以，若要得出一个强有力的"可争议说"自然便会产生出哲学上的争论。换言之，在上述最强的"可争议说"版本中，当我们谈到一个概念"本质上争议"的时候，并不是意味着从某一起点做演绎推理，而是要在哲学上提供一个带有偏向性的（partisan）、对争议性质本身的理解。也就是说，任何对于"本质上争议"的描述本身就是在"本质上争议"的。然而重要的是，我们必须意识到的是：只要"本质上可争议说"本身带有"本质上的可争议性"，那么一个双层的（two-tiered）"本质上可争议说"[1] 就有其哲学上的预设。详细的来说，就是一个双层的"本质上可争议说"预先假定在我们最终的哲学判断以及形上学承诺（metaphysical commitments）之中存在着一定的自由裁量性（discretion）。

至此，我已经对"争议性""可争议性"以及"最适的本质上可争议性"（essential contestability proper）做出了区分，而且我还指出，假使要将一个概念视为第三种（最强的）"本质上争议"版本的话，我们就得持有一个明确的有关该概念及其用法的哲学立场。这便意味着判断一个概念（诸如"自由"或"权力"）用法正确性的标准并不可从有关人类行为或世界的一组有限且明确的描述之中推论出来。

现在我将试着更加详细地考察"本质上可争议"概念——人们对这些概念的正确用法常常争论不休，而且这种争论难以通过理性来化解。举例来说，当卢克斯谈到"权力究其本源是一种具有价值负载的概念"之时[2]，便意味着"本质上争议的"概念的关键在于其正确用法的判定标准包含着规范性标准（normative standards），而关于这些标准的争论无法仅凭理性的辩论而得到解决。现在，如果一个概念的"本质上可争议性"主要来自使用过程中的规范负载性（norm-dependency），那么"本

---

[1] 双层"本质上可争议说"的第一层是指概念的"本质上可争议性"；第二层则是指"本质上可争议性"这个术语本身在"本质上也存在着争议性"。——译者注

[2] Lukes. *Power*, p. 260.

质上可争议说"的有效性则很大程度上取决于是否接受"伦理学非自然主义"（ethical non-naturalism）理论——也就是说评价性的判断无法从经验陈述或道德规则中演绎出来。而如果当我们采纳了某种伦理学的自然主义立场或者当我们通过理性推理得出了某种恰当的命题之时，那么对于一个概念正确用法的争论就会偃旗息鼓。

对于我的上述观点，人们可能会指出：在把重心放在"本质上可争议性"源自价值负载之后，我对"本质上争议的概念"这一术语已经无话可说，并且我不适当地将自己的视角限制在概念的使用（uses）上。为什么说"无直接事实根据的陈述必定是评价性的（evaluative）"？正如伦西曼（W. G. Runciman）所言，有关一个概念正确用法的争论最好能置于其"开放性"（open texture）而非"规范性"下来理解[①]。所谓一个概念（如"自由"或"权力"）的"开放性"指的是在论证标准被详细规定的情况下，这些概念不可避免地会遭致质疑和谬误。但是现在的问题在于：如果开放性概念在自然科学和社会科学的语境中同时出现，我们将如何解释为什么这些概念在社会科学中具有争议性，而在自然科学中的用法却如此一致？

平心而论，在社会科学理论中，开放性概念拥有着在自然科学中并不存在的实践观照和道德力量，因为建构这些理论的目的在于解释人类的行为（在这个过程中我们很难不去做出评价性的判断）。但这并未回答上述问题。不过很明显，一个与人类行为和社会状况有关的概念所具备的开放性会引致有关这些概念正确用法的无尽争论，这不仅是因为揭示人类行为需要考虑行为者自身的意图或理由，而且还因为后者与观察者的理解之间存在着鸿沟。相似的，只有当不存在任何观察者对于行为者的最优理解之时，那种无法用理性解决的争议才会出现。这就意味着存在着许多在理性上不可比（rationally incommensurable）的概念框架（或科学理论、世界观或道德视野等）。因此，我们可以通过基于概念开

---

① Runciman, W. G., "Relativism: Cognitive and Moral." *Proceedings of the Aristotelian Society*, January, 1974.

放性（或本质上的争议性）的概念框架来构建一个"不可比说"（incommensurability thesis）。

不过，"不可比说"面临着一个"自我指涉的悖论"（self referential paradox）：除非能够证明其自身的理论中立性，否则它就具有某种类似的相对化（analogous relativization）。更为重要的是，"不可比说"并不能最终被用于支持"本质上可争议说"。因为"不可比说"仅仅能够证明对一个概念在使用方面的争议源自使用者所持有的不同世界观的冲突。除非他们的理论或世界观之间存在着共同点，否则即便存在着冲突也并不意味着这些概念是"争议的"。"可争议"不等于"有争议"。因此，从"不可比说"方面得出的"本质上可争议说"无异于自我瓦解（self-defeating）——它消解了概念属性的识别标准（generic identifying criteria）并且使我们无法将上述冲突视为定义方面的争议（definitional dispute）。

每一个基于"不可比说"的"本质上可争议说"都预设了一个哲学方面的有效性标准，这些标准都是可以被批判，甚至也可以说它们自己就是"本质上可争议的"。而我们已经看到，基于"规范负载说"的"本质上可争议说"所预设的是有关"事实—价值"关系的有效性，它在一定程度上排除了其他"元伦理学"的（mata-ethical）理论。因此，显然在概念的"本质上可争议性"背后存在着共同的哲学设想。那么以下两种"本质上的可争议性"之间是一种什么样的关系？——第一种是概念的"本质上可争议性"；第二种是"本质上可争议性"这个术语本身"在本质上的可争议性"。很明显，如果某些概念是"本质上争议的"，那么"本质上争议的概念"这一术语本身就不是"本质上可争议的"。相似地，如果某些概念不是"本质上争议的"，那么"本质上争议的概念"这一术语本身也不是"本质上可争议的"。另一方面，如果我们确知有关某个概念是否"在本质上争议"的争论本身无法通过理性来解决，那么便意味着我们正确地使用了"本质上可争议性"这个术语。简言之，双层的"本质上可争议说"是自我瓦解的。如果"本质上可争议说"是正确的，那么双层"本质上可争议说"便是错误的。支持双层

"本质上可争议说"便会滑向激进的怀疑主义，甚至是虚无主义（nihilism）。

本质上可争议性的用处

我上述的论点无疑有些悲观和消极。但这是否意味着我们现在可以因为其无用而在社会政治哲学中否弃"本质上可争议性"这个术语呢？我认为这种看法不正确，因为它忽视了"本质上可争议性"这个术语中包含的核心洞见（central insight），结果会使对社会政治思想核心概念的研究贫困化。对争议的概念进行研究乃是政治哲学家传统智识活动的一部分。

"本质上可争议性"所包含的核心洞见主要有三个方面：第一，一些概念尽管其核心意思被广泛承认，但它们却长期地在用法方面遭致争议；第二，概念用法的冲突所反映的是思维方式甚至是生活方式的冲突；第三，不同世界观之间的相互冲突——一般都会带有哲学或形而上学的特性——无法用经验证据、语言使用或者逻辑推理的方法来解决。这三方面构成了"本质上可争议性"的"三张面孔"。

上述对于"本质上可争议性"的理解将我们的研究导向哲学或政治哲学。这种研究的目的在于勾勒出社会政治重要概念的不同用法之间的相互依赖关系。它意在寻求揭示并发现不同思维模式的构架，这些不同的思维模式与围绕着某一概念的定义所进行的争论相联系。除了这种分类学（taxonomic）实践之外，"本质上可争议性"还意味着我们很有必要去探求特定社会群体的思维和生活方式间的理论（或经验上的）关系。总之，它所提倡的是回到对哲学问题的研究。

上述最后一条对政治哲学本身性质存在着一定的意义。首先，它意味着政治哲学的发展有赖于其他哲学领域的研究进展——尤其是精神与行为哲学、理性与知识理论等。承认政治哲学对其他哲学的依赖性能够使我们拓展本学科的概念研究，同时在分析政治中的道德概念之时超越

本质上争议的概念
论社会政治概念的可争议性

简单的逻辑分析。此外，其他哲学领域中的重大问题暗含了一些对哲学方法本身的澄清——特别是要求我们在批评重要的哲学理论时，要阐明我们所用的推理方式。正如波普尔（Popper）所言，哲学理论的不可反驳性（irrefutability）并不意味着它可以逃脱被批判的命运；但是，它却指出我们需要明确哲学推理的独特性质究竟为何。波普尔的建议——哲学批评包括辨识问题情境、揭示隐含的假定以及针对某一问题发展其他猜想[①]——可以用于政治哲学研究之中。这会产生可怕的方法论困境。不论是哲学家自己有关问题情境的设想还是其后继者所进行的理性重建都暗含着某些理论并且是推测性的。由此，哲学批评所依凭的证据本身同样会遭致无尽的批评。我仍未确知政治哲学中的不同立场是否依赖于对其他哲学领域中重要问题的回答，但这些问题可能很容易受到一个结论性的理性解决方案的影响。这种影响表明"本质上可争议性"这个概念会被削弱，因为它意味着无法说明"本质上争议的概念"在定义上的争论总是无法通过理性来解决。

政治哲学中的一些永恒的争论是否存在着最终解决方案？经过我们修正的"本质上可争议说"一方面把这种可能性放在一边，另一方面让政治哲学回归其传统：一种能够产生确定后果以及能够帮助智者们探寻良善社会的智识活动。这意味着要和怀疑论、相对论、传统主义（conventionalism）以及历史主义的传统决裂，这些传统自近代以来便占据着政治思想的主流，它们不仅通过将政治哲学分裂为其他别的学科来剥夺前者作为一种独立智识活动的地位。要恢复政治哲学的这种地位必须在"对政治生活本质的哲学反思"和"构建某种有关政治生活的特定意识形态"之间做出区分；这样，我们还能够保留政治哲学对意识形态进行批判的传统。尽管经过修正的"本质上可争议说"强调政治哲学依赖于其他哲学，但由它产生的政治哲学保留了其独立的学科地位——它具有自己独特的推理方式以及问题领域。显然，我们无法保证其他领域的进

---

① Popper, Karl, 1968. *Conjectures und Refutations*, New York: Harper and Row, pp. 193 – 200.

步能使得政治哲学问题会最终得到解决。而本文的论点的意义则在于：当政治哲学家针对某个问题提出一个解决方案的时候，他至少能够确证他做的是对的。

（译者单位：复旦大学国际关系与公共事务学院）

本质上争议的概念：争论及应用[*]

[美] 戴维·科利尔、[美] 费尔南多·丹尼尔·伊达尔戈
[美] 安德里·奥利维亚·玛休斯努 著
陈金英 编译

导 论

为解决社会科学中概念的混淆及其与某些概念相关的强烈规范效价（the strong normative valence）[①]问题，1956年加利发表《本质上争议的概念》一文，提出了"本质上争议的概念"及满足此类概念的七个条件：（Ⅰ）评价性；（Ⅱ）内在复杂性；（Ⅲ）多重描述性；（Ⅳ）开放性；（Ⅴ）不同使用者对于争议特征的相互认可；（Ⅵ）原始范本（an

---

[*] 原文出处：Daivd Collier, Fernando Daniel Hidalgo and Andra Olivia Maciuceanu, Essentially Contesed Concepts: Debates and applications, *Journal of Political Ideologies* (October 2006), 11 (3), 211-246.

[①] 在本文中，"规范的"和"评价的"这两个词语指的是那些明显或含蓄的表现了"应该是什么"或"不应该是什么"的判断。这些判断直接关系到概念中所承载的现象，它们也可能涉及这些现象的结果。例如，民主是有价值的，因为其本身是有价值的，或者因为其结果是有价值的。

original exemplar）；（Ⅶ）发展的竞争。[1]

加利的理论方法在过去几十年中得到了广泛的关注。本文目的在于讨论关于加利理论贡献的基本问题。文章首先详细介绍加利的理论框架和相关评论，接着分析这一理论在"民主"和"法治"两个概念中的应用，最后将以图表的方式总结文章核心部分的论点。

一、加利的贡献：概述及评论

1. 加利理论方法的总体框架

具体包括：加利方法的总体目标；本质上争议的概念的定义；其方法是一种理论假设还是一个解释框架；理论适用的特定范围。

目标。加利的目标非常明确：为讨论复杂概念构建一个更具连贯性和理性的基础。对此表示乐观者如牛顿·加佛（Newton Garver）说，加利企图为这一类型的讨论提供格式与规则（order and structure）。"[2]而批评者如约翰·N.格雷（John N. Gray）则担心加利方法中的道德相对主义和概念相对主义。[3] 巴利·克拉克（Barry Clarke）也指出，搞清楚本质上可争论概念是以一种彻底的相对主义为代价的。[4]

在我们看来，如果概念分析的规范目标是确定其明确含义，则有理由担心相对主义的问题。然而，如果目的在于对复杂概念及其变化的动态模式给出一个现实的解释，加利的理论框架仍是概念分析方法的参照。

---

[1] W. B. Gallie, 'Essentially Contested Concepts', *Proceedings of the Aristotelian Society*, 56, 1956, pp. 167 – 198.

[2] Newton Garver, 'Violence and Social Order' in Ota Weinberger, Peter Koller and Alfred Schrammu (Eds), *Philosophy of Law, Politics and Society*. Proceedings of the 12th International Wittgenstein Symposium (Vienna: Holder – Pichler – Tempsky, 1987), pp. 218 – 223.

[3] John N. Gray, 'On the Contestability of Social and Political Concepts', *Political Theory*, 5, 1977, pp. 331 – 349.

[4] Barry Clarke, 'Essentially Contested Concepts', *British Journal of Political Science*, 9, 1979, pp. 122 – 126.

定义。加利的定义简洁、清晰：本质上争议的概念"不可避免涉及使用者关于其正确用法的无休止争论。"①

此外，加利引入了两个补充因素。首先，他对"争议的"（contested）概念和"可争议的"（contestable）② 概念作了区分。后者是指人们预计到可能会有争论但在概念分析时并没有发生。加利的许多评论者也使用"可争论的"一词，有些人的意思和加利一样，有些则不同。其次，加利把条件Ⅰ到条件Ⅴ当作本质上争议性的限制条件。③

除了定义的不同外，还涉及到总体上有多少概念可以涵盖在本质上争议的概念的范围内。一方面，杰里米·沃尔德伦（Jeremy Waldron）担心本质上争议的概念这个词已被用滥了④；另一方面，加利提出了一个限制名单，在其中他排除了诸如科学、法律、自由和政府这些重要概念。⑤ 在这两个极端之间，我们重申本质上争议的概念的种类是开放的，加利的定义及理论框架的运用应由其是否有助于对概念的理解来决定。

假说与框架。到目前为止，"框架"（framework）一词被用来描述加利全部观点的特征。然而，加利却把他的方法当作是一种"解释性假说"（explanatory hypothesis）⑥。

在本文中，最好将加利的观点称之为一种分析框架，即一套相互关联的用来阐述理解和分析概念中的重要问题的标准。加利在别处称其方法为一套"半形式的条件"（semi-formal conditions）和"图式化"（schematization）。⑦ 分析框架意味着它的价值应当由其整体效用而不能由某一个因素是否正确来评价。而把加利的理论当成一种假说则意味着

---

① Gallie, op cit, Ref. 2, p. 169.
② W. B. Gallie, 'Art as an Essentially Contested Concept', *The Philosophical Quarterly*, 6, 1956, pp. 113–114.
③ Gallie, op cit, Ref. 2, p. 180.
④ Jeremy Waldron, 'Is the Rule of Law an Essentially Contested Concept (in Florida)?', *Law and Philosophy*, 21, 2002, pp. 137–164, p. 148.
⑤ W. B. Gallie, *Philosophy and the Historical Understanding*, 2nd edition (New York: Schocken Books, 1968), p. 190.
⑥ Gallie, op cit, Ref. 2, p. 168.
⑦ Gallie, ibid, p. 168, 170.

他的方法及其所提出的七个条件非对即错。

范围。加利认为他关注的是哲学和学术思考而非现实政治中的本质上争议的概念的作用。

但有些评论者超出了这个范围,涵盖了现实政治领域。沃尔德伦分析了作为一个议题出现在 2000 年美国总统大选争议中的"法治"这一概念。[1] 罗伯特·格拉弗斯坦（Robert Grafstein）认为概念的政治特征对于理解争议性的形式非常重要。本文认为加利的理论框架在学术和现实政治领域都适用。

2. 加利的七个条件

Ⅰ."评价性"。一个本质上争议的概念"意味或认可某种有价值的成就（valued achievements）。"[2]

对此,大多数人都同意。但有批评者引入了三个说明并扩展了加利的讨论。首先,威廉·康诺利（William Connolly）强调,概念在规范评价外,更关键的是描述。其次,评价性不仅包含着肯定的价值也包含了否定的价值。[3] 最后,对许多重要概念而言,规范效价（normative valance）或许并不明朗,并且依赖于所使用的理论框架或概念被应用的特定背景。[4]

对此,我们将重申在导论中提出的观点。研究加利的理论提供了探讨政治研究规范性的机会,这种探讨也和有关概念形成及运用的一系列其他问题联系在一起。

Ⅱ."内在复杂性"和Ⅲ."多重描述性"。这两个条件是紧密相连的。概念的内在复杂性使得不同的使用者可以采用不同的方式来观察、描述其含义。

加利对这两个条件的总结如下。关于本质上争议的概念,其"成就

---

[1] Jeremy Waldron, Ref. 13, pp. 148 – 149.
[2] Gallie, op cit, Ref. 2, p. 168, 171.
[3] See N. Garver, op cit, Ref 7, p. 220.
[4] 例如,史蒂文·卢卡斯认为"权力"这个概念就不具明显公认地评价性,其评价性依赖于权力使用的环境。See Steven Lukes, 'A reply to K. I. Macdonald'. *British Journal of Political Science*, 7, 1977, pp. 418 – 419, p. 418.

必定具有内在复杂性的特点"。它包括各种可能的成分或特征——尽管"其价值是作为整体被赋予的。"不同的描述或许涉及对概念某方面的特别强调。这种内在复杂性反过来又有可能使得概念的不同使用者会采用不同的方式表现其特征或描述它。

在评论者中，几乎没有人不同意这两个条件的重要性。其中格拉夫斯坦认为这两个条件是最重要的。① 而克里斯汀·斯旺通（Christine Swanton）认为，尽管概念内在非常复杂且存在不同的描述，分辨出某些含义比其他含义更好，是有可能的。② 诺曼·S. 凯尔（Norman S. Care）和弗里登分别提出了"实际闭合"（practical closure）③ 和"去争论化"④的观点。所有这些都能够减少多重描述性。

我们要强调关于内在复杂性的另外一个观点。概念的复杂性说明它是"过分聚合"（over aggregated）的，因而分解（disaggregate）概念可以消除或明显减少其内在的复杂性。分解概念的决定非常复杂，在下面要讨论的民主这个概念中，我们不认为概念的分解是合理的。但是在讨论内在复杂性时，应该认识到概念分解这一可能性。

Ⅳ. "开放性"。本质上争议的概念就其含义而言被视作是开放的，也就是说，能够在新的环境下不断修正。"概念被赋予的成就必须承认由于环境的变化而发生的重要调整；这种调整无法提前规定或预期"。⑤

大多数加利的评论者都肯定了开放性的重要。然而，诺曼·凯尔认为，概念的实际闭合（practical closure）或者暂时闭合（temporary closure）是可能的。格雷也认为，在界限清楚的学术框架中（within well -

---

① Robert Grafstein, 'A Realist Foundation for Essentially Contested Political Concepts', *The Western Politcial Quarterly*, 41, 1988, p. 24.

② Christine Swanton, 'On the "Essential Contentedness" of Political Concepts', *Ethics*, 95, 1985, pp. 811–827, p. 815.

③ Norman S. Care, 'On Fixing Social Concepts', *Ethics*, 84, 1973, pp. 15–16.

④ Michael Freeden, 'Assembling: from Concepts to Ideologies', Chapter 2 In *Ideologies and Political Theory: A Conceptual Approach* (Oxford: Clarendon Press, 1996), p. 60.

⑤ Gallie, op cit, Ref. 2, p. 172.

defined scholarly frameworks）发展起来的分类学不具有开放性特征。①

用"去争论化"的观念，弗里登提供了一个关于开放性的有用视角。就像概念能够被争论一样，它们也能被去争论，在此过程中概念在既定的框架内获得稳定的含义。

除了弗里登的具体阐述外，去争论化的观念能被广泛用来包含争论得以减少的各种条件。

Ⅴ．"相互认可"。这个条件假定了概念的不同使用者承认其争议特征。在某种程度上，他们认可其他人对于概念不同部分的使用。

一些学者接受了相互认可的观念。肯尼斯·斯密斯（Kenneth Smith）发现，争论者会认识到他们在以不同的方式使用相同的概念和"相互争议的概念"。格拉夫斯坦认为，特定概念的政治特征导致了不同使用者之间明显的竞争。②

然而，其他人则质疑这一条件的意义。弗里登认为，这一条件和本质争议性是不相关的，因为分析者经常以一种仅仅是区别于其它用法的方式来使用概念，而不形成自己的用法。③ 在我们看来，学者们在运用加利的理论框架时，应该认识到这一条件并不总是恰当的，而不是去质疑概念是不是本质上竞争的。

Ⅵ．"范本"。加利理论框架中范本的作用产生了很多混淆。这归结于加利对范本的理解有狭义和广义两种。

在加利对于范本的狭义理解中，争议的概念被认为植根于一个原始范本，该范本的"权威是被所有相互竞争的使用者所承认的。"④

在其广义理解中，他指出范本的"内在复杂性和多重描述性"特征，认为"它的不同特征应由不同的评价者区别权衡。"对范本成就的

---

① John N. Gray, 'On Liberty, Liberalism and Essential Contestability', *British Journal of Science*, 8, 1978, pp. 392 – 293.

② Kenneth Smith, 'Mutually Contested Concepts and Their Standard General Use', *Journal of Classical Sociology*, 2, 2002, pp. 329 – 343, p. 332; Grafstein, op cit, Ref. 24, pp. 19, 25.

③ Freeden, 'Assembling', op cit, Ref. 27, p. 60.

④ Gallie, op cit, Ref. 2, p. 180.

认可必须具备"开放"特征,因而一个范本可以呈现不同的形式。①

批评加利狭义范本的,如恩斯特·格尔纳(Ernset Gellner)②和弗里登,都认为对范本的假设于本质上争议的概念是有害的,因为它假定了一种正确的但从中产生了偏离的状态。③

其他一些作者承认加利对范本的广义理解,但是担心如果范本的确具有内在复杂性,多重描述性和开放性,那么就可能各方都承认它的权威。④ 因而就不清楚,它如何作为一个范本而发挥作用。鉴于针对加利狭义理解的质疑遗漏了他的某些重要观点,第二种批评更能说明问题。

对此有用的回应是重回卢卡斯的观点:核心应放在那些复杂的、范式型的例子(paradigmatic examples)上,这些范本支撑了概念。相对应的,"范本"在本文中用来表示加利理论的这一部分内容。

Ⅶ. 发展的竞争。加利认为持续的概念争论"有望导致争论质量的水平显著提高。"⑤ 加利对发展的竞争也提供了广义和狭义上的理解。在狭义上,这一条件涉及到对原始范本达到更加彻底的认可。⑥ 广义的理解,即解释或显示个人连续地使用某个概念(或改变用法)的合理性。⑦

对此赞成者如斯旺通认为,除了争议概念的内在复杂性和多重描述性,判断某些含义比其它含义更好实际上是有可能的,因而就有可能跳出相对主义。⑧ 诺曼·凯尔认为,实际闭合(practical closure)有利于社会调查,达到对社会科学概念的共同理解的确有助于研究概念的一致。⑨ 伊恩·夏皮罗(Ian Shapiro)担心加利的理论框架只会产生无休止的概念争论,因而重点应放在概念适用的"实质性跨学科知识"的领域。发

---

① Gallie, ibid, Ref. 2, p. 186.
② Ernest Gellner, 'The Concept of a Story', *Ratio*, 9, 1967, pp. 49 – 66, p. 53.
③ Freeden, 'Assembling', Ref. 27, p. 60.
④ Macintyre, op cit, Ref. 29, p. 2; Gray, op cit, Ref. 30, p. 390; and Swanton, op cit, Ref. 25, p. 816.
⑤ Gallie, op cit, Ref. 2, p. 193.
⑥ Gallie, ibid, Ref. 2, p. 178 – 180.
⑦ Gallie, ibid, Ref. 2, p. 189.
⑧ Swanton, op cit, Ref. 25, p. 815.
⑨ Care, op cit, Ref. 26, p. 15 – 16.

展的竞争是有可能的，但是需要注意这些经验性的问题而不是仅仅注意概念的分析。

反对者则担心对立双方也许争论得很差，而且讨论不在合理范围内。弗里登认为，概念的争论也许是低水平的，它们有可能枯竭而不是丰富了争议的概念。因而，这些争论或许是退步的，概念的部分含义或许被遗失或抛弃了。① 尤金·加弗（Eugene Garve）认为概念的有些用法是不值得认真辩论的。② 格雷则认为对发展的竞争的信念与评价性的标准是相冲突的，对本质上争议概念的强烈共鸣使得无法通过持续的争论而达到标准化或一致。③

二、两个应用：民主和法治

为了更具体的讨论加利的理论方法，下面运用两个案例来分析："民主"，这一概念在比较政治学领域经常被使用；"法治"，这个概念由法学家杰里米·沃尔德伦讨论过，特别是在围绕着 2000 年美国总统大选法律危机的讨论中使用过。这两个例子阐述了对加利条件的运用，以及学者和政治行动者视角之间的相互作用。

1. 比较政治学关于民主的文献

民主的研究大有人在。加利详细说明了为什么民主是一个本质上争议的概念，而且对民主的研究仍在显示其观点的重要性。

满足定义：本质上争议的概念？加利认为对民主的讨论表明它无疑属于本质上争议的概念，对此学者似乎没有什么异议。难得的例外是戴维·比瑟姆（David Beetham）在他那本有名的《定义和测量民主》一书

---

① Freeden,'Assembling', ibid, p. 60.
② Eugene Garver,'Essentially Contested Concepts: the Ethics and Tactics of Argument'. *Philosophy and Rhetoric*, 23, 1990, pp. 251-270, p. 263.
③ John N. Gray, Ref. 30, pp. 392.

中提出的。比瑟姆写到：近来政治学理论的文献中存在许多对民主的定义以及围绕着这些定义的争论。一些人甚至把民主放到"本质上争议的概念"的范畴……在我看来，这种争论的程度和意义被过分夸大了。①

大量的去争论化已经出现在当前对民主的研究中。虽然民主的含义和争论已经随着时间推移发生了重大变化，但没有理由假定这种争论在未来就不会再次出现。因而，正如加利起初所强调的，民主似乎是一个争议的概念。

Ⅰ．评价性。加利明确宣称民主是"最卓越的评价性概念"。罗伯特·达尔和乔万尼·萨托利关于民主的重要研究，以及吉列尔莫多·奥唐奈和菲利普·施耐特关于民主的研究都始于一个肯定的判断，即研究民主的一个核心动机来自于它的积极的规范效价（positive normative valance）。但是这种评价并非总是正面的。亨廷顿和洛桑瓦隆（Rosanvallon）都指出在19世纪和20世纪的某些时期西方国家对民主的负面评价。

Ⅱ．内在复杂性和Ⅲ多重描述性。正如在比较政治学的文献中使用的，民主符合条件Ⅱ和Ⅲ。民主概念的复杂性非常清楚，例如奥唐奈和施密特关于自由化的四个维度就包括：（1）公民自由；（2）民主化（特别是就与普遍的公民权相联的竞争性选举而言），以及公平和公开的选举；（3）社会制度和经济过程的民主化；（4）赋予公民真正利益和权利意义上的民主化。②为了给这四个维度的不同组合贴上标签，学者们经常创造新的术语。许多人修饰了民主这一名词，产生了大量"带形容词的民主"。对民主概念的分解并没有削弱关于民主定义的整体讨论。

Ⅳ．开放性。这里加利的语言同样生动：民主的目标会随着环境的改变而提高或降低，民主的成就也永远是由这些变化来判断的。在比较政治学领域，仔细分析不同背景下民主的不同概念并建立分析的等价物

---

① David Beetham, 'Key Principles and Indices for a Democratic Audit', in David Beetham (Ed.) *Defining and Measuring Democracy* (Beverly Hills, CA: Sage Publications, 1994), p. 27.

② Guillermo O'Donnell & Philippe C. Schmitter, Transitions from Authoritarian Rule: *Tentative Conclusions about Uncertain Democracies*, (Baltimore, MD: The Johns Hopkins University Press, 1986), p. 13.

(equivalence),是一个非常重要的挑战。

开放性的一个核心内容是在被比较的政治、经济和社会制度中随时间而发生的变化。例如,根据20世纪后半期的标准,19世纪后半期的欧洲国家没有一个能被称作民主国家。此外,开放性也是国家比较中的一个议题。例如拉丁美洲国家原本被认为是民主的,然而因为军人干政、传统的寡头、或外部的经济和政治角色,民选政府没有足够的权威进行统治。因而一些学者修正了他们对于民主的定义,据此这些国家不能被视作民主国家。

在这些例子中,用加利自己的话来说,"民主的目标"确实被调整了以适应变化了的环境。

V. 相互认可。这一条件的重要性在政治和学术领域都得到了阐述。在政治领域,一个例子是在皮诺切特统治下的智利。皮诺切特称智利为"保护型的民主",旨在描述智利政权性质远不像广为相信的那样残酷,而其反对者则称之为"独裁"。随着皮诺奇特政权的终结,由于军队过多干预政治以至影响了新政权的民主性质,许多人又开始使用皮诺奇特的话,称智利为"保护型的民主国家"。反对者在某种程度上接受了他们的对手使用这一概念。

在学术领域,相互认可也很容易发现。对奥唐奈和施密特《从威权统治转型》四卷本的相关评论就他们使用民主的程序性定义展开了争论。亚瑟·麦克伊瓦(Arthur MacEwa)提出对民主不同含义的广泛关注,认为有必要形成一个更为完整的民主概念和政治民主及经济、社会民主相互关系的分析。[①] 丹尼尔·勒文(Daniel Levine)也指出民主的程序性概念已经过多地受到民主转型的影响,没有充分认识到民主的含义主要依赖于那些推动民主的人们的理想和斗争。[②] 因而,学者们是在许多相互被认可的概念中间进行选择。

---

① Arthur MacEwan, 'Transitions from Authoritarian Rule', *Latin American Perspectives*, 15, 1988, pp. 115 – 130.

② Daniel Levine, 'Paradigm Lost: Dependence to Democracy', *World Politics*, 40, 1988, pp. 377 – 394, pp. 378, 394.

Ⅵ. 范本。美国的总统制民主无疑是拉丁美洲国家的一个重要范本,就像英国的议会制民主是许多前英国殖民地国家的范本一样。此外,民主的转型也可能是范本。基于劳伦斯·怀特黑德(Laurence Whitehead)的分析,施密特说:"某个国家民主转型的成功可以建立起一种示范,而且一旦某个既定区域内完全是民主的政权,压力就可以迫使余下的独裁统治遵守新的规则。"①

范本可以是正面的,例如在 1980 年代的拉丁美洲,之前葡萄牙、西班牙和希腊的民主化无疑对其他国家的民主化是一个鼓舞;范本也可能是负面的,例如巴西艰难而漫长的民主转型从 1970 年代一直持续到 1980 年代,极大的阻碍了阿根廷或许也包括智利的民主化。

Ⅶ. 由发展的竞争演变而来的发展的合作。发展的竞争所导致的是:概念不同使用者之间的相互认可有可能提高争论的质量。在加利的批评者中,这一条件被某些人认为是本质上的怀疑主义。

"民主"概念发展的合作轨迹是从施密特所引入的民主的程序性定义开始的。他批判了基于人民共同利益和意志的"经典民主理论",提出了基于"对政治领导权的竞争"的定义。后来,达尔用多头政治这个词指代民主的程序性定义。奥唐奈和施密特使用"政治民主"特别强调民主的程序特征。②

在对民主概念去竞争性(广义上的)的理解框架内,诸多学者已经创造了一系列的相关概念和见解。在每一阶段,人们都能发现分析框架的改善、对变化的环境的回应和核心转换的不同组合,在某种程度上这种转换把讨论带向新的方向同时又以之前各阶段的讨论为基础。

2. 沃尔德伦关于法治的讨论

杰里米·沃尔德伦(Jeremy Waldron)成功地将加利的框架用于

---

① Philippe C. Schmitter, 'International Context and Consolidation', in Laurence Whitehead (Ed.), *The International Dimensions of Democratization* (Oxford: Oxford University Press, 2001), pp. 37 – 38.

② Guillermo O'Donnell & Philippe C. Schmitter, ibid, p. 13.

"法治"概念的分析中。由于在 2000 年美国总统大选佛罗里达州的争议余波中这一词被反复引用,沃尔德伦认为加利的理论框架是"分析这一名词的有效基础"。沃尔德伦回应加利及之前讨论过的评论者,认为概念的评价性和内在复杂性是其争议性质的根源。而且,沃尔德伦也思考了"法治"概念是否具有多种不同的描述,是否植根于范本之中并表现出发展的竞争。

这一部分探讨沃尔德伦的评价,在讨论中融入几位提出同样话题的作者的分析。

满足定义:一个本质上争议的概念?沃尔德伦认为这场辩论表明法治有两个主要组成部分,一个是法治的基本司法条件,对此存在共识;另一个是有助于实现法治的制度安排,对此则存在大量争论。[①] 因而,法治的一部分是没有争议的,另一部分有争议的。在此意义上,法治无疑是一个争议的概念。

Ⅰ. 评价性。沃尔德伦认为,法治"明显地是个评价性的概念:它被所有使用者采用,成为对其所适用的政府或环境的一种肯定的评价。"[②]在佛罗里达州的争论中,不同观点的参与者利用这个概念的高度肯定效价(highly positive valence),都通过诉诸法治来为其立场提供正当性。

Ⅱ. 内在复杂性和Ⅲ. 多重描述性。法治的基本司法条件和有助于确保其实现的制度安排,都是非常复杂的。因而,法治概念对这两个条件都符合。沃尔德伦认为,法治的必要条件尽管复杂但却是存在共识的问题,因而多重描述性的条件不太重要。相反,不同的行为者对于帮助维护和实施这些司法程序的制度安排则有不同的看法。对这些制度安排而言,复杂性确实产生了多重描述性。因而对法治而言,条件Ⅱ和Ⅲ并不一致。

Ⅳ. 开放性。沃尔德伦强调,在盎格鲁——美利坚法律体系背景中,法律的一个组成部分是基本稳定的,即不开放的,但另一个部分在佛罗里达大选背景中是不确定和有争议的(contestation)。对于前者,争论的

---

① Jeremy Waldron, Ref 13, pp. 154, 157.
② Jeremy Waldron, Ref 13, pp. 153 – 154.

本质上争议的概念：争论及应用

重要参与者都把法治想象为一个标准菜单。① 根据这个标准菜单的配方，法治应该是（1）普遍的，（2）公开颁布的，（3）有预见性的，（4）清晰易懂的，（5）连贯的，（6）可行的，（7）不会频繁改变的，以及（8）符合一国官员的行为规范。② 尽管法学家对这些特征的确切内容和措辞有不同意见，沃尔德伦认为法的这一方面是基本稳定和不受挑战的。

沃尔德伦指明了法律的第二个、不那么稳定的部分——设计一种能最好地实现和保护刚才所说的那些基本司法特征的制度。根据沃尔德伦的观点，2000年发生的事情反映了有关这些制度实践的争论大致集中在四个领域：（1）政治角色的自由裁量权的行使，（2）对模糊标准导致的自由裁量权的管制，（3）政党对于法律程序的依赖，（4）法院在解决政治纷争中的作用。③ 在每一个领域，各方都坚称法治会由一套他们所赞成的制度安排得到最好地支撑。

由于法治包含了许多刚才所讨论的特征和制度实践，因而存在丰富的争论基础。考虑到法治的内在复杂性特点，每个竞争者都能合理地提出对它的不同理解。因而，开放性及其与争论性的关系在2000年佛罗里达事件中得到了明显地体现。

Ⅴ. 相互认可。相互的认可是法律过程的基础，也是像发生在佛罗里达的这类争论中固有的。沃尔德伦自己从来没有明确的讨论相互认可问题，尽管他含蓄的承认了它在法律辩论中的意义。对立概念之间的相互认可在案例法的判例作用中尤为明显，这点我们即将讨论。

Ⅵ. 范本。像许多评论者一样，沃尔德伦也认为，（原始）范本的狭义理解过于狭隘；案例法的功能建立在大量的判例和经典基础上。用他的话说，"参考范本或许无法说明一个争议概念的完整含义"（the reference back to the achievement of an exemplar may be too narrow an account

---

① Jeremy Waldron, Ref 13, p. 154.
② Lon L. Fuller, *The Morality of Law*, *Revised Edition* (New Haven, CT: Yale University Press 1969) pp. 56–57. Cited in: Waldron, ibid, p. 154.
③ Jeremy Waldron, ibid, pp. 156, 157, 158, 154.

of what gives unity to a contested concept)。①

把沃尔德伦对于范本的讨论展开，我们可以发现，隐藏在美国法律制度中多重范本作用背后的一个核心观点是类推（reasoning by analogy）。② 问题是运用案例法（即范本）的实践在实际上是否为法律推理提供了基础。

Ⅶ. 发展的竞争。沃尔德伦认为，佛罗里达事件后对概念的争论促使竞争对手仔细考虑他们对于"法治"概念的理解，并更准确地界定其含义。

特别是，由于各方必须把他们自己对于法治的理解与有关选票计算和最高法院干预正当性的复杂法律辩论结合在一起，他们不得不去系统地思考这一概念的基础。沃尔德伦这样描述这种动力："……有些人刚开始的时候确信法治意味着政治家必须服从明确的宪法条例的规定，在听到其他人说法治实际上是由人民不断参与诉讼的意愿来推动时，可能感到很震惊。但是当争论继续下去，他可能稍微修正其立场，而那些倾听这场辩论的人可能也理解了一种比各方原有看法更复杂的观点——因此，接下来各方的介入会更加深思熟虑和精益求精。"③ 在沃尔德伦看来，因为这些争论，参与者对于法治的理解或者与法治相关的争议得到了丰富和深化。

对于发展的竞争持悲观态度的人则认为，围绕着佛罗里达州的争论把有关法治的讨论带回到这样一种观念，即偏袒地行使政治权力——通过对佛罗里达州关键公共机构和最高法院多数地位的控制——而不是法治，决定了这个案子。它或许仅仅反映了党派偏见对司法一致的胜利。

从这场争论中应得出什么推断呢？一种可能就是，法治的两个主要方面——迅速的裁决和谨慎推理的判断——真的是冲突的。这将要求对法治有更深的反思和更多的交流——这无疑能被看作是一种发展的竞争。或者，相当于悲观者所说的，争论的结果仅仅反映了政治势力的平

---

① Jeremy Waldron, ibid, p. 158.
② See Edward Levy, *Introduction to Legal Reasoning* (Chicago, IL: Chicago University Press, 1949); and Robert Kagan, Adversarial Legalism: *The American Way of Law* (Cambridge, MA: Harvard University Press, 2001).
③ Jeremy Waldron, Ref 13, p. 162.

衡，或者说反映了谁拥有更多政治权力。这肯定不是发展的竞争。

乐观的结论？总的来说，沃尔德伦发现加利为分析这些法律问题提供了一个有价值的视角，特别是沃尔德伦对法治概念发展的竞争的可能性表示乐观。他认为，在参与者理解本质上竞争性的含义时，争论所引发的反思的水平加深了。①

通过致力于对加利理论框架的讨论并将其运用到法治概念的分析中，沃尔德伦力图说明，没有理由对于概念的分析用途表示悲观。② 他认为，法治不是一个空洞的词语。它有丰富的内容，其中某些是基本不变的，某些仍然存在激烈的争论。沿着加利提供的方法对其含义进行争论是有体系的，而且这种争论也是有成效的。最后，沃尔德伦提出，聚焦于类似法治这样的概念的学术分析可以而且也应该和现实世界中的用法联系在一起。它应部分地考虑到法律的实践和法律制度的运行。

三、结论

加利为帮助政治学家思考复杂概念提供了理论框架。他的方法——包括形成他的讨论的广泛话题和他的七个条件——无疑是向政治理论家提出的。然而它对经验研究者同样有用。表1概括了有关本质上争议概念的各种观点，包括加利自己的看法，评论者的观点，以及我们的总结观察（用"CHM"来表示）。

在众多可能已由推断方式强调了的话题中，我们还要重申一点。加利的一些批评者，包括加利本人都担心他的理论框架可能会助长一种不必要的概念相对主义。然而，我们认为，概念的含义生来就固定不变是不太可能的，有这样的期望把会重心搞错方向。相反，我们把加利的理论框架看作是对概念含义过于肯定的一种必要的警告。加利的方法要求

---

① Jeremy Waldron, ibid, p. 152.
② Jeremy Waldron, ibid, p. 140.

在表述概念的含义时保持一定的谦恭，努力使对概念的讨论保留在理性分析的框架内，并认真考虑能做什么来建立这样一个理论框架。

最后，我们想对加利理论框架和概念分析的另两个视角之间的交叉发表一点看法。首先，加利的目的是改良"家族相似性"的观念，他的理论框架是否有效地超越了有关家族相似性的讨论，无疑是一个很难判断的问题。但他使自己与这一传统联系起来，并力图建立在它的基础上。其次，加利的理论框架也有许多与聚焦于分类、认知结构、模型和复杂概念结构的认知语言学研究有共同之处。在关于家族相似性的观点和认知语言学的研究中，我们都能发现加利理论的类似之处和潜在差异。对这些异同点的分析是进一步研究的渠道。

表1　本质上争议的概念：总结、评价及改进

加利方法的总体结构	
加利	评论者
■目标：为分析争议性概念提供一种严密、系统的框架	■一些人对加利的目标表示乐观。（加佛） ■一些人担心可能导致概念的相对主义。（格雷、克拉克） ■CHM：[①]如果概念分析的目标是确定其明确含义，那么对相对主义的担心是合理的。如果目的在于对复杂概念及概念演变的动力作实事求是的分析，那么加利的理论框架是有用的。
■定义：概念"不可避免涉及使用者对其正确用法的无休止争论"。 ■"争议的"V."可争论的"的区分；对于后者，争议实际并没有出现。 ■条件Ⅰ至Ⅴ指的是本质上争议的概念的定义性特征（defining characteristics）。 ■加利对本质上争议的概念的范围作了限制。	■对加利的定义没有争议。 ■一些人也像加利一样使用"争议的"和"可争论的"两种说法（弗里登例外），但他们没有对这两者作明确区分。 ■就应用范围而言，有些人认为争议概念的使用已经"用滥了"。（沃尔德伦） ■CHM："去争议化"观点非常有用。 ■CHM：把条件Ⅰ至Ⅴ包括在定义中是有问题的，有些条件不见得符合。 ■CHM：至于使用范围，应由这种理论框架是否对概念分析有用来决定。

续表

加利方法的总体结构	
加利	评论者
■假说还是框架 指的是加利的方法究竟是一种假设还是一种解释框架。	■一些人也把这种方法看作是一种假设。 ■CHM：把加利的观点看作是一种分析框架要更有用。
■范围：特别关注学术领域	■应延伸到现实政治领域。（格拉夫斯坦，弗里登） ■CHM：在现实政治领域的应用，由2000年美国总统大选中关键政治角色如何使用"法治"概念这一案例得到了阐述。
加利的七个条件	
加利	评论者
■Ⅰ．评价性："表明或认可某种有价值的成就"。 ■通常意味着一种肯定的规范效价（positive normative valance）。	■对这一条件总体同意；但附加了三个重要警告： ■除了规范评价，描述更重要。（康诺利） ■既包括肯定的，也包括否定的评价。（N.加佛） ■评价性不明确；规范效价依赖于理论和/或者经验背景。（卢克斯，鲍德温） ■CHM：把重点放在规范内容上，反映了社会科学的研究通常包含了规范成分。分析加利的理论框架为反思规范和经验事实之间的交互提供了极好机会。
■Ⅱ．内在复杂性和Ⅲ．多重描述性：这两个条件是紧密联系的；内在复杂性使得使用者可以采用不同方法来观察或描述概念。 ■概念的不同方面得到不同程度的强调。	■基本同意这两个联系密切的条件。有些人人认为它们比其它条件更重要。（格拉夫斯坦） ■有些人认为能够判断概念的某些含义比其它含义好，因而削弱了多重描述性（斯旺通） ■"实际闭合"和"去争论化"可以减少多重描述性。 ■"法治"这个例子表明这两个条件不一定一致：就法治的两个具有内在复杂性的组成部分而言，只有一个可以理解为具有多重描述性。 ■CHM：内在复杂性可能产生于涉及的概念太多。解决方法就是分解成组合概念。然而，分解并不一定总是合适。

续表

加利的七个条件	
加利	评论者
■Ⅳ. 开放性：含义可以随环境改变而定期修订。 ■概念的修订无法提前预期。 ■使用者可以让概念适应环境。	■大多数人同意这一条件，但有重要限制。 ■分类学在界限清晰的学术框架内，似乎不具有开放性特点。（格雷） ■开放性可以通过"实际闭合"或"暂时闭合"部分解决。（凯尔） ■应补充"去争议"的概念（弗里登）。在既定政治讨论或意识形态中，概念的"去争议化"将开放性代之以闭合。 ■对民主的分析为去争论化提供了重要证据。 ■CHM：除了弗里登的提法，去争议化的观点大体能用来囊括各种争议性得以缓和的环境。
Ⅴ. 相互认可：各方承认争议及对手对这一概念的使用。 ■既"进攻性地"又"防御性地"使用各种竞争的含义	■有些人接受；有些人反对。 ■"相互争议的概念"一词表达了同样的意思。（史密斯） ■认为它不重要，因为分析者各自不同地使用概念。（弗里登） ■CHM：缺少相互认可并不意味着概念不是本质上竞争的。
■Ⅵ. 范本：② 其权威得到所有使用者承认。 ■狭义：概念的含义是扎根于一个特定的历史场合。 ■广义：范本是内在复杂的，多种描述的，开放的，也包括许多传统。	■有些人同意；有些人认为混乱且矛盾。 ■对狭义的质疑：一个确定的或一致认可的范本是不太可能的，也是与本质上的争议性相悖的。（格尔纳，弗里登） ■对广义的支持：许多、特定的案例（"标准案例"）意味着人们共同认可，它们也构成了概念的核心。（卢克斯） ■对广义的质疑：如果一个范本是内在复杂的各种描述的，开放的，争论中的各方就不可能真的承认其权威。（麦金泰尔，格雷，斯旺通） ■CHM：尽管有许多争议，概念和争论赖以扎根的共同核心的观点还是有用的。

续表

加利的七个条件	
加利	评论者
■Ⅶ. 发展的竞争 争论可以提高"各方在争论中辩论的质量"。 ■狭义：包括取得关于原初范本的更多共识。 ■广义：可以显示概念某种特定的连续用法或用法变化的合理性。	■有些表示乐观；有些表示悲观。 ■乐观观点： ■可以断定有些含义比其他含义好。（斯旺通） ■实际闭合和去争论化的可能。 ■概念的理性观察要求有经验知识。（夏皮罗） ■CHM：对"法治"概念的争论体现了发展的竞争。发展的合作也是如此。（前文关于民主一节） ■悲观的观点： ■争论也许很糟糕；恶化而非丰富了概念。（弗里登） ■有些用法不值得在概念争论中认真对待。（E. 加佛） ■概念的规范共鸣（normative resonance）限制了标准化或一致化的可能性。（格雷，克拉克） ■达成共识的不可能——激进相对主义——妨碍了发展的竞争。（格雷，克拉克）

①CHM：表示本文的作者，即戴维·科利尔（Collier），费尔南多·丹尼尔·伊达尔戈（Hidalgo），安德里·奥利维亚·玛休斯努（Maciuceanu）。

②在加利的文章中使用的是"原初范本"，在这里使用的是"范本"。后者有时包括多个范本的观点。

（译者单位：上海外国语大学国际关系与外交事务研究院）

怎么才算个好概念？一套帮助我们理解社科概念构建的标准[*]

[美] 约翰·吉尔林（John Gerring） 著
耿友祥、耿曙 编译

摘要：在概念构建（concept formation）的广阔异质的工作里，概念功效（conceptual utility）并没有得到很好的定义。我认为判断是否成为好的概念的条件，不能简化为"清晰"、实证或者理论相关，简化为一组规则，或者针对特定研究的方法论。我认为概念恰当（conceptual adequacy）应该被认为是一种对一组标准规则的尝试回应。这组规则应该适用于所有社会科学概念的创造与使用：（1）熟悉（familiarity），（2）音韵（resonance），（3）简约（parsimony），（4）一致（coherence），（5）差异（differentiation），（6）深度（depth），（7）理论功效（theoretical utility），（8）现实功效（field utility）。这个研究不仅仅需要回答这个重要的问题，而且需要提供一个完整的且适度简洁的框架，用于解释社会科学领域概念构建的过程。将概念构建视作一种有一组固定规则与确定产出的方法并不合适，我将其看作是这八个规则的动态折衷（trade-offs）过程。

---

[*] 原文出处：John Gerring, "What Makes a Concept Good? An Integrated Framework for Understanding Concept Formation in the Social Sciences," Polity, Vol. 31, 1999, p. 357–393.

新一代研究者的讨论
怎么才算个好概念？一套帮助我们理解社科概念构建的标准

传统意义的概念构建包括三方面：第一，所需定义的事件或现象（范围，所指，或被定义的词）；第二，概念所包含的性质或属性（含义、含意、或定义）；第三，一个包含前两者的术语。因此，概念构建是一个三角式的操作，达到三个条件的适当联合。①

哲学家、政治理论家、社会理论家、历史学家，语言学家与认知心理学家等所关注的核心是概念。但这些学者关心概念的首要原因是他们在日常生活或哲学语境中的功能，而不是社会科学领域的运用。作为出发点，我假定：与其他语言领域不同，概念在政治科学、社会学、人类学、历史学与心理学的功能不同。

所有作者在写作之时都进行语义或词义的选择，也因此有意无意的涉入一场正在进行的释义战斗之中。这是因为语言是我们开展工作的工具，也是我们工作的基础。事实上，概念构建是社会科学工作的中心。任何一个主题的重要工作都包含这个主题的再概念化（reconceptualization）。语言的使用不是语义中性的。

概念构建对社会科学的研究重要性或许可以从这个常见的观察中看出一些迹象：每个人对重要术语的定义都会影响结果。如果我说"苏摩查（Somoza）是一个法西斯主义者"，听者或许就会说"定义'法西斯主义者'"。普遍认为随意定义概念可以证明任何东西。毫无疑问，一些评论者会说，我们应该将注意力放在所关注的东西，而不是代表它的术语。因此，很明显我们在这个讨论中不能避免高阶概念，比如说法西斯主义（fascism），意识形态（ideology），民主（democracy），正义（justice），等等。如果社会科学只是使用一些能够直接观察的，或者可数的概念（比如说，死亡，选票等），我们就没有必要去强调，而且我们也无法将这些低阶的概念组合成一个连贯的整体。知识也不再积累。实际上，社会科学将会停止发展。我们最好学会远离那些不好的，或不太有用的概念，学会识别怎样才

---

① 概念构建的三角式分析源自 C. K. Ogden and I. A. Richards, *The Meaning of Meaning* [1923]（San Diego: Harcourt Brace, 1989），更直接的来源于 Sartori, "Guidelines for Concept Analysis," 22.

是一个好概念。

那什么对社会科学的语言比较重要？许多年以来，社会科学的概念一直被抱怨用词不清，缺少自然科学词汇所拥有的持久性。我们有时并不知道所用术语的含义：一个人使用"意识形态"的含义与另一个人使用时的含义可能是大相径庭的。概念在不同领域、子域（sub-fields）的含义是不同的，在不同学术传统之间也是不同的。

但我们的迷惑并未解决。甚至在一个子域中，或一个学术传统内，都还存在很多模糊不清的术语。概念通常会被延展，覆盖的范围比日常使用要广。① 概念有时会被压缩，覆盖较小范围。旧的概念含义会被调整，不知情的读者或许会根据词源释义而误解。当现有的概念不能很好地表示事物时，新的术语便会被创造；由于旧的概念仍在，通常会带来一个高度复杂的词汇区域。具有类似含义的术语混在一起，相互竞争，偷取其他术语的属性。因此，用萨托利（Sartori）的话来讲，我们在玩"术语的抢座位游戏"②。

语义混乱绊了社会科学研究一跤。使用这类术语的争论，倾向于远离其他术语的含义。在这些领域内的工作也因此不能积累。概念似乎成为人们清晰理解事物的阻碍。我们创造概念的方式（conceptual apparatus）似乎是有缺陷的。

识别问题的进路

概念构建的烦人问题有一系列的方法识别。首先我们应该使术语在一个研究中保持合理程度的一致性。这是一个合理的建议，也是我们讨论好的出发点。

---

① 关于概念延展，请参看 David Collier and James E. Mahon, Jr., "Conceptual 'Stretching' Revisited: Adapting Categories in Comparative Analysis," *American Political Science Review* 87 (December 1993), pp: 845 - 855; Giovanni Sartori, "Concept Misformation in Comparative Politics," *American Political Science Review* 64: 4 (December 1970), pp: 1033 - 1046; Sartori, "Guidelines."

② Giovanni Sartori, "The Tower of Babel," in *Tower of Babel: On the Definition and Analysis of Concepts in the Social Sciences*, ed. Giovanni Sartori, Fred W. Riggs, and Henry Teune (InternationalStudies, occasional paperno. 6), 9. 同时请参见 Sartori, "Guidelines," p. 38, 52 - 53.

问题会在考虑先前问题（antecedent question）时出现：哪个术语，术语的定义，该如何选择？纯粹规定的定义（源自作为作者的权力）是难以用于交流的，也难以被记住。我们反对脱离词语本身的含义，任意定义术语。任意定义的术语并不能帮助学者理解事物，甚至不知所谓。

也许概念构建中由来已久的问题的最古老的解决方式是依赖现有的使用规范（如词典的定义，或词源研究）。一般来说，这是概念定义的日常语言法（ordinary-language approach）。但是，正如哲学家和语言学家很快指出的那样，日常语言规范只能提供一系列术语上的或定义上的选择，不能算作定义。大部分的概念，也许所有社会科学的重要概念，都是多重含义的。因此，尽管日常使用可能是一个合适的起点，但这通常不是概念构建的合适终点。此外，日常语言具有多重含义，但很少有人用一个单一定义去解决语义争端。

还没有一个好的理由去假定社会科学研究所用的术语应该将限定在日常使用的含义内。社会科学的概念，正如涂尔干（Durkheim）所指出的，"不用总是与门外汉保持一致"。

社会科学家，就像其他专业人士一样，如医生、律师、足球运动员，需要一种专业词汇。当然这并不意味着"科学化"应该被放在首位，以反对日常化的运用。事实上，我们应该澄清：任何与自然语言的偏离会带来成本，不应该轻易采用。但在某些情况下，偏离自然语言是毫无争议的。① 社会科学不能简单接受日常话语意义上的术语。词语和定义的一些"不重要的"玩味是研究者不可推卸的责任。

属性的识别提供了寻找术语例子的充分必要条件（即现象本身）。概念构建的第二个传统将成功的定义与属性的识别等同起来。密尔（Mill）写道："定义一个名称时，没有细述全部内涵的必要，只要足够将其通常所包含的涵义与其他的涵义区别开就可以。有时一次单纯偶然的属性（property）增加，虽不在名称的原有含义内，但也可达到同样

---

① Richardson, *Definition* (73) and Sartori, "Guidelines," offer further reflections on this point.

的效果。"① 追随这个一般化的目标，一个后来的逻辑学家写道："一个分类（class）的定义必须根据某个一直存在的特定属性而来。当我们碰到一个情况，但我们的定义却未能包含时，我们要不落入一个逻辑矛盾中，要不我们就需要重新定义分类。即使是一个小的例外，都能独立成为一个新分类。"将人定义为无羽毛的两足动物。这个定义是一个区别两类物种的成功例子。这个方法将一个重要的东西突出来，我称之为"差异化"。与日常语言途径类似，这种途径没有错误，但存在不足。人类确实是无羽毛的，也是两足的，但这不是我们使用"人"这个词时所要表达的含义。虽然社会科学里的定义应该承担指示功能，但定义的目的不仅仅是指示。

更进一步，即使我们将差异化置于其他考虑之上，达到"经典"概念（属性总能识别出指示对象，而不是不相关的东西）的目标或许在很多情况下是达不到的。我们来看"母亲"这个概念。如果定义为生过小孩的人，总是且唯一的标准（always-and-only criterion）或许能否得到满足。但我们谈到养母或代孕母亲时，他们还是"母亲"吗？甚至"无羽毛与两足"的定义在碰到偶然的受害者与生育缺陷时，都失败了。若考虑社会科学概念，这个问题会更加严重。比如说"民主"，若要识别其意涵，哪些属性是充分且必要的？争论、参与、问责、基本人权保护，或者它们的一些组合？经典概念对社会科学来说是一个很难实现的理想。关于这一点，很多学者已经指出。②

第三个传统认为概念构建对理论构建是有用的。概念是理论的支撑，因此，只有其服务的理论成功时，概念才能成为好概念。③ 事实上，

---

① John Stuart Mill, *System of Logic* [1843] 8th ed. (London: Longmans, Green, 1872), p. 73.
② 参考 Collier and Mahon, "Conceptual 'Stretching'"; Kaplan, *Logic of Inquiry* (68); Lakoff, Women, Fire.
③ 参考，如 Russell Faeges, "Theory-Driven Concept Definition and Classificatory Perversity," unpublished manuscript, n. d.; Carl G. Hempel, *Aspects of Scientific Explanation: And Other Essays in the Philosophy of Science* (New York: The Free Press, 1965), 139. 一个稍微不同的理论进路版本 Murray G. Murphey, *Philosophical Foundations of Historical Knowledge* (Albany: SUNY Press, 1994). 他没有将概念的功能限于理论，他提出"解释行为和属性的理论是概念的目标"（pp. 23-24；增加了强调）。因此，"金"的最好定义是"原子序数为79的物质"。

新一代研究者的讨论
怎么才算个好概念？一套帮助我们理解社科概念构建的标准

概念是所有推理的基石。很多概念的构建是明晰的，合理的，理论导向的。"理论构建与概念构建是齐头并进的，"汉普尔（Carl Hempel）强调，"单个是不能取得成功的"。①

我对这一推理思路唯一的异议在于，概念构建并不仅仅对理论构建重要。很多学者很可能同意这一点。随着文章的推进，这将会足够清晰。在这里，人们可能会认为，概念对理论构建的功效在于概念本身与邻近概念的区别程度。比如说，"意识形态"以这样一种方式定义，它包含通常我们所说的政治文化；那么使用这个概念的理论会大大受损。如果将玫瑰花称为"政治文化"，它闻着也许更甜。一个伟大的理论，若使用糟糕的概念，充其量也就是一个伟大的却表达得很糟糕的想法（idea）。概念构建与理论构建紧密的联系在一起，前者不是后者的附庸。

概念构建这一议题的其他工作比较难总结（最主要是因为这个领域没有很好的界定）。第四个途径认为不同的概念类型（concept-type）有不同的概念构建方式。比方说，循环的（circular）、经典的（classical）、分类的（classificatory）、比较的（comparative）、本身隐含的（connotative）、情境的（contextual）、核心的（core）、演绎推导的（deductive）、逻辑延伸（denotative）、态度意向（disposition）、经验的（empirical）、本质的（essential）、本质争论的（essentially-contested）、实验的（experiential）、家族类似的（family-resemblance）、功能的（functional）、门类差异（genus et differentia）、理想型的（ideal-type）、归纳的（inductive）、词汇语义的（lexical）、韵律的（metrical）、最小的（minimal）、名义的（nominal）、客体的（object）、观察的（observable）、操作的（operational）、表面的（ostensive）、劝说的（persuasive）、极端的（polar）、精密的（précising）、性质的（property）、核心扩散的（radial）、真实的（real）、剩余范畴（residual）、规定的（stipulative）、技术的

---

① Hempel, *Aspects*, p. 113（同时参考 p. 139）. 卡普兰（Kaplan）称此为概念化的悖论："我们需要核实的概念构建好的理论，但我们也需要好的理论以实现核实的概念"（*Logic of Inquiry*, p. 53）。

(technical)、理论的（theoretical），等等。根据这条推理思路，不同概念种类在概念化中有不同的定义需求。每一种适用于不同的（多半是情境需求的）目标。

最后，就像我已经提到的，社会科学的概念构建工作不能严格划分到前述任何流派之中。实际上，社会科学的概念构建领域充满了民间智慧。我们赞成这样一些优点，如清晰（clarity）、有意义（making sense）、达意（seizing the object）、相关（relevance）、严格（rigor）、标准化（standardization）、系统化（systematization）、理论收益（theoretical yield）、功效（utility）、简约（parsimony）、不模棱两可（decry the evils of ambiguity）、模糊（vagueness）、有限的（indefiniteness）、细究特质（triviality）和凸出个殊性（idiosyncrasy）。然而这些熟悉的告诫依然是相当模糊的，甚至是相互冲突的。我们需要更进一步的研究。[①] 是的，我们应该遵从洛克（Locke）的建议，"摆脱所有的模糊与朦胧，"[②] 但问题是我们应该怎么做？

论　点

尽管概念构建不能简单使用上述任何一个标准，但这并不意味着我们应该匆匆下结论，认为概念构建是一个"情境"问题，或者认为它是无限多样的。可以肯定的是，它是一个高度情境化的过程。但带来了深层次的问题：哪一个情境在何种状况下重要？尽管存在刚才介绍的复杂问题，我依然相信，在社会科学领域内，建立概念构建的单一标准是可能的，即全面合理的简洁。若能在以下八个标准中居间调整，最可实现概念构建的好品质：熟悉、音韵、简约、一致、差异、深度、理论功效和现实功效（见表一）。

[①] 考虑，例如，萨托利（"Guidelines," 63）的规则一："对于任何一个经验概念，总要分别检查（1）是否是歧义的，即意义与词语是如何相关联的；（2）是否是模糊的，即意义与指示对象是如何相关联的。"

[②] 引自 Richardson, *Definition*, p. 70.

表 1 好概念的标准

1. 熟悉	（门外汉或学术观众）对概念的熟悉程度？
2. 音韵	所选的词（term）的发音是否洪亮（共鸣）？
3. 简约	词的长度和属性的多少？
4. 一致	实例（instances）与属性（attributes）的内在一致（逻辑相关）程度如何？
5. 差异	实例与属性和其他类似概念差别何在？概念界定是否清晰？能否操作化？
6. 深度	定义后的实例有多少相似的性质？
7. 理论功效	在更广的领域内，概念用于推论的有用程度？
8. 现实功效	在相关实例与属性的领域内，概念的有用程度？

从上述八点可以得到一个常识性的结论：概念是根据各种目的构建的，在社会科学研究中承担着各种功能。我想将这个论点推进一步。构造的不同概念当然会强调或不强调不同的需求。在这个意义上，它们都在"做自己的事"（正如概念类型的工作所隐含的）。但压制一个或更多的需求，会被其他社会科学家注意到。一个概念——即便具有高度理论功效——但违反了既定的使用规则（或反过来），是不能为这个事实服务的。因此，虽然某个关键标准经常被忽略，但这是有成本的。这个指向了将概念构建视作一组折衷的观念，即八个需求之间的战争。概念构建是一个令人忧伤的工作，有一组可以接受的选择，但却没有一个最好的选择。这个八点标准的框架提供了一个快速的和成型的模式，通过它可以评估不同备选概念的优点与缺点。

这篇文章的论点分两步论证。第一部分我阐明这八个标准式的需求，展示为什么每一个是重要的，同时展示为什么概念构建不能只使用某一条规则。随后的部分，我将讨论这个框架运用在社会科学研究时的，一些更广意义的含义。

一、标准

熟悉

一个新定义"有意义"的程度,或者直观上的"清晰"程度,取决于它与现有使用方式的一致程度或者冲突程度。如果一个词以一种非常特别的方式定义,那就很难被理解或存在下去。就像其他标准一样,"熟悉"标准应该从程度去理解。在一个给定词的新旧两个含义之间,在任何情况下都应该存在可验证的联系。

一个既定词的"熟悉"标准在定义时是通过最大程度囊括原有含义实现的,至少避免明显的冲突。一个词的核心含义通常是普遍认同的,在词源意义上有保证的含义。区分核心含义与外围(peripheral)含义经常是有帮助的。去除外围含义造成的熟悉性的损失远小于抛弃核心含义的损失。

词的熟悉性是通过在现存词汇中寻找最准确描绘定义所要表达现象的词来实现的。如果有几个词都能抓住我们所要观察的现象,例如世界观(worldview)与人生观(weltanschauung),那满足"熟悉"标准便在于找到最普遍通用的那个词。研究者的母语中的每一个词语,在定义时,都比来自消亡语言、外国语言,或者高度专业化的语言更加满足"熟悉"标准。当现存的一般的社会科学的词汇不能够描述所关注的现象时,作者将被迫创造新词。因此创造出从未使用过的词是对"熟悉"标准的最大违背。在其他情况不变的情况下,一个作者应该只在没有其他词汇选择时才使用这个权宜之计。

同时,我们不应该将新词的创造与旧词的重新定义视作不相关。新词创造,虽然拒绝了日常语言,但同样在努力使自身让人明白。它们从来不是无意义的词。相反,它们是现存词的新组合,如官僚独裁主义(bureaucratic-authoritarianism);或者源自词根,如多头政治(polyarchy);

议程策略（heresthetic）；或者源自其他时期，如法团主义（corporatism）；或者源自其他语言社群，如均衡（equilibrium）；或者源自其他语言，如放任（laissez faire）。显然，新词创造最活跃的土壤在经典、宗教与人名。① 在上述所有的例子里，词或者词根从原来的情境转到新的情境之下，同时它们的定义也包含了新的含义。不管含义延展有多大，词语的原有含义或多或少的存在一些。②

音韵

为什么一些词语存在而另一些具有相同含义的词却消失了。为什么尝试重新塑造一个领域的努力，一些成功了，但另一些持基本相同观点的努力却被忽略了？在这场知识游戏中，与概念构建直接相关的因素，用已有的词语讲是"认知点击"（cognitive click），我称之为"音韵"（resonance）。

"制造者（makers），破坏者（breakers）与收取者（takers）"，"公民文化（civic culture）"等，都是满足"音韵"标准的例子。③ 音韵标准通常通过使用相邻词语实现。如果三个词语中有两个词有相同的后缀

---

① 关于多头政治，请参看 Robert A. Dahl, *Polyarchy*: *Participation and Opposition* (New Haven, Yale University Press, 1971). 关于议程策略（heresthetic），请参看 William H. Riker, *The Art of Political Manipulation* (New Haven: Yale University Press, 1986). 关于法团主义（corporatism），参看 David Collier, "Trajectoryof a Concept: 'Corporatism' in the Study of Latin AmericanPolitics," in *Latin America in Comparative Perspective*, ed. Peter Smith (Boulder: Westview Press, 1995), pp: 135 – 162; Philippe Schmitter., "Still the Centuryof Corporatism?" in *The New Corporatism*, e d. . Frederick B. Pike and Thomas Stritch (Notre Dame: University of Notre Dame Press, 1974).

② Robinson (*Definition*, p. 55) 写道："人总会碰到无法用词表达的新事物，而且有时会发现任何貌似相近的旧词都存在问题；旧词因此会获得另一个意思或一个拉伸的概念。人们很少做到 A. E. Housman 所教导的：发明新词表示新事物。"

③ 参见 Stephen D. Krasner, *Defending the National Interest*: *Raw Materials Investments and U. S. Foreign Policy* (Princeton: Princeton University Press, 1978); Albert O. Hirschman, *Exit*, *Voice*, *Loyalty*: *Responses to Decline in Firms, Organizations, and States* (Cambridge: Harvard University Press, 1970); Gabriel A. Almond and Sidney Verba, *Civic Culture*: *Political Attitudes and Democracy in Five Nations* (Princeton: Princeton University, 1963). 同时参考 Collier and Levitsky, "Democracy with Adjectives"一文中的讨论。

(- tion，ity，…)，那第三个词最好使用相同的后缀。押韵是一种十分有助于记忆的方式。

的确，音韵标准经常与其他标准冲突。为了寻找一个吸引人的标签，作者们被诱惑着去违反"熟悉"标准，制造新词代替已经存在的词，或者选择漂亮而不平实的词。社会科学领域内，漂亮的标签常常被视作是差的研究的术语包装。音韵标准似乎是为了满足轻浮的美学，而且可能带来困惑。在我们放弃这个标准前，我们应该考虑一下：为什么学者们乐此不疲地寻找那些清晰迷人的词汇。

就像研究工作离不开好的写作一样，概念构建的工作同样离不开有效的短语制造。明显的，"意识形态"（ideology）在音韵上优于"信仰系统"（belief - system）；这在一定程度上解释了为什么在过去的几十年间，前者能在激烈的学术竞争中存活下来。有人可能会考虑这个问题：马克思选择了"无产阶级"（proletatiat）而非"工人阶级"（working classes）。如果他选择已有术语的话，他的研究工作还会有同样的影响力吗？

如果音韵在更新观点或创造新词时很重要的话，那怎样才能实现？鉴于读者通常受很多非语义（听觉的、视觉的，甚至是嗅觉的）因素的影响，这其实是一个非常难回答或者预测的问题。比如说，音韵可能来自一个词的隐喻、借代、头韵，或者拟声，它的韵律或节奏（音节的个数、重音……）。这些是我们不必在此处追求的东西。概念不仅仅需要清晰，也需要力度，而力度同时包含了一个词语的音韵和含义。

简约

好的概念没有无止境的定义。在谈到概念的时候，应该能清晰地说明白，而不用列出七八条属性来。这是不言而喻的。[①] 同时应该指出的是，正式"定义"（内涵）与"伴随特征"（accompanying properties）

---

① 参看，比如，Sartori，"Guidelines，" pp：40，54 - 55；Fred W. Riggs，"The Definition of Concepts" in Sartori et al.，*Tower of Babel*，pp：39 - 76。

新一代研究者的讨论
怎么才算个好概念? 一套帮助我们理解社科概念构建的标准

是很难迅速分清的。总的来说,一个候选的属性给这个概念带来的好处与概念的简约性之间应该有很好的衡量。一个长内涵(long intension)的定义,即使包含的是相近的属性,也会是一个笨重的,无吸引力的语义运载工具。"意识形态"正如我们不时所观察到的,装载过多的定义,早已超重了,人们已经很难用这个词交流。所有对这个词的再定义都会扔掉一些包裹。事实上,如果囊括所有可能的属性,这个词几乎毫无含义。

较少提到的,简约标准也适用于"词语"本身。细想碰到类似于意识形态现象时的选择。可以称它们为"信仰系统"(belief-system),"象征系统"(symbol-system),或者"价值系统"(value-system),但这些都没有"意识形态"(ideology)短,也没有切中要害。如果增加形容词"政治的"算合格的话(如"政治信仰系统"(political belief-system)),这个替代词语只会更加笨拙。可以认为,意识形态在学术领域内的不断批评下,但所拥有的持久生命力是源于其令人羡慕的紧凑性。如果采用一个相对严格的定义,我们就会丧失用一个词语抓住这些现象的能力,我们就必须说"相对一致的政治态度、价值和信仰的集合"(而不是更简约的"意识形态")。

即使不用使用新的规则,或新的名称,新词可以说的,旧词也可以说;因为事物现在可以用一个名称来指代,而之前需要一个描述性的短语,所以现在可以用更少的词语来说。这样做的价值不仅仅在节约更多的时间用于其他活动。缩写词不仅仅缩短话语,它同样助于理解。我们在一个注意力跨度(one span of attention)内所能掌握的,可以被很好的理解;因此,我们所能掌握的程度取决于我们为了表达它所使用符号的长度。缩写显著的增加了我们理解与处理目标的能力。[1]

当然,简化并不是语言的唯一任务,正如概念在社会科学里一样。但请注意到:重要的概念在一项既定的工作中可能会重复使用。比如说"政治信仰系统"(political belief-system)在一段中出现一次就够了,

---
[1] Robinson, Definition, p. 68.

说一段中说三次就显得笨拙,并且有点宣传的倾向。

一致

可以认为,好概念最重要的标准是其内在一致性,即概念定义的属性与所刻画现象的特征相一致。

"意识形态"为我们提供了一个鲜明的不一致的案例。一些作者将其定义为一个"促进社会变迁"的观点系统,而另一些则定义为"阻止改变"的观念系统;它"利用和寻找哲学观点、论点和理论,为自己建立基础",也"主张行动或推动行动";它"包含事实的陈述",也表述"道德、价值等"。它"与整个社会或社群相关",也与"赋予一个特定阶级或群组以极高的意义"。它"促进、服务或反应利益",但却"不是有意为之"。[①] 一致性标准需要分析者在相互冲突的属性之间做出选择。如果可能的话,最好使这些属性统一在单个的核心原则之下。

最具一致性的是那些拥有一个"核心"或"基本"含义的定义。[②] 达尔(Robert Dahl),在他关于"权力"的第一本有影响力的著作中,开始讨论"词语中心的直观的意义","可能隐藏在所有[先前的]概念之后的[权力]原始意义"。[③] 这种侧重于核心的定义方式是普遍的。比如说,"民主"的核心含义经常被认为是人民统治。这可被视作所有定义的特征、相关的特征与词的使用中,唯一的核心原则。当一个人在说"民主"时,她/他是在说"人民统治"。单个的原则在其能够将概念多样的使用与实例纳入范围内时,这种简化主义是成功的,达到了所能实现的最高一致性。(后面会提出,"核心"式的概念化也是简约的。)

---

① 所有这些例子都来自 Malcolm B. Hamilton, "The Elements of the Concept of Ideology," *Political Studies* 35 (1987), pp:20-21.

② 一个"基本的"或者"真实的"定义是这么定义的:"给定一个事物的本质。在事物所拥有的特征之中,一个唯一的而且等级高的1)最重要的特征,且/或者2)是其他特征存在的前提的特征(Angeles, *Dictionary of Philosophy*, p. 57)。同时可以参考 Mill, *System of Logic*, 71.

③ Robert A. Dahl, "The Concept of Power," [1957] in *Political Power: A Reader in Theory and Research*, ed. Roderick Bell, David V. Edwards, and R. Harrison Wagner (New York: Free Press, 1969), pp:79-80.

差异

内部一致性的背面是外部差异性（differentiation），或者有界性（boundedness）。例如，像"国家"这类的社会科学概念，我们想能够将它与其它类似国家的实体（部落、省、帝国等）区分开来。关键点是区分所给概念与类似概念的方法。"汽车"的一条定义，比如说，可能就不会费劲地告诉我们汽车因用油所以有些油腻。并不是说这不是真的，而是因为它并未帮助我们将汽车与"卡车"或者"自行车"区分开。一个概念的差异化为了明晰一组形似概念的边界。与周边定义存在重叠的定义是一个边界不清的差定义。

牛津英语字典（OED）关于"定义"的定义很好地说明了差异的重要。它主张，定义一个事物在于"标出（或划定）任何概念（或东西）的要点（或特征）的行为（或产物）"。[①] 这两个词（定义与差异化）的意思很接近。意识形态是一个没有清晰边界的概念。要想使用"意识形态"这个概念，但不触及类似概念是困难的。但是如果我们通过调整属性覆盖的范围，明晰意识形态与这些概念的差别，那么我们就能够增加这个感念的差异性。为了实现最大化差异的目标（忽略其他概念标准的需求），可以通过这样定义意识形态来实现：（1）由价值、信仰和态度组成，但不是议题立场或政策结果（区别出程序、政策、议程和行动）；（2）不严格且不系统的一致性（区别出哲学系统）；（3）与政治直接相关，并且作为政治行动的指导（区别那些类似但只与真实世界的政治甚少相关的词）；（4）有特定立场的；（5）长时间保持一致的（区别出公众意见和政策议程）；（6）通过讲话或书面形式展示，但不是语言本身（区别出各种形式的话语）。在这些定义的特征之下，意识形态的概念可以尽量清晰，与类似概念区别开，满足差异化标准。如果没有这些差异化的特征，读者可能会想知道意识形态与相关概念如何不同或者是否有

[①] Reprinted in Chapin, "Definition of Definitions," p. 153. 同时参考 P. W. Bridgman, *The Logic of Modern Physics* (New York: Macmillan, 1927).

不同,为什么这里的其他词语没有用来我们想定义的内容的标签。

早先,阿伦特(Hannah Arendt)曾惋惜政治科学家甚少关注"权力"(power),"力量"(force),"权威"(authority)与"暴力"(violence)。① 在过度时期,紧随关注缺失的是关注过度。② 但阿伦特的观点依然正确:使用有效的定义区别相关的词语,不仅告诉我们这个概念,而且告诉我们哪些不是。内部一致性与外部差异性是不可分割的。

应该与先前的讨论有所区别的是,差异化不仅指语义空间(semantic space)(一个概念的定义边界的清晰程度),而且包括物理空间(physical space)(一个概念在时间和空间上的边界清晰划定的程度)。③ 对于一个社会科学概念,它必须有行之有效的边界。

差异,正如所有其他标准需求,是一个程度问题。与概念的传统观点不同——所定义的属性总是而且只能在范围内找到,大多数社会科学的概念必须采用一个务实的方法,以实现差异化(因为一个简单的原因,没有"总是而且只是"(always-and-only)的属性)。表2给出了各种可能性。当独有的特征出现时(类别一),所有其他的都是多余的(为了建立差异)。不管正在考虑的属性是一直出现的,还是一直不出现的(虽然此时定义的属性会成为剩余的),都没有关系。当独有的特征不存在时,我们被迫使用不太完美的权宜之计,即"有时差异化的"(sometimes-differentiating)属性,以建立一个概念的边界。在这样的案例中,包括大量占多数的抽象概念,萨托利建议的"最小定义策略"(minimal definition strategy)就没有任何意义。④ 再举"意识形态"的例子,将多数的属性纳入其内涵中,以区分这个概念和其众多周边概念。我们也可能知晓这样一个事实,大多数概念的边界以一种碎片化的形式建立。特征甲是用来区别概念与邻近的这个概念的,特征乙是用来区别

---

① Hannah Arendt, *On Violence* (New York: Harcourt, Brace, 1970), p. 43.
② Steven Lukes, *Power* (New York: New York University Press, 1986) and Peter Morriss, *Power: A Philosophical Analysis* (New York: St. Martin's Press. 1987). review this literature.
③ 所有重要的社会科学概念,我认为(见下文),承担了指涉功能。
④ 参看 Sartori, "Tower of Babble," p. 35.

另一个概念的，这两个特征在定义范围内，甚至不是相互排斥的。

表2 差异化：一个相对的问题

	范围内的属性（attributes）	范围周边的属性（attributes）
总是差异	总是 从不	从不 总是
有时差异	总是 有时 有时 从不	有时 总是 从不 有时
没有差异	总是 有时 从不	总是 有时 从不

差异化和操作化的重要区别必须在此说明。一个差异化的概念是一个可以操作化的概念。它的指示对象必须在物理空间上可以定位。可是，概念的实际操作化是一个与概念构建分开的任务。概念构建是指选择词语、属性，以及待定义的实体存在，而不是用于寻找它们的指标。正如杰文斯（Jevons）的评论："一个目标的所谓重要点经常不是那些容易观察的点。"在这种情形下，是这些重要的点——不管他们是什么——而不是那些可观察的（指标），正确的定义了目标。①

因此，要说操作化的能力与差异化分不开，也就等同于说在社会科学研究中我们可能偏好的许多概念。异化（alienation），道德失范（anomie），号召力（charisma），集体良知（collective conscience），教条主义（dogmatism），平等（equality），错误感知（false consciousness），霸权（hegemony），意识形态（ideology），合法性（legitimacy），边缘化（marginalization），大众社会（mass society），民族性格（national character），模式变量（pattern variables），小资产阶级（petty bourgeois），理性化（rationalization），主权（sovereignty），地位焦虑（status anxiety），

---

① W. Stanley Jevons, *The Principles of Science* [1877] (New York: Dover, 1958), p. 708.

以及其他模糊的概念，都带有些痘病。这是差异化不足的毛病（或者，如果你偏好，操作化能力不足）。如果你看到了却不知道它，那么你就不能将其（概念）与其他事物区分开。这样的概念是不太有用的（其它条件相同）。芭芭拉·格迪斯（Barbara Geddes）写道：国家自主性（state autonomy）总的来说是"从它的效果而不是直接的观察推断出的"。①

至于"民主"——另一个得了痘病的词——达尔（Dahl）断言"概念与操作化定义之间的裂口总的来说是非常大的；大到不可能总看到操作与抽象定义之间的关系。"② 当然，这并不意味着我们应该立即丢弃这些模糊的词语。（事实上，丢弃"民主"可能导致更多地问题。）很简单，这是说差异化是一个问题。任何使用这些分类的研究，都必须努力发展能够做真实工作的，且拥有有效边界的概念。

我主张操作化是概念构建的组成部分，而非概念构建完成后的增补。若一个概念不能有效的操作化，或者有太多不同的方法可以操作化，那就没有做到差异化。

深度

概念构建更大的目标不仅在于提高交流的清晰程度（通过准确展示概念之间的边界实现），而且在于交流的有效程度。我们寻找一种方法，将通常一起出现的实例/特征的放在一组，以使用这个概念的标签作为那些实例/特征的缩写。概念的有用程度在于它"捆"特征的能力。范围内现象所承载的特征越多，概念的"深度"越大。

在美国，"西部"作为地理上的概念在面对这样的指控时是脆弱的：这些州并没有很多的共同特征。换句话说，这个概念的含义并不完满。

---

① Barbara Geddes, *Politicians' Dilemma: Building State Capacity in Latin America* (Berkeley: University of California Press, 1996), p. 5.

② Robert Dahl, "Power," in *International Encyclopedia of the Social Science* 12, ed. David L. Sills (New York: Macmillan, 1968), 414. 引自 Geoffrey Debnam, *The Analysis of Power: Core Elements and Structure* (New York: St. Martin's Press, 1984), p. 2.

在这个例子里,含义指这个词所唤起的属性的数目。一个概念越深,或者越丰富,那它作为一组共同实体存在的定义也就越具有说服力。这个词在这个意义上,做了比打孔机更多的工作。它更强大,使我们可以从一件事物(概念的标签)推论很多事物(概念的共同特征)。"南部"这个概念,按照大多数历史学家的观点,是一个比"西部"更深的概念,它有更多通用的属性。

一个熟悉的禁令:不要在次要处定义概念。它的理论基础根源于"深度标准";如果这样做,就会违反这一标准。非甲属性(not–X attributes)可能在建立差异时有用,但这并不能产生有深度的概念。次要的概念(residual concepts)注重"浅"(shallow)。事实上,一个纯粹的次要概念,根本就没有内含。其他条件一致时,深度概念好于浅显概念。虽然将一个现象捆成一束用一个可靠的特征就足够了,但描述它却需要许多词句。好概念可以识别丰富的类别。

但是这并不是说,简约与深度是直接冲突的。深度是指那些定义的或伴随的(非定义性的)特征。将"人类"定义为理性动物,这并不会有损这个类别的深度。事实上,如果考虑所有区分人类和其他动物的特征,这个肯定会被认为是一个极其深度的概念。

理论功效

正如上面所讨论的,社会科学概念的传统目标是帮助理论的构建。概念是理论架构的建筑材料;许多概念的构建也合乎逻辑的是由理论驱动的。道德失范,情欲(libido),生产方式(mode of production)和号召力,至少部分源自涂尔干(Durkheim),马克思(Marx),韦伯(Weber)的理论。事实上,如果没有这些理论框架,这些词在社会科学里就没有含义。

分类框架(classificatory frameworks)(我称之为一种"理论")是尤其重要的;明显地,他们的努力比其他种类的推断更加概念化。一个分类试图将宇宙划分成全面的、互斥的与分层次的类别。在这样一个框架(schema)里,一个给定的概念从它在这个宽广的词语矩阵的位置,获得它大部分的功用。举例来说，意识形态，在一个一般的认知语法的框架里，经常被用来指最高层级（即最复杂）的政治理解。① 这同时在强调特定的品质，如抽象、精巧与知识。概念其他一般意义上理解的特征必须被排除，否则就会违反分类框架。虽然这会牺牲一些熟悉性，但使用"意识形态"这个词会比创造新词更讲得通。有一些概念，它们完全依赖于它们的分类功效而存在。汤普森（Thompson）等人的"宿命论"（fatalism）和鲁伯特（Luebbert）的"传统威权主义"（traditional - authoritarianism）没有什么外部指示（external referents）。② 事实上，他们没有类别，不符合深度标准。但是，这些概念在更广些的类型学中有一定程度的功用，它们有助于定义与划定边界。这些是极端的例子，但他们比通常可分类的概念更好的诠释了一般性的要点。

但是理论功效也不必如此"理论"。再次以意识形态这个概念为例。我已经论证，我们应该宽泛的定义意识形态，而不是采用一个较窄的定义。我们需要一种方式去谈论这些东西，但"政治信仰系统"（political belief - system）太长且过于拗口，不能实现这个功能。宽泛定义的意识形态拥有理论功效，但狭窄定义的没有。通俗的讲："我们应该拥有这样一个名字，不管在什么地方需要，也不管它特指什么。"③

现实功效

要重新定义一个词，或者重新创造一个词，需要对其所处的语义领域进行一些调整。重新定义一个词而不重新定义其他词是不可能的；与周围词语建立关系也是定义的一部分。词语是由其他词语定义的。因此，原先定义的任何改变都带来这些关系的改变。任何关于"法团主

---

① 参考 Philip E. Converse, "The Nature of Belief Systems in Mass Publics," in *Ideology and Discontent*, ed. David E. Apter (London: Free Press of Glencoe, 1964), pp. 206 - 261.

② 参考 Michael Thompson, Richard Ellis and Aaron Wildavsky, *Cultural Theory* (Boulder: Westview Press, 1990) 与 Gregory M. Luebbert, *Liberalism, Fascism, or Social Democracy: Social Classes and the Political Origins of Regimes in Interwar Europe* (Berkeley: University of California Press, 1991).

③ Mill, *System of Logic*, p. 436.

新一代研究者的讨论
怎么才算个好概念？一套帮助我们理解社科概念构建的标准

义"的重新定义，都会改变我们对"多元主义"（pluralism）的理解。"民主"的重新定义也会改变我们对"威权主义"（authoritarianism）的理解。有人可能认为这些只会在语义拥挤的领域发生，而不会在那些相对缺少竞争性词语的领域发生。但并不是这样的。即使是全新的概念，即那些基于新发现存在的概念，也必须用业已存在的概念去定义；在这个过程中，新概念就被重新塑造了。这个观察在社会科学的世界里就更加成立。在这里，很少有全新的概念。也就使概念基本上是以再概念化（re-conceptualizing）的形式出现。

如果邻近词语被核心词语的重新定义所影响，那么就有足够理由为这些邻近词语建立一组相同的标准。再概念化若能提高邻近词语的功效，或者尽量少伤害它们的功效，则在其他条件一致的情况下，是最令人满意的。我称这个目标为"现实功效"。

概念构建在现实层面的一般性目标是一个语义的或现象的问题；每一个不同的事物（指示对象）都有一个不同的名字，每一个名字与指示对象之间都应该是一一对应的关系。当然，一一对应并不能如此完美的实现。所有社会科学的概念化都追求完美，如萨托利指出，在最大化用于描述周围世界的语言的效率与清晰度。换句话讲，我们希望避免"无家的存在"的问题，一个现象拥有好概念的所有外延特征（一致、差异、深度、理论功效），但是没有一个名字。[1] 同时，我们也希望可以避免无存在的概念，那些没有指示对象的词语。

后一个问题需要更多的解释。在重新定义概念时，很容易就可以从邻近词语中偷取指示对象，使这些词成为空洞的分类。[2] 可以肯定，在概念中建立一致性是无可指责的，但若定义所做的所有事就是将所有部分聚集在一起，用一个标签来表述，那么这项工作其实并未做多少事。但是，若谨记这样一个事实，即再概念化不局限在单个的词语上，而涉及一个领域的词语，那么就很明显，通过剥夺邻近词语的指示对象来构

---

[1] 这个短语来自 Patrick Gardiner，但含义不同。参考 Gardiner, *The Nature of Historical Explanation* [1952]（Oxford: Oxford University Press, 1961）, p. 55.

[2] 参考 Sartori, "Guidelines."

建概念，玩术语把戏是不太有用的。

我们越好的覆盖所需描述的现象，这个概念在这个领域也就能越好的存在。在这里，概念构建的标准与分类推断的标准吻合起来。

二、解释与含义

我已经论证概念需要对八个标准负责：熟悉、音韵、简约、一致、差异、深度、理论功效与现实功效。读者们可能在想，这些标准是否穷尽了社会科学中主宰概念构建的所有规则。我们如何对待像"明晰"（clarity），"有力"（power），"充分"（adequacy），"价值中立"（value-neutrality）等其他不在这八点框架中？

前面提到的大部分需求，是无可指责的。然而这些熟悉的告诫是非常模糊的，它们同时包含了好几条规则。"明晰"和"准确"（precision），正如他们反义词"模糊"（ambiguity），"含糊"（vagueness）和"无限"（indefiniteness）一样，可能是指"一致"或"差异"。"有力"可能是指"一致""差异""深度"，或者"理论功效"。"充分"和"功效"可能是指任何一个或所有标准。简短来说，将概念构建这项工程解析成较窄的更聚焦的部分，好像更有用。

有一些需求根本就不值得追求。例如常提到的"价值中立"目标，在很多情景下就不可能实现。① 试想定义"奴隶制"（slavery），"法西斯主义"（fascism），"恐怖主义"（terrorism），或者"种族灭绝"（genocide）时不包含贬义的属性；或者定义"人权"，"民主"，或者"和平"

---

① 参考 Connolly, *Terms of Political Discourse*; Lakoff, *Women, Fire*; Pitkin, *Wittgenstein*; Charles Taylor, "Neutrality in Political Science," in *Readings in the Philosophy of Social Science*, ed. Michael Martin and Lee C. McIntyre (Cambridge: MIT Press, 1994); Peter Winch, *The Idea of a Social Science, and its Relation to Philosophy* (London: Routledge&Kegan Paul, 1958). Finley 关于"奴隶（slave）"一词的讨论尤其恰当，参见 M. I. Finley, "Generalizations in Ancient History," in *Generalization in the Writing of History*, ed. Louis Gottschalk [Chicago: University of Chicago Press, 1963] pp. 22–23.

而不包含褒义的属性。这些是极端的例子，但相同的问题出现在所有社会科学概念选择定义的属性的时候。举例来说，意识形态被定义为武断的行为与思维模式，① 一个甚少有人向往的特征。有时，最冒犯的词语或定义同时是最合适的，甚至可以用于社会科学的目的之中。同时，在定义或选择词语时，并不必要去偏好价值判断的内涵。将正义（justice）从"民主"中剥离出来有时是合意的。这不是因为正义是一个价值判断的词语，而是因为这难以操作化。更重要的事，在将正义纳入民主时，这就打破了两者的边界，降低了"现实功效"。偏好某个属性或词语并不能为其带来社会科学研究的功效。

可以认为，概念的宽度（breadth）是优点。② 概念所覆盖的实例越多，在其它条件一致时，这个概念在社会研究中就越有用。但是，我认为宽度是推断而非概念的标准。以"核战"（nuclear war）为例。这只有一个案例；也可以说没有，美国投的核武器有效的结束了二战。这使其成为一个差概念了吗？我们是否应该改变概念的定义，以拓宽案例的数量？（如果不破坏"战争"和"核"的原来定义，怎样拓宽还不是很清楚。）类似的，我们可以想象那些具有巨大外延的概念，比如说"世界"、"人"、"事件"，这些词对我们并不十分有用。概念所含的事物的数目，其本身在社会科学的分析中，并没有提高这个概念的功效。在其他条件一致时，断言宽广的定义好于较窄的概念是荒谬的。关键的问题应该是自然的边界在哪，不是合成的类别有多大。

概念类型与概念标准

对这个标准框架的另一个反对可能在于它不是某个单个的研究计划（single enterprise）的一部分。我们可能碰到的是一组概念练习，每一个对应不同的标准需求。事实上，考虑到列在"识别问题的进路"部分中概念类型的数量，我对社会科学中概念构建的一致性（uniformity）的追

---

① 参考 Sartori,"Concept Misformation."
② 这可以视作萨托利在外延与内涵的折衷上的工作的引申（参考"Concept Misformation,"与"Guidelines"）。

求,对于读者来说,可能沦落为概念拉伸的一个"好"案例。

概念之间是不相同的。这些不同,若从程度而非类别来理解,则更好。更有意义的是,这些不同可以从我们框架的八个维度来理解。概念类型上的工作,在这个标准框架中是可以归纳的。比如说,"经典的"概念强调差异;"理想型的"概念强调一致(通常以"差异"为代价);"发散的"和"家族相似的"概念强调一致、深度和熟悉;"极端的"概念强调一致性和理论功效;等等。每一种概念类型强调不同的概念目标(一个或多个),但并不完全排斥其他目标。理想型的概念并不放弃"差异";经典的概念也不回避一致、深度或标准使用。

另一个获得关注(来自科学哲学家和语言学家)的分支,是可观察的(具体的或指示的)与不可观察的(理论的或抽象的)词语之间的差别。这个差别在其他是有用的,我认为所有重要的社会科学概念(除了那些纯粹方法论的概念)都承担着指示功能。这种指示有时可能是很弱的,但总是存在。

考虑这个样一个例子,"正义"(justice)。如果存在一个高度抽象的社会科学概念,那一定是它。即使是"正义",我们也很难讨论它而涉及"外部"(真实生活的、实际的、物质的、观察的)指示对象。当代哲学家和政治理论家也关心正义问题,经常讨论具体的实例和政策。罗尔斯(John Rawls)的《正义论》是当代辩论的重要来源,是这里最好的案例。罗尔斯和他的挑战者,不仅希望知道"抽象的"正义是什么,而且想知道它在税收和支出中的地位。正义在学术中的含义没有与街头的含义脱离。

总的来说,虽然概念类别提供了讨论概念构建中某些一体的捷径,但他们并没有提供概念构建过程的全面解释。特定的概念类型最好从"优先"(prioritization)的角度来理解,牺牲概念的一些优点来让另一些更坚实。简短来说,没有纯粹的类别。

规则与折衷

萨托利和同事们为令人头疼的概念构建问题,提供了至今最令人印象深刻的综合。① 他们的研究最重要的贡献在于发现了一组规则/方法，用以弄清社会科学里的概念构建过程。比方说，萨托利的手册中规则1和2：

> 规则1：任何经验性概念，都应经常以及分别地检查（1）意义与术语的关联是否存在歧义；（2）意义与指称对象的关联是否含糊。
>
> 规则2.1 经常检查（1）核心术语（概念的名称和限定术语的名称）是否被定义。（2）由定义所陈述的意义是否明确无歧义。（3）所陈述的意义是否在论证中保持前后一致。
>
> 规则2.2 经常检查核心术语在所陈述的意义中是否被明确无歧义且前后一致地使用。

这个列表共有十条，为概念构建提供了一个方便的总结，可以称之为"规则手册"方法；这个方法可以追溯到密尔。②

这组规则最明显的困难在于凌驾在常识之上。（我们如何决定"歧义"或"模糊"是否出现在定义中？）萨托利不时的警告带来更多的麻烦——"等待反面证据""所有其他条件相同"，等等。③ 这些困难说明了概念构建不能通过一种食谱式的途径实现，它是一个更加动态和不可预测的过程。正如我们所看到的，满足概念恰当的某个标准可能同时符合其他某些标准。比如，我们可以清理一个词语的某个特征，这个特征与邻近词语有重叠，同时也就提高了它的差异水平。但是，我们越多地调整日常语言，与已有的使用之间的联系也就越薄弱；这需要平衡与熟悉标准的关系。经常提到的词语不稳定，比如意识形态，是由对这个概

---

① 参考 Riggs, "Definition of Concepts"; Sartori, "Concept Misformation," "Tower of Babble," "Guidelines"; *Social Science Concepts: A Systematic Analysis*, ed. Giovanni Sartori (Beverly Hills: Sage, 1984); *Tower of Babel*.

② 参看 Mill, *System of Logic*; Jevons, *Principles of Science*.

③ 可以参考 Sartori, "Guidelines," p.53.

念的多元（常常是冲突矛盾的）需求引起的。这种多元性也正是人们对此类概念的期待。

更进一步，概念的每个部分（词语、内涵、外延）是相互依赖的，因此并没有明确的起点或终点。相应的，我们也就没有一个概念构建的步骤。有些人可能从词语开始，有些人从现象开始，有些人从理论开始，等等。不管从哪开始，定义过程很快会变成相互之间的调适。为了实现概念较高程度的差异，可以做下列一个或全部三个操作：（1）另选词语，（2）调整内涵的属性，或者（3）调整外延的范围。概念构建因此提供了所谓解释圈（hermeneutic circle）的极佳案例，概念的任何一部分的变化都会影响另外两部分。因此概念构建必须全盘考虑；将我们的目标分开，认为这个适用于"现象"领域，那个适用于"语言"或"理论"领域，这是不行的。

认识到概念构建相互依赖的本质，我们就能够远离静态程序的概念构建模型。在社会科学中，构建概念是一个动态过程。正如无处不在的短句"在其他条件一致时"所展示的。在分析和指导概念化的过程中，我们所能作的最好的是记录边界。折衷（tradeoffs），而不是裁定（rules），最好地诠释了这个复杂的工作。可以肯定的是，将概念构建视为一组折衷的观点并不新。一个世纪之前，杰文斯指出当一个词语的定义属性增多时（例如"战争"变为"对外战争"），它的宽度一般就会下降。（换种说法，越细的定义一般指示越少的现象。）内涵和外延因此不可避免的联系在一起。[①] 对单个概念的要求的数目一般并未被认识到，因此可能的折衷数目也就不清楚，一般是两三个。一个概念，若是难以与邻近词语区分开，不能容易的对应现实世界，没有普遍的特征，由明显异质的因素组成，只能覆盖少量的事件，或者没有建立在标准适用

---

① 参考 Jevons, *Principles of Science*, p. 26. 这一点由萨托利进一步推广。"Concept Misformation," p. 1041. 其他突出概念构建中折衷角色和内部冲突的工作可以参考 Cohen, *Developing Sociological Knowledge*, pp: 131 - 145; Collier, "Putting Concepts to Work," Collier and Mahon, "Conceptual 'Stretching,'" Collier and Levitsky, "Democracy with Adjectives," and Andrew C. Gould, "Conflicting Imperatives and Concept Formation," unpublished manuscript (Notre Dame, IN: Department of Government, University of Notre Dame, 1998).

新一代研究者的讨论
怎么才算个好概念？一套帮助我们理解社科概念构建的标准

上，只要犯了这些过错中的任一条，就使其在社会科学的世界中的用处大减。

如果概念构建不是种类限制（type-bound）的，也不是规则限制（rule-bound）的，而是对众多标准需求负责，那么我最好不要将社会科学概念视作语义空间上的规定存在，而应看作务实，且经常变动的临时手段。概念构建过程是艺术，它不是生硬的技术。适用于任何时候任何情形的终极定义是稀有的。概念构建中反复出现的困惑不在于方法技能的有限，而是由于概念化所必须承受的"折衷"。这是一个比萨托利的工作所建议的更为复杂多层面的混乱过程。

概念构建的"折衷"路线将"其他条件一致时"置于我们理解的中心。（可以肯定，初始时可以先实现帕累托最优——再概念化可以在不伤害其他维度性能的前提下，提高概念在一个维度的性能。但一旦帕累托最优实现了，任何进一步的改动都是有成本的。"其他"不再"不变"。）

考虑格迪斯在定义她的核心概念"行政改革"（administrative reform）时的选择。她把基于功绩制的公务员招募（merit-based hiring for civil servants）作为概念的核心。她为这个概念作如下辩护。

> 改革的这一部分被选出来进行强调，是因为几乎每一个关于行政改革的研究都会包含这个。"以价值为基础的招募"不同于其他改革措施，在各个国家中的变化很小。法律规定招募必须考试，在此易于实现。精英领导式的招募可能不是行政改革的最重要内容，但至少它是算比较重要的，而且它是改革中最易于准确衡量的部分。①

行政改革概念，如此定义，是相当一致的（比如，这与"改革"的内涵吻合），而且差异化了（没有人会把它与其它概念弄混）。它是熟悉

---

① Geddes, *Politicians' Dilemmas*, p. 104.

的，它似乎也足够的简约。最重要的是，格迪斯实现了高度的差异化。不过，她对这个概念的理论功效有一些怀疑（它"可能不是行政改革最主要的内容"）。概念定义的选择，可以想象到，不可能完美。

走向概念恰当的相对标准

从这个例子和前面的讨论可以得到这样一个结语：概念构建通常是"情境"议题。根据不同的情境，比如试图描述的某个真实世界的情形，或者具体的语义领域，或者具体的词源历史，或者具体的分析目标，概念构建的任务就会大为不同。同时需要注意，在所有情境下，定义概念者必须与这八个需求周旋。概念构建因此也就在社会科学的各个学科与议题之间存有某种一致性。

我们也不会缺少区分好概念和差概念的标准。我可以论证，若采用另外的词语、属性或现象的概念作比较，衡量目标概念达到的效果，这样的标准是可以分出好差的。抱怨"正义"相对于"椅子"在宇宙中没有足够差异是无意义的。比较的对象，在这里，应该是正义的其他定义，或那些可能更好的识别出问题所关心实例的邻近词语。就像任何新的理论必须要证明自己比竞争性理论要好一样，任何新的定义必须证明，在特定的实证和理论情境下，自身比其他可能的定义和词语要好。因此，在格迪斯的行政改革概念的例子里，"恰当"的程度测试可以通过随后的问题实现操作化：是否存在一个词语，或者其他属性的组合，能否更好的满足这个研究设计中概念构建的八个需求？如果答案是是，那么格迪斯的选择可能是错误的；如果是否，那么她的概念就是恰当的。

如果每个作者在分析自己词语的好坏时，都像格迪斯一样坦白，那么概念构建的评价过程就会有帮助。事实上，这种透明，与研究其他方面的开放相比，应该被视作具有同等价值，比如让其他学者也可得到数据，明述数据可能的偏误，等等。作者有责任明确的说明基于何种标准选择了这些特征和词语，而排除了另一些。在创造新词时，作者有责任证明现有词汇中没有合适的词语；这个更为困难。只有这样，读者们才

新一代研究者的讨论
怎么才算个好概念？一套帮助我们理解社科概念构建的标准

能比较容易的看到所给概念的构建，也因此能够判断作者的选择是否恰当。

使用一个综合的框架来完成社会科学中的概念构建任务，可以降低这个过程中的不确定性；详述必须考虑的各种需求，可以使我们做出更好的选择。当概念还存在缺陷的时候——不过某种意义上，所有社会概念都是有缺陷的——至少我们能利用这个框架，更好的理解这些缺陷。"当好工具不可获得时，"密尔写道，"次优选择是完整的理解这些缺陷。"①

讨 论

对许多作者而言，缠绕社会科学的语义困扰不是一个清理门户的信号，而是一个我们应该调查这些内部语言压力的信号。重叠的定义，属性之间的内部矛盾，和不精确的操作化（这里只列举最常见的错误的一部分），在这个观点下，（1）对日常语言是自然的，（2）是难以从社会科学话语中消除的，也可能（3）是被需要的。因为我在这里提出了一组一般的指导社会科学概念构建的标准，这些标准提供了操作化的规范与分类功效，对这些作者来说，现今的研究毫无疑问的散发出一种强烈的令人不愉快的"实证主义"的味道。事实上，呼唤社会科学的概念，就是在建议使用自然科学的模型。因为这些并不是我要建议的，似乎有必要讨论一下现今研究的背后的认识论问题。

前面的第一个观点（即许多概念错误对日常语言来说是正常的），我完全同意。第二个观点，却有一些问题。在继续分析之前，我应该强调一下一些应该是比较明显的事：以经典逻辑的话语来说，我不是为了让所有概念按照单一的等级体系排列，而提出一个可以"把词语的含义通过一组必要充分条件固定下来的"，或者通过某个定义的属性区别核心词语与邻近词语的，社会科学语言分类。② 这需要在标准的定义与其

---

① Mill, *System of Logic*, pp : 31 – 32.
② Kaplan, Logic of Inquiry, p . 68. 同时参考 Jevons, *Principles of Science*, p . 73；Riggs, "Definition of Concepts."

实施之间达成一致,这是一个令人生畏的任务,也不一定会产生好的社会科学研究。即使是自然科学,若这么操作,也会受到质疑。[①] 不过,任何情况下,社会科学的研究都不会建立在石头、动物或原子上。如果社会科学是科学的——当然,这要看如何定义科学——那他们肯定也是与自然科学不同的另一种科学。

因此,这个不易操作的逻辑实证主义不应该模糊这样的事实:社会科学与自然科学的语言还是有很大差别的。有人可能将社会科学的特殊性视作一个关乎方法和对象的研究;我可以论证,它同样是关乎概念的。与自然科学家类似,社会科学家也使用专业的词语和定义,以及一组专业的标准来指导概念构建过程。我们可以讨论这种特殊性的程度,追问一个技术/专业的词汇在何种程度上是合理的。事实上,从认识论的角度来看,这是现有研究所希望建立的:在何种情况,因为何种原因,社会科学应该偏离日常使用规范。

(译者单位:上海财经大学)

[①] 可以参考 Bruno Latour and Steve Woolgar, *Laboratory Life*: *The Social Construction of Scientific Facts* (Beverly Hills: Sage Publications, 1979).

概念的内涵与外延*

[美] 加里·格尔茨（Gary Goertz） 著
阙天舒 编译

乔万尼·萨托利的《比较政治中的概念误构》（Concept Misformation in Comparative Politics）被奉为经典实至名归。自从这篇文章刊载于《美国政治学评论》后，就经常出现在质性研究和研究方法的课程大纲中①。在研究概念的文献方面，萨托利和戴维·科利尔成了同一阵线。

萨托利对于概念研究文献的重大贡献，或许在于他提出的"概括阶梯"（ladder of generality）观念②。他关切概念的外延（亦即其经验层面上的涵盖性）如何随着其内涵（亦即概念本身）而变化。放宽概念会导致"概念延展"（conceptual stretching），也就是概念变得可以应用在更多个案上，却有可能被过度延伸到无法辨识。若依我的看法，萨托利其实就是在思考，当我们添加或删减次级层次的面向时，会发生什么情况，以及这会如何冲击对概念在经验层面上的涵盖性。通常这种添加或删减的行为透过形容词来完成；所以，我会用"概念加/减形容词"这

---

* 原文出处：Gary Goertz, "Concept Intension and Extension,"*Social Science Concepts: A User's Guide*, Princeton University Press, 2006.

① 以下这个网址即为质性研究法之课程大纲的范例之一：http://www.asu.edu/clas/polisci/cqrm。

② 萨托利的用语为"抽象的阶梯"（ladder of generality），但我依循科利尔的用语"概括阶梯"，因为后者的说法比较精确。

种说法，来简称当我们借着改变次级层次面向的数目来改变内涵时会发生的情况，以及这对该范畴的观察数目（亦即外延）所导致的后续效应。

理想型也在我们的讨论范围中，因为一般来说它们并无外延，亦即理想型没有任何实际例子存在。学者们提到理想型的频率之高，使有关理想型的方法论分析相当稀少，这一事实更让人倍感惊讶。

最后，我将以针对性别化福利国家的简短分析作结。通常来说，在"概念加/减形容词"中，形容词指涉一个新的或应受到更多重视的次级层次面向，比方说性别。过去十到十五年来，学者开始探究之前不会探讨的福利国家面向（Pierson，2000；Orloff，1996）。由于学者开始研究福利国家这一新面向，因而产生出一系列新的分析。要将性别的面向加入传统的福利国家概念中，就意味着要检视有关该概念的新假说。

一、概括阶梯和概念的外延

萨托利针对概念的延展以及概括阶梯的相关讨论，或许是最为人所知的。萨托利从未真正地明确表达出他对概念结构的看法，可能是因为他写作时这并不被视为一个问题。从亚里士多德的时代起，概念就一直以充要条件（the necessary and sufficient conditions）的方式来定义。在本节中，我将探讨概念结构，以及它们和萨托利对于概念的延展与概括阶梯等的主张之间有什么关系。

虽然萨托利并没有刻意隐藏他那篇刊载于《美国政治学评论》的经典文章中所采用的基本观念的出处，不过他也没有真的详细说明其来源。他的概念观固然直接源自于哲学逻辑（Sartori，Riggs and Tenue，1975）。所有教科书都认为概念就是透过充要条件的方式加以定义。萨托利并未明确指出这一点，但是我们可以翻阅1930年代和1940年代莫里斯·科恩（Morris Cohen）和欧内斯特·内格尔（Ernest Nagel）所撰写的经典哲学逻辑教科书，他们较明确地阐述了这一点（Cohen and Nagel，1934：235)：

> 根据亚里士多德的看法："'定义'即为表明某件事物之本质的词语。"在他的理解中，所谓某件事物的本质，即是一套基本属性，那是任何具体事物若要成为某种类型事物就必须具备的充要条件。这近似于我们所谓的词汇传统内涵。

萨托利认为，为了使概念更具普遍性——亦即能应用在更多观察对象上——我们藉由减少概念的属性亦即面向的数量来"延伸"概念。因此，萨托利所指涉的便是"内涵"和"外延"之间的关系。基本上，内涵指称概念本身，而外延指涉落在该概念范畴之内的个案。举例来说，西达·斯考切波（Theda Skocpol）认为"社会革命是一个社会的状态与阶级结构的快速而根本的转变；而社会革命往往伴随着来自底层、以阶级为基础的反叛，且有部分是由这种反叛来完成的"（Skocpol，1979：4-5)。在他界定的范畴条件内，其外延包含了 1917 年的俄国、1950 年的中国与 1789 年的法国。弗伦（Foran，1997）则采用较宽广的范畴条件，因此加入了其他个案，包括 1979 年的伊朗和 1910 年的墨西哥。

如果我们增加内涵中的次级层次属性数目，而且——这是萨托利没有提到的另一项重大假设——如果我们采用充要条件结构，那么内涵与外延之间就存在着一种反向相关关系（Cohen and Nagel，1934：33)：

> 因此，逆反变化的法则应陈述如下：若有一系列词汇依内涵的增加而予以排序，此词的意义（即外延）将维持相同或减少。

表 1 阐明了萨托利的概念延展原则。此处所讨论的概念为"农民"，并用五个潜在的特质或面向界定何谓农民。请注意，当特质数增加时，外延就会减少。戴维·科兹（David Kurtz）表示："显然地，定义中包含的属性越多（即越明确），那么符合此定义的现实世界中的'农民'就越少。"（Kurtz，2000：98）接着他又在某处的注脚中将这个主张与萨

托利的看法连接起来，亦即外延和内涵呈逆反关系。

不过其中的瑕疵在于，这一切依赖充要条件结构。我们马上就会看到，若我们采用家族相似性结构，就会得出完全相反的关系：外延会随着内涵而增加。

表1 抽象阶梯：各种"农民"概念之下的基本面向

内涵	最低标准者	人类学	道德经济学	马克思主义	韦伯主义
乡村耕种者	是	是	是	是	是
农村（以特殊的文化实践为特征）			是	是	是
高度的乡村社会从属关系				是	是
农民控制或拥有土地					
外延	非常大	大	中度	中度	很小
例子	Popkin (1979) Lichbach (1995) Bates (1988)	Redfield (1960) Kroeber (1948) Banfield (1958)	Scott (1976) Magagna (1991)	Wolf (1969) Paige (1975)	Moore (1966) Shanin (1971)

只要我们想想充要条件结构的典型数理运作模式，与家族相似性结构的数理运作模式对照之下有何不同，这点就会变得很清楚了。由于萨托利以逻辑作为他偏好的数理运算方式，我们可以将充要条件中的"且"和家族相似性中的"或"相互对照。很显然地，若我们在"且"的情况下增加属性的话，那么外延只会降低（或者是在某些例外情况中会维持相同）。然而，如果我们采用"或"的逻辑并增加面向的话，那么外延几乎可说是一定会上升。只要我们想象一下文氏图（Venn diagram）就可以看出这一点了：两个集合代表两个属性的交集几乎总是会比个别的集合来得小。相反地，并集几乎总是会比个别的集合来得大。就实践上来看，家族相似性途径并不采用并集本身。一般来说，两个观

察对象共享够多的特质，那它们就会被视为同一家族的成员，亦即采用"m/n"规则。

为了证明概括阶梯并不适用于家族相似性概念，我们可以回来看所谓的存在证据：找出一个内涵会增加外延的例子。假设家族相似性的法则"假设在四个面向中，有超过两个面向存在，那么该国就算是福利国家"。我们可以提出另一个对照的情况，那就是当我们把内涵增加至六个面向，但同时保持原来的法则，亦即当该国拥有过半数的面向时，即可称之为福利国家。再假定各个个案皆遵循二项式定理，比方说我们可以同时投掷四个或六个硬币，来决定该国是否为福利国家。

根据二项式的公式，在总数为四个面向时，福利国家的百分比为31%，但是总数为六个面向时，其百分比会提升至34%。这项计算假定每个面向出现的概率为0.5。该国在每个面向过半数的法则下，有83%的个案会是福利国家，而在四个面向的概念之下，则会得出74%的比例。总而言之，外延与内涵存在着逆反关系的主张，并非对所有概念皆成立。事实上，对家族相似性种类的概念而言，内涵与外延之间可以存在着正相关。

为了看看这种情况若放在实际资料上可以如何适度地运作，我用约翰·希克斯（John Hicks）的资料，也就是二十世纪早期发达国家的福利国家之建构来说明。我在第九章中会花不少的篇幅讨论他整体的理论，而我在本章稍后亦会回到福利国家这个主题上。在他针对福利国家之建构的分析中，希克斯认为在1920年代，若某国提供以下四项典型的福利国家服务中的至少三项，那么它就形成了所谓的福利国家：（1）老年津贴；（2）劳工意外赔偿金；（3）医疗保健；（4）失业保险。为了检视概括阶梯可以如何以相反的方向来运作，我们可以对照两个家族相似性法则：（1）若某国至少具备两项服务中的一项，那它就是福利国家；（2）若某国至少具备四项服务中的两项，那它就是福利国家。简而言之，我采用时的是"m/n"规则底下的二分之一的规则：在第一个情况中"两项中至少有一项"，而在第二个情况中则是"四项中至少有两项"。

若用希克斯所汇集的资料（Hicks, 1999: 51），也就是十五个发达国家建立各式各样的社会方案之时，我们会发现以下结果①。若我们只用两个面向来概念化福利国家的话，这意味着在面向总数为四的情况，我们有六种定义福利国家的可能方式。因此，就两个面向的情况来说，所得出的福利国家数量如下：

劳工赔偿金加失业津贴 = 14 个福利国家
老年津贴加劳工赔偿金 = 14 个福利国家
老年津贴加医疗保健 = 13 个福利国家
医疗保健加失业津贴 = 11 个福利国家
老年津贴加失业津贴 = 10 个福利国家
医疗保健加劳工赔偿金 = 10 个福利国家

在四个面向的情况下所得出的结果则为：

在四个面向中至少有两个面向存在 = 13 个福利国家。

因此在实际的资料我们就可以发现，当我们将内涵从两个面向增加到四个面向时，有半数的时候我们可以将外延从 10 或 11 个福利国家，增加到 13 个福利国家，而这源于我们应用了"四项中至少有两项"的规则。

二、概念/加形容词

概括阶梯着重概念的面向增加或减少时，外延会发生何种变化。增加与减少面向最普遍的方式，或许就是在概念前加上形容词了。比方

---

① 我采用希克斯的"有约束性的或扩张性的"的资料。

说，有许多被用来修饰"民主"这个基本层次概念的形容词。统和主义又被学者加上了"自由的""社会的"或"民主的"等形容词来修饰之。但我们不甚清楚的是，添加一个形容词到底会如何概念三重层次的概念结构。我认为形容词往往是一种层次的面向。当我说"经典的"（classical）运作方式时（依循科利尔与列维茨基的说法），这表示形容词是一个被"添加"（added）在既存面向上的新面向，亦即"概念加形容词"，使次级层次之面向的数量多了一个。而第二种比较不常见的非标准用法为，形容词指涉一个具备较少的次级层次之面向的概念，亦即"概念减形容词"，科利尔与列维茨基称之为缩减的亚类型"缩减的亚类型"（diminished subtype）。

我们已经看到，看待概念的传统途径为充要条件式途径。因此，"概念加形容词"意味着我们在既存的面向中再加入一个新面向。比方说，"总统制"便在"民主"本来已经具备的属性之外添加了一个新属性。由于传统概念以必要条件作为其结构性原则，因此我们用"且"来结合"总统制"这个属性与"民主"这个概念。基本原则为"所有属于名词的修饰词，都要透过连接词来加以处理"（Lakoff, 1987: 14）。举例而言，我可以引用阿尔弗雷德·斯蒂潘（Alfred Stepan）和辛迪·史卡奇（Cindy Skach）对内阁制民主和总统制民主的看法（Stepan and Skach, 1993: 3 - 4）。

> 在民主中，一个纯粹的内阁制政体是一个互相依赖的体系：（1）首要的行政权必须受到国会多数的支持，而且若国会投下不信任票就必须下台。（2）行政部门（通常与国家首长有关）有能力解散国会并举行选举。在民主中，一个纯粹的总统制政体是一个相互独立的体系：（1）立法部门有固定任期，亦是其正当性来源。（2）首要的行政部门有固定任期，亦是其正当性来源。这些充要特质不只是分类上的差别而已。

请注意，这两种定义的内涵都受到民主的限制，例如："在民主中，一个纯粹的内阁制政体"。最终这两位学者都表明,"内阁制"这个形容词为"民主"添加了两项必要条件,而这两者合起来成为充分条件(例子请见下面的图1)。

之前我们已经看到,充要条件的模糊逻辑采用的是极小值。因此模糊逻辑式的概念加形容词,也应以这种角度来诠释(Lakoff,1987:140):

> 现在他们(Osherson and Smith, 1982)要思考的是三个概念:苹果、有斑纹的和斑纹苹果。他们正确地观察到,在古典的模糊集合理论中,要从苹果与有斑纹的这两个范畴,道出斑纹苹果这个复合范畴,只有一个方法,那就是透过模糊集合的交集——其定义即为,从这两个构成性的模糊集合中取缔属数(membership value)的极小值。

我们必须理解很重要的一点是,这即是"概念加形容词"的基本的预设诠释方式。然而,现实生活中的语义与语言实践并不会总是符合逻辑准则①。我想检视某些可能会发生这种情况的方式。我会将最明显的变异留到最后一个小节来讨论,也就是当形容词反而表示研究者在移除属性,因而造成"概念减形容词"时。但我想先简短地讨论一下,另一个当基本层次的概念尚未定型时可能会产生的问题。由于概念尚未定型,因此形容词就有存在的必要,它可以赋予该概念某种特定的诠释。我将以革命这个概念为例。

表2是针对萨托利以概念为主题所编撰的选集中,所采用的革命概念进行修正过的调查(Kotowski, 1984)。出现在这份单子上的名字,都是1984年之前在探讨革命的相关文献中做出重大贡献的学者。亨利·科托斯基(Henry Kotowski)明确指出以下事实:表中所列出的特质都是革命的必要条件②。

---

① 探讨"概念加减形容词"的认知心理学文献汗牛充栋。一般人操弄概念与形容词的方式,显然并不符合传统的充要条件逻辑。参见 Murphy, 2002。

② 不过实际上在某些情况中,学者究竟是不是真的认为它们都是必要条件,则不甚清楚:请回想一下,在萨托利的架构中,必要条件结构乃是既存的假定。

表 2　带有形容词的概念：不稳定的"革命"基本层次概念

学者	暴力	群众参与	统治体的改变	微小的政治结构变迁	重大的政治结构变迁	阶层体系的改变
社会革命						
斯考切波（Skocpol）	Y	Y	Y	Y	Y	Y
摩尔（Moore）	Y	Y	Y	Y	Y	Y
政治革命						
亨廷顿（Huntington）	Y	Y	Y	Y	N	N
约翰逊（Johnson）	Y	Y	Y	Y	N	N
戴维斯（Davies）	Y	Y	Y	Y	N	N
反叛						
格尔（Gurr）	Y	Y	N	N	N	N

很显然地，巴林顿·摩尔（Barrington Moore）和斯考切波采用最具限制性的革命概念，因为他们的概念包含了最多的必要条件。就概括阶梯原则来看，他们的概念将是表中外延最小的。对任何一个诠释著作的人来说，只要稍有见地的话，那么他肯定会率先大声嚷嚷，声称的著作并不是在探讨革命本身，而在探讨社会革命。正是如此，我们可以看到一个形容词"社会的"被添加在革命这个概念上。

若我们减去两个属性：（1）阶层体系的改变；（2）重大的政治结构变迁，那么我们就会得出亨廷顿、戴维斯和约翰逊等人所持的革命概念。我们减去了涉及整个体系的变迁的那些形容词，也就是斯考切波定义中的"社会性"部分。因此现在我们导出的是和摩尔会视之为政治革命的概念，例如美国独立革命。此处我们又看到一个形容词出现了。

若我们继续移除面向的话，比方说（1）微小的政治结构变迁；（2）统治体的改变，那么我们就会导出斯考切波和摩尔的概念。从其书名来看，我们或许应该称其为"反叛"，因为它不必然会涉及社会性或政治性变迁。

由于可以用来界定革命的属性五花八门，因此学者需要用形容词来固定概念的意义。必须在革命上添加"社会的"或某种其它的词语，因为她得将她的因变量与其他有关革命以此的普遍用法区分开来。因此，究竟是概念加形容词还是概念减形容词,端视学者所采用的基本层次概念为何。从斯考切波的角度而言,"政治革命"等于是将社会革命的概念减去了涉及整个体系的面向与社会性面向。从另一面来看的话,"社会革命"则是以传统方式,在革命只涉及统治架构的观点上,添加了新属性。

三、概念/减形容词

除了添加属性之外,科利尔还特别探讨了当我们减去某概念的一项属性时会发生什么情况,即"概念减形容词"。与本书陈述的概念架构不符之处,并不在于他们分析的逻辑,而是他们想象的方式。特别重要的是其所谓"缩减的亚类型"这个概念,也就是当我们减去一个次级层次的面向时所会得到的结果。这部分值得我们长篇引述(Collier and Levitsky, 1997: 437-438):

> 另一个概念创新的策略,也就是创造"缩减的"次类型,可以同时协助达成分殊化还有避免概念过度延展。这项策略被广泛用在探讨近代民主化的文献中。在理解缩减的亚类型时,有两个关键要点。首先,相对于前面所讨论到的传统次类型,缩减的亚类型并不完全符合提出次类型的学者所采用的"民主"之根本定义(亦即基本层次的定义)。比方说,有限普选权民主(limited-suffrage democracy)和监护型民主(tutelary democracy)在我们的理解中,并不完全符合我们对民主的定义,因为他们都欠缺一项或一项以上的决定性属性。因此,分析者在采用这些次类型时,等于是对民主化的程度提出了比较温和的主张,所以也比较不会产生概念过度延展的问题。
>
> 第二项要点则与分殊化有关。由于缩减的亚类型代表的是不完整的民主形式,因此我们可以将其视为具有较少的决定性属性,因此它们在概括阶梯上所处的位置比较高,所以分殊化的程度也会比较低而不是比较高。不过,缩减的亚类型其特质在于,一般来说它

们会指认出民主所遗失的特殊属性,并藉此建立该次类型的缩减特性,同时又指认出民主既存的其他属性。

他们用来呈现缩减的亚类型(见图1)以及它与基本层次概念(就科利尔和列维茨基的术语来说就是"根本的"概念)之关系的图形,疏忽了某些重要的分别。尤其是当他们在描绘缩减的亚类型时,他们将它放在根本层级之民主概念的下方,但实际上它在概括阶梯的位置欲是往上移的。因此,在图1上,"不自由的民主政体"(illiberal democracy)这个缩减的亚类型,与"内阁制民主"竟出现在同一层。内阁制民主是"概念加形容词"之典型例子。所以如果光从图来看,两者似乎位于同一层次,但实际上在"不自由的民主政体"此个案中,我们移除了一个属性,而在内阁制民主中,我们则添加了一个属性。

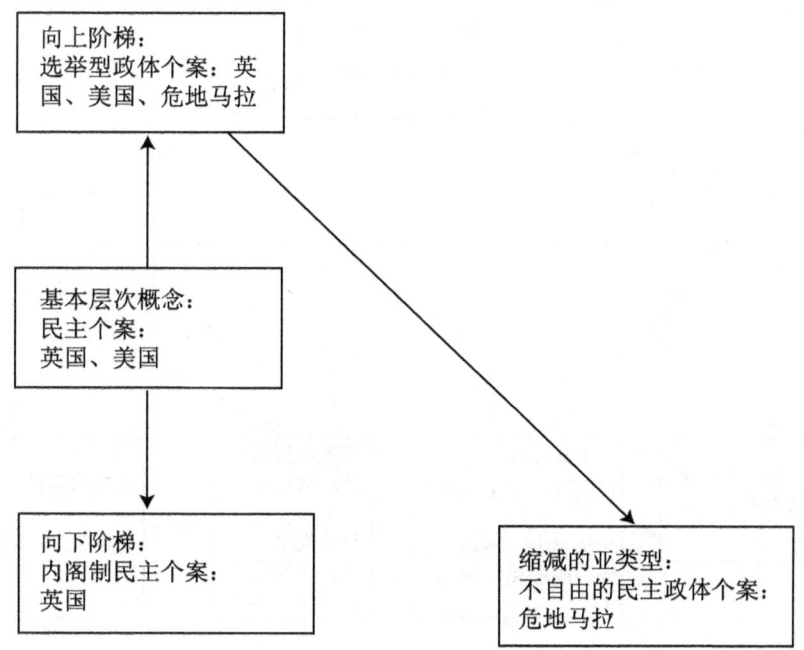

图1　缩减的亚类型与概括阶梯

资料来源:Collier and Levitsky, 1997, figure 2.

科利尔和列维茨基大致上在萨托利的概括阶梯之脉络中进行推论，因此若某概念移除了一项特质，则此概念在这个阶梯中的位置就会上移。在1图中，民主之上的层次比较具有普遍性的"选举型政体"（electoral democracy）。民主是选举型政体的类型之一。所以虽然危地马拉并不完全算是民主政体，不过它依然属于更高层次的"选举型政体"这个概念。

因此，在我的架构中，移除一个面向就等于在"威权—民主"的连续体重往左移，图2即呈现出，若从三重层次的概念架构出发，整体看起来是什么模样（但省去了指标/资料层次）。当我们移除属性时（亦即创造出缩减的亚类型），就会得出越来越不民主的政体。此时从民主到威权主义之间呈水平移动。科利尔和列维茨基与我之间的差异在于，我强调横向移动，他们则是描绘上下的变迁。

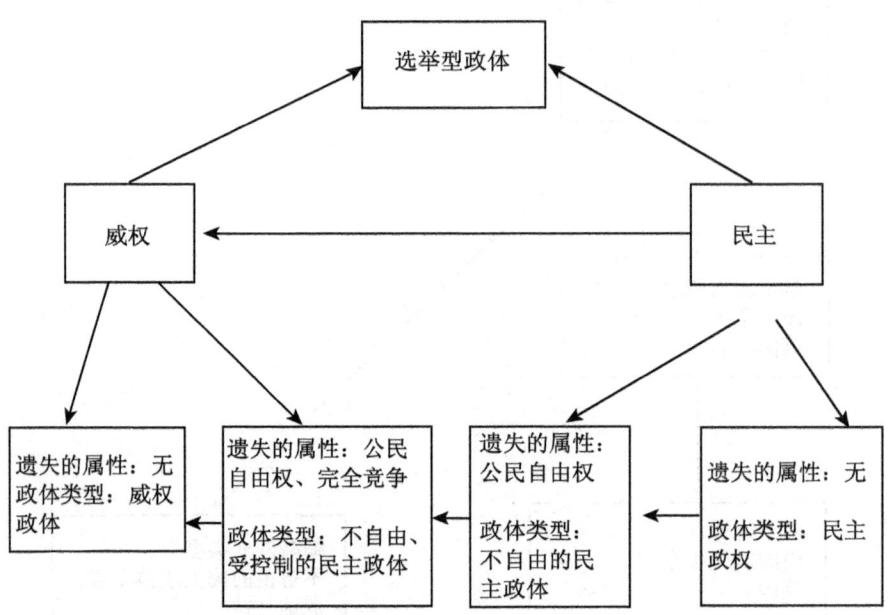

图2 "概念加/减形容词"与"威权—民主"的连续体

注：图中使用的箭头代表科利尔和列维茨基的看法。

科利尔等学者做出了重大贡献,他们在概念建构的关键点上,澄清了某些重大的混淆之处。他们清楚表明,当我们在文献中看见带有形容词的概念时,我们不能预先假定采用传统的子集运算方式,也就是形容词在该概念上添加了一个新面向。学者经常把焦点摆在不具有某些核心属性的概念结构上。本节所提出的建议适当地修正了的论证。这种重大差异的出现,是因为我从自己的三重之概念模型出发,而非从概括阶梯的角度,来解决这个问题。

四、理想型:零外延

理想型概念之历史根源可回溯至韦伯(Max Weber,1949)。托马斯·伯格(Thomas Burger)对韦伯观点的形容如下:"理想型是对主张某些元素存在之一般形式的陈述,而在经验上唯有透过每项类别指涉的现象种类实例,方能接近之。"(Burger,1987:133-134)学界有一小批文献专门致力于讨论韦伯以及他的方法论,包括理想型在内。但不幸的是,这些有关韦伯的分析与论辩都过于抽象与偏向哲学(Heckman,1983)。能使我们有办法去评断究竟何为一个好的(或坏的)理想型的指导方针少之又少,因此,对于该如何建构一个理想型概念,我们也缺乏相关指引[①]。

理想型在实践上的特殊之处在于,虽然就内涵而言,它们并不必然与一般的日常概念有何区别,然而其外延的确是不同的。当一位学者提出理想型时,他通常会同时认为该理想型的外延可能为零或是非常小:"我认为理想型概念的区辨性特质即是没有与之相符的例子。"(Papineau,1976:137)一般来说,理想就是我们无法实践的东西。或许很想成为一个没有罪恶的人,但他不太可能达到他的理想。这当然也是韦伯在

[①] 学者经常运用理想型概念,然而在方法论的文本中却几乎完全没有任何相关讨论,这一点实在是相当惊人。

使用这个词时背后的含义。理想型的用处在于它是一种手段——实际上是一种标准——用以思索不如理想的现实。

罗伯特·达尔（Robert Dahl）建构的民主概念或许可算是相关文献中最著名的理想型之一[①]。四十多年来，达尔对同一种关于民主的基本观点进行了阐发（Dahl, 1956, 1971, 1989, 1998）。他的论点之所以有趣，是因为他明确区分了"民主"这个没有国家达到过的理想型，以及"多元政体"（polyarchy），他用后者来指挥那些最接近民主理想的国家。达尔与众不同，他清楚区分理想型与较低的层次，而多数学者偏好将理想型以及与之接近的现象，置于同处看待。他藉由理想型清楚地表达他对民主的看法（Dahl, 1971: 2）：

> 在本书中，我将保留"民主"一词，将其用来专指一种特殊的政治体系，其众多特质之一是能完全或几乎完全地回应其所有公民的要求。至于这种体系实际上是否存在、是否曾经存在或到底是否可能存在，并非我们目前要考虑的问题。我们当然可以设想这类假设性体系的存在；诸如此类的概念对许多人而言是一种理想，或是某种理想的一部分。作为一种假设性体系、某个尺度的一个端点、或是事件的限制状态，它可以作为一种评判的基础，用以评估各式各样的体系趋近于理论极限之程度。

此处我们可以看到理想型大部分的典型特质。概念的外延很可能是零或趋近于零。理想型的用处在于它可以是种标准，我们可以用这它来比较既存的事物。

值得注意的是，达尔采用三种层次的方式来观察民主，也就是符合概念的典型样态（Dahl, 1971）[②]。

Ⅰ. 阐述偏好
    A. 成立与参加组织的自由

[①] 韦伯针对官僚体制的理想型分析则是另一个著名例子。
[②] 参见 Dahl, 1989, p. 222, 书中另有不同的三重层次之民主模型。

B. 表达自由

C. 投票权

D. 政治领袖有权竞逐人民的支持

E. 多重的信息来源

Ⅱ. 表明偏好

 A. 成立与参加组织的自由

 B. 表意自由

 C. 投票权

 D. 角逐公职的被选举资格

 E. 政治领袖有权竞逐人民的支持

 F. 多重的信息来源

 G. 自由公平的选举

Ⅲ. 政府在施行统治时，平等衡量各种偏好

 A. 成立与参加组织的自由

 B. 表意自由

 C. 投票权

 D. 角逐公职的被选举资格

 E. 政治领袖有权竞逐人民的支持

 F. 多重的信息来源

 G. 自由公平的选举

 H. 能促使政府的政策依赖投票及其他表达偏好方式归的制度

  另一个使概念固有的外延可能是零的方法，就是采用充要条件式概念结构。达尔相当明确地在其民主概念的两个层次上都采用了"且"的逻辑。所有层次的一切都是透过且来相互连结。这使我们很难找到任何满足此等苛刻条件的现实世界现象。然而让情况更棘手的是，达尔声称上述结构是必要但非充分："在我看来，它们（次级层次面向）是民主

的三项必要条件，不过它们或许不算是充分条件。① （Dahl，1971：2）"

就前一章既定的概念建构架构来看，以理想型来思考不会给我们额外的益处。从第二章起我们就已拥有指导方针，指引我们如何清晰地思考基本层次的正面端点和负面端点。同样地，正面端点与负面端点几乎光从定义来看，就已然提供了一种比较的标准。实际上，多数学者在使用理想型一词时，他们真正的意思不过是该端点的外延为零而已。在接近这些端点的地方，外延究竟是大或小，这依然是经验层面上的谜题，需要一个因果解释。比方说，为什么温度实际上很难达到绝对零度，有很好的因果缘由可供解释。从负面端点到正面端点的连续体上——比方说民主与威权主义之间的灰色地带——不管在任何一处，存在的个案很少或甚至完全不存在的话，一般来说，这就等于是提出了值得加以检验的问题。

五、"概念加／减形容词"在理论上的含义：性别与福利国家

我对于"概念加／减形容词"的分析大部分都致力于理清概念结构的问题，以及概念结构和经验层面之外延的关系。添加或删减形容词这种世俗策略，对于理论上游或下游的分支而言，或许无关要紧。不过在结论的此节中，我想详加阐释，光是添加一个面向也可能对理论造成广泛且相当重要的衍生意涵，并连带影响我们如何看待该概念所描述的现场。

过去十年来，在福利国家的相关文献中出现了一个重大的新发展，除了涉及分析福利国家本身的性别偏差，还有研究福利国家的学术文献

---

① 施密特与卡尔采用了达尔的先决条件清单，并另外加上两项必要条件："民选官员必须能够在不受制于非民选官员（例如军队）之优势反对力量（尽管是非正式力量）的情况下，行使宪法赋予他们的权力⋯⋯该政体必须是自治的；它必须能够不受制于其他支配性政治体系所加诸的限制而独立行动。"（Schmitter and Karl，1991：81）

的性别偏差,而这些学术文献再生产了此种偏差。

我最直接的关切是,性别议题不论透过其概念、还是其和福利国家力量之关联,它如何修正我们对于福利国家的概念,以及这个理论和方法论的意涵。

传统的"福利国家"观念,其核心在于对于绝大多数人民提供物品与服务。因此我们可以合理地追问(事实上还可以撇开性别不谈):(1) 谁是主要的目标群体?(2) 供应哪几种物品与服务?几乎所有社会福利方案都以职业非农民的男性劳工为目标,一般来说就是指工业雇员。福利国家政策中隐含的典型福利收受者,是已婚、有小孩、身为一家之主的男性。很显然地,妻子/母亲除了基本的家庭义务之外,还得负责(当然是无偿的)孩童照顾、健康照顾,往往还有对年迈双亲的服务。

若你检视福利国家的运作中一般都会包含在内的服务清单(这份清单亦颇为忠实地反映出该概念本身),那么几乎所有服务都在处理男性劳工的问题。如果在职场上发生意外事故该怎么办?如果他失业了该怎么办?如果他老了该怎么办?若用希克斯之前讨论过的例子来看,你可以发现他提出的福利国家四大面相皆与这几种服务有关。因此,供应客户家庭的物品与服务,透过最主要的(男性)养家者来传递。

因此我们可以继续追问,那么对于一位女性一家之主来说,若要让她过着不错的生活,又该提供哪些物品与服务较适当。除了劳工津贴之外,她还需要产假。为了维持她的收入(也就是保住她的工作),还需要育儿服务。她需要一个不只是和她配偶的收入紧密相连的退休金计划(不只是享有遗族年金给付)。因此,为了真正地将社会上的女性所关切的事物一并纳入考量(尤其是"唯一的"一家之主),我们必须重新建构福利国家的概念。

安·舒拉·奥尔洛夫(Ann Shola Orloff)提出去了一个很好的例子来说明这究竟意味着什么(Orloff, 1993)。她采用了亚斯平-安德森(Esping-Andersen, 1990)影响相当深远的福利国家观点,并追问若要结合女性所关切的事物,那么应该要再"添加"哪些东西。她根据亚斯平—安德森的看法,以福利国家的三个次级层次面向为起点。第一面向牵涉到福利国家在多大的程度上主动提供服务,而不是采用某种市场机制(Orloff,1993:310):

> 各福利国家皆拥有但差异的基本面向为"由社会政策而非市场来满足的人类需求之范围或范畴大小"(Esping-Andersen and Korpi, 1987:41),也就是说"在社会供给的场域中,国家行动如何与市场和家庭的角色环环相扣"(Esping-Andersen,1990:21)……因此,我们会对社会政策的内容,以及市场与政策在决定福利收入时的相对角色,展开受阶级影响的论辩。

亚斯平—安德森提出的第二个面向,处理"阶层化"(stratification),或者说是福利国家如何介入收入的重分配以及收入不平等的问题(Orloff,1993:311):

> 政策体制的第二面向为阶层化 权力资源分析者例如主张,社会供给体系具有阶层化效应:有些政策可能会促进平等、跨阶级的团结,或是极小化经济差异,但某些政策欲可能会促进社会二元化,或维持甚至强化阶级、地位,或职业的分殊化。

第三个面向处理福利国家在多大程度上创造出"公民身份权利"(citizenship right),并导致物品服务的"去商品化"。第一个面向已然提及从供给服务而言,国家与市场各自的角色为何。第三个面向则更强调这一点,声称某些物品正是因为福利国家的政策而被去商品化(Orloff, 1993:311)。

奥尔洛夫主张,若我们要将性别纳入考量,就得在亚斯平—安德森的福利国家概念中再加上两个面向。第一个面向要求的是,除了维持(男性)劳工的基本薪资,福利国家的力量有多大,应视其对女性受薪劳工的支持程度(Orloff,1993:318)。

第二个新的性别面向主张，除了将国家政策对女性受薪工作的支持程度纳入考量以外，我们还必须将关切的范围从个别的男性或女性，进一步延伸到家户与家庭上面。最剧烈的改变在于，过去最被排除在传统模型之外的人群，即单亲妈妈的家庭。在传统体系中，所有对家庭、妻子/母亲与孩童的金援与服务，都透过工作的父亲来传达。因此我们必须思考，如果要维持一个一家之主可能是单身女性的家户，我们应提供哪些适当的服务（Orloff, 1993: 319）。

如果我们从这些新的角度来设想福利国家，这将对衡量福利国家（就传统定义）而言的方式会引发重大的后续效应。大多数福利国家之量化研究都采用男性福利国家中典型的社会方案的支出资料（通常出于国际劳工组织）①。国际劳工组织的支出资料中的确涵盖了"家用津贴"这一项，因此有部分也将构成两项额外面向的社会方案囊括在内。但奥尔洛夫主张，我们还必须纳入所有支持以下事项的社会方案的支出范畴：（1）受薪女性的劳动；（2）女性维系一个自主家户的能力。

更重要的是，一个性别化的福利国家分析，意味着我们必须依循一般的量化方式，对福利国家进行更彻底的重新建构。所有二次大战后的福利国家分析皆采用支出资料，鲜有例外。然而，福利国家的性别分析往往相当明确地将焦点摆在权利上。举例来说，欧康洛、欧洛夫和谢佛在分析澳大利亚、加拿大、美国和英国时，便将堕胎检视为比较分析的核心面向之一（O'Connor, Orloff and Shaver, 1999）。离婚、避孕和堕胎的权利对女性的福利而言是非常基本的。除了福利国家的支出面向以外，我们可在福利国家这个概念上，另外添加一系列的权利，作为新的次级层次之面向。

福利国家的性别分析透过一种本体论式、唯实论式与结构性的概念分析，阐明了我指出的论点。与其说重点在于定义，不如说其意在分析

---

① 国际劳工组织将福利支出定义为，与下列方案、交易或服务相关的政府支出：（1）赞助治疗性或预防性医疗照护，在收入非自愿性减少的情况下维系收入，或是补贴有家庭责任者；（2）透过立法批准；（3）经由公共部门或准公共部门来执行之。

福利国家政策究竟如何运作。你不能简略地说"我说福利国家是这个意思，它就是这个意思"。所谓"红皇后的策略"（Red Queen Strategy），藉此来打发性别分析。福利国家的概念本身之所以重要，是因为它潜藏了有关福利国家的重要理论，以及福利国家对个人所产生的影响。由于我们对福利国家有了新的观察角度，因此我们可以开始针对福利国家对女性生活的冲击追问相关的因果问题（Skocpol, 1992）。若回到我的化学比喻来看，找出铜的核子结构意味着我们对铜的属性有更好的了解。如今我们对于福利国家的性别化特质有了更好的了解，那么我们也可以对其政策、成因与结果，有更为深刻的认识了。

六、结论

添加或删减次级层次面向的举动（即概念加/减形容词）对于概念的理论和方法论有着极为重大的影响。理想型概念最为显著的分辨性特质，便在于有关经验层面之外延的主张。正如等人所指出的，使用形容词并不总是意味着添加一个次级层次的面向，有时反而是减去一个面向。若要有效分析所有种类的问题，我们便需对概念结构具有清晰的见解。一旦我们握有三重层次的架构，并明白了充要条件和家族相似性结构的性质那么我们就可以开始试图更清楚地理解内涵和外延之关系。

就"概念加/减形容词"的范畴来说，还有许多尚待钻研之处。"概念加/减形容词"是否总是如我于此处所描述地运作，这点我们并不是那么清楚。在众多例子当中，有一个很大的类别为性别化的概念。假设我们遵循标准程序的话（也就是充要条件），那么"女性（社会）运动"即是所有社会运动这个类别的子集之一。然而我们不甚清楚许多在领域中从事相关研究的学者是否会同意此看法（例如 Mazur and Stetson, 2003）。若认知心理学的相关文献可作为指引的话，那么在自然的社会场景中其实很少采用充要条件。哲学家与社会儿科学家有充分的理由使他们持续采用充要条件,不过当我们采用"概念加/减形容词"时,结果也很有可能与我们在采用本章讨论的程序时预期产生的结果大相径庭。

(译者单位:华东政法大学政治学研究所)

【参考文献】

Banfield, E., 1958. *The Moral Basis of a Backward Society*, New York: Free Press.

Bates, R., 1988. *Toward a Political Econamy of Development: A Rational Choice Perspective*, Berkeley: University of California Press.

Burger, T., 1987. *Max Weber's Theory of Concept Formation: History, Laws, and Ideal Types*, Durham, N. C.: Duke University Press.

Cohen, M., and E. Nagel, 1934. *An Introduction to Logic and Scientific Method*, New York: Harcourt, Brace.

Collier, D., and S. Levitsky, 1997. "Democracy with Adjectives: Conceptual Innovation in Comparative Research," *World Politics* 49: pp: 430 -451.

Dahl, R., 1956. *A Preface to Democratic Theory*, Chicago University Press.

Dahl, R., 1971. *Polyarchy: Participation and Opposition*, New Haven: Yale University Press.

Dahl, R., 1989. *Democracy and Its Critics*, New Haven, Conn.: Yale University Press.

Dahl, R., 1998. *On Democracy*, New Haven, Conn.: Yale University Press.

Esping–Anderson, G., 1990. *The Three Worlds of Welfare Capitalism*, Cambridge: Polity Press.

Esping – Anderson, G., and W. Kprpi, 1987. "From Poor Relief to Institutional Welfare States: The Development of Scandinavian Social Polity," in Erikson, R. et al. (eds.) *The Scandinavian Model: Welfare States and Welfare Research*, Armonk, N. Y.: M. E. Sharpe.

Foran, J., 1997. "The Comparative – historical Sociology of Third World Social Revolutions: Why a Few Succeed, Why Most Fail," in J. Foran (ed.) *Theorizing Revolution*, London: Routledge.

Heckman, S., 1983. *Weber, the Ideal Type, and Contemporary Social Theory*, Notre Dame: University of Notre Dame Press.

Hicks, A., 1999. *Social Democracy & Welfare Capitalism: A Century of Income Security Politics*, Ithaca, N. Y.: Cornell University Press.

Kotowski, H., 1984. "Revolution," in G. Sartori (ed.) *Social Science Concepts: A Systematic Analysis*, Beverly Hills, Calif.: Sage Publications.

Kroeber, A., 1948. *Anthropology: Race, Language, Culture, Psychology, Pre – history*, New York: Harcourt, Brace, and Co.

Kurtz, M., 2000. "Understanding Peasant Revolution: From Concept to Theory and Case," *Theory and Society* 29, pp: 93 – 124.

Lakoff, G., 1987. *Women, Fire and Dangerous Things: What Categories Reveal about the Mind*, Chicago: University of Chicago Press.

Lichbach, M., 1995. *The Rebel's Dilemma*, Ann Arbor: University of Michigan Press.

Magagna, V., 1991. *Communities of Grain: Rural Rebellion in Comparative Perspective*, Ithaca, N. Y.: Cornell University Press.

Mazur, A., and D. Stetson, 2003. "Quantifying Complex Concepts: The Case of the Women's Movement in the TNGS project," *APSA – CP: Newsletter of the APSA Comparative Politics Section* 14, pp. 11 – 14.

Moore, B., 1966. *The Social Origins of Dictatorship and Democracy: Lord and Peasant in the Making of the Modern World*, Boston: Beacon Press.

O'Connor, J., A. Orloff, and S. Shaver, 1999. *States, Markets, Fami-*

lies: *Gender, Liberalism, and Social Policy in Australia, Canada, Great Britain, and the United States*, Cambridge: Cambridge University Press.

Orloff, A., 1993. "Gender and the Social Rights of Citizenship: the Comparative Analysis of Gender Relations and Welfare States," *American Sociological Review* 58, pp: 303 – 328.

Orloff, A., 1996. "Gender in the Welfare State," *Annual Review of Sociology* 22, pp: 51 – 78.

Paige, J., 1975. *Agrarian Revolution: Social Movements and Export Agriculture in the Underdeveloped World*. New York: Free Press.

Papineau, D., 1976. "Ideal Types and Empirical Theories," *The British Journal for the Philosophy of Science* 27, pp: 137 – 146.

Pierson, P., 2000. "Three Worlds of Welfare State Research," *Comparative Political Studies* 33: 791 – 821.

Popkin, S., 1979. *The Rational Peasant: The Political Economy of Rural Society in Vietnam*, Berkeley: University of California Press.

Redfield, R., 1960. *The Little Community, and Peasant Society and Culture*, Chicago: University of Chicago Press.

Sartori, G., F. Riggs, and H. Teune, 1975. *The Tower of Babel: On the Definition and Analysis of Concepts in the Social Science*, Pittsburgh: International Studies Association.

Scott, J., 1976. *The Moral Economy of the Peasant: Rebellion and Subsistance in South Asia*, New Haven: Yale University Press.

Shanin, T., 1971. "Peasantry: Delineation of a Sociological Concept and a Field of Study," *Archives Européennes de Sociologie* 12, pp: 289 – 300.

Skocpol, T., 1979. *States and Revolutions: A Comparative Analysis of France, Russia and China*, Cambridge: Cambridge University Press.

Skocpol, T., 1992. *Protecting Soldiers and Mothers: The Political Origins of Social Policy in the United States*, Cambridge: Harvard University

Press.

Stepan, A., and C. Skach, 1993. "Constitutional Framework and Democratic Consolidation: Parliamentarism versus Presidentialism," *World Politics* 46, pp: 1 – 22.

Weber, M., 1949. *Max Weber on the Methodology of the Social Sciences*, New York: Free Press.

Wolf, E., 1969. *Peasant Wars of the Twentieth Century*, New York: Harper & Row.

重要词汇翻译标准

（denotative） discrimination	区别程度
abstract ladder	抽象阶梯
ambiguity	歧义
attribute	特性，属性
bounded wholes	绑定的整体
bounded wholes	绑定的整体
category	范畴
cell typology	单元格类型学
closure	闭合
Collier	科利尔
conceptual stretching	概念延展
configurative concept	形构概念
conscious	清醒
construction/re -	构建/重构
definitive	定义性/决定性
denotation	指涉物
denotative	指示（指涉）
diminished subtypes	缩减的亚类型

diminishing	缩减
essentially contestable（contestability）	本质上可争议（性）
essentially contestable（contestability）	本质上可争议的
essentially contested	本质上争议的
essentially contested（contestedness）	本质上争议的（性）
extraction	汲取
family resemblance	家族相似性
field meaning	NA
formalization	形式化
formation	形成
fuzzy set	模糊集
Gallie（人名）	加利
general concept	一般概念
generalization	概化
gradation	分级法
ladder of generality	概括阶梯
Lijphart	利帕特
logic of inquiry	研究逻辑
mania	癖好
misconceptualization	错误的概念化
normal science	常规科学
object concepts	NA
O'Donnell	奥唐奈
organizing	组织
overarching concept	统御型概念
overarching concept	统御型概念
pervasiveness	弥散性
property	属性
referent	指示（对象）
reification	具象化

resettle	重设
revisited	新论
root concept	根概念
scale	尺度
schematization	NA
scheme	方案
signify	能指
simple dictatorship	简单独裁
stretch	延展，拉伸
travelling	（概念）移植
unconscious	不清醒
undenotative	指示不清（指涉对象不明）
universal concept	普适概念
unsettle	动摇
vague（ness）	含糊